1,000,000 Books

are available to read at

www.ForgottenBooks.com

Read online
Download PDF
Purchase in print

ISBN 978-0-266-09435-7
PIBN 10945487

This book is a reproduction of an important historical work. Forgotten Books uses
state-of-the-art technology to digitally reconstruct the work, preserving the original format
whilst repairing imperfections present in the aged copy. In rare cases, an imperfection in
the original, such as a blemish or missing page, may be replicated in our edition. We do,
however, repair the vast majority of imperfections successfully; any imperfections that
remain are intentionally left to preserve the state of such historical works.

Forgotten Books is a registered trademark of FB &c Ltd.
Copyright © 2018 FB &c Ltd.
FB &c Ltd, Dalton House, 60 Windsor Avenue, London, SW19 2RR.
Company number 08720141. Registered in England and Wales.

For support please visit www.forgottenbooks.com

1 MONTH OF
FREE
READING

at

www.ForgottenBooks.com

By purchasing this book you are
eligible for one month membership to
ForgottenBooks.com, giving you
unlimited access to our entire
collection of over 1,000,000 titles via
our web site and mobile apps.

To claim your free month visit:

www.forgottenbooks.com/free945487

* Offer is valid for 45 days from date of purchase. Terms and conditions apply.

English
Français
Deutsche
Italiano
Español
Português

www.forgottenbooks.com

Mythology Photography **Fiction**
Fishing Christianity **Art** Cooking
Essays Buddhism Freemasonry
Medicine **Biology** Music **Ancient**
Egypt Evolution Carpentry Physics
Dance Geology **Mathematics** Fitness
Shakespeare **Folklore** Yoga Marketing
Confidence Immortality Biographies
Poetry **Psychology** Witchcraft
Electronics Chemistry History **Law**
Accounting **Philosophy** Anthropology
Alchemy Drama Quantum Mechanics
Atheism Sexual Health **Ancient History**
Entrepreneurship Languages Sport
Paleontology Needlework Islam
Metaphysics Investment Archaeology
Parenting Statistics Criminology
Motivational

VICTOR HUGO.

LES MISÉRABLES

ABRIDGED,

WITH INTRODUCTION AND NOTES,

BY

F. C. DE SUMICHRAST,

ASSISTANT-PROFESSOR OF FRENCH IN HARVARD UNIVERSITY.

BOSTON, U.S.A., AND LONDON

GINN & COMPANY, PUBLISHERS

The Athenæum Press

1897

1640.430.418

HARVARD COLLEGE LIBRARY
FROM THE ESTATE OF
EDWIN HALE ABBOT
DECEMBER 28, 1931

COPYRIGHT, 1896

BY F. C. DE SUMICHRAST

ALL RIGHTS RESERVED

PREFATORY NOTE.

———∞∫∞∫∞———

THE object sought in making these Selections has been to present, within the compass of a text suitable for class use, the story of Jean Valjean. The excisions have necessarily been considerable ; but, in order to preserve at least the appearance of unity, brief summaries of the parts omitted — except where the abridgment does not interfere with the connection — link the various selections.

The notes are mainly explanatory of allusions contained in the text, or of events, or biographical. A brief outline of the political changes during the period covered by the novel, 1815 to 1832, will, it is hoped, prove useful.

CAMBRIDGE, December 30, 1895.

CONTENTS.

——∘o⋗ৡ⋖o∘——

PREMIÈRE PARTIE. — FANTINE.

LIVRE PREMIER. — UN JUSTE.

LIVRE DEUXIÈME. — LA CHUTE.

LIVRE TROISIÈME. — EN L'ANNÉE 1817.

DEUXIÈME PARTIE. — COSETTE.

TROISIÈME PARTIE. — MARIUS.

LIVRE PREMIER. — PARIS ÉTUDIÉ DANS SON ATOME.

LIVRE DEUXIÈME. — LE GRAND BOURGEOIS.

LIVRE TROISIÈME. — LE GRAND-PÈRE ET LE PETIT-FILS.

INTRODUCTION.

VICTOR HUGO.

VICTOR-MARIE HUGO was born at Besançon, on February
26, 1802. He was sprung from a family of humble con-
dition, though he claimed, without the least foundation in
fact, to be descended from Georges Hugo, captain in the
service of René II, Duke of Lorraine, who was ennobled
April 14, 1535. His grandfather was a carpenter and his
grandmother a governess. His father, Joseph-Léopold-
Sigisbert Hugo, born in 1773, entered the army early and
rose to be a general in the Spanish service under King
Joseph, Napoleon's brother. Joseph made him a brigadier-
general and Count of Collogudo-Cuentès y Siguenza, a title
never registered or recognized in France. Nevertheless,
at his father's death in 1828, Victor Hugo assumed the
title of baron, and in 1837 that of viscount. The latter
was sanctioned by Louis-Philippe, when, in 1845, he raised
Hugo to the dignity of peer of France, a dignity which the
Revolution of 1848 abolished. There is absolutely no
warrant for the title of count frequently attributed to the
poet.

General Hugo married Sophie-Françoise Trébuchet, the
daughter of a Nantes shipowner; and when the husband
was ordered to Corsica, she followed him with her young
family and stayed till 1805, when she returned to Paris

with the three boys, Abel, Victor, and Eugène. A brief
stay in Italy, 1807–1808, during which young Victor was
borne on the books of the Royal-Corse regiment, and Paris
saw them again, settled, this time, in the delightful home
of *les Feuillantines*, which Hugo loved passionately and
described frequently in prose and verse. From 1811 to
1812 the family was in Madrid, and two of the boys,
Victor and Eugène, were educated at the *Collège des Nobles*,
in that city. On their return to Paris they lived at *les
Feuillantines* till the end of 1813, being instructed by
Larivière, an unfrocked priest, whom Hugo has unpleas-
antly referred to in *Les Misérables* (see p. 157.) From
1815 to 1818 the boys boarded at the *pension* Cordier, and
attended classes at the *Collège Louis-le-Grand*. Victor
was even then busy with his pen, and showed remarkable
talent for verse-making. In 1816 he composed his first
play, *Artamène*, a tragedy cast in the classical mould. In
1817 he competed for the prize in poetry offered by the
French Academy, and came ninth on the list. The following year he took a subordinate prize at the Jeux-floraux
of Toulouse, with his *Ode sur la mort du duc d'Enghien*.
In 1819 he was again unsuccessful in a double competition
for prizes offered by the French Academy, mainly owing
to the fact that the subjects were prescribed, and that tradition required the competitors to conform to certain rules
of composition and prosody. His two poems, *Les Vierges
de Verdun* and *le Rétablissement de la Statue de Henri IV*,
both won him prizes at Toulouse ; and in 1820, he gained
still another and the diploma of *maître ès jeux-floraux* with
his poem *Moïse sur le Nil*. In December, 1819, he founded,
with his brother Abel, *Le Conservateur littéraire*, which ran
till March, 1821. At this time Victor Hugo was an ardent
royalist and Catholic, and a fervent admirer of Chateaubriand. *Bug-Jargal* first appeared in *Le Conservateur litté-*

raire and was republished later, in 1826, in book form. In 1822 he brought out his first book of verse, *Odes et Poésies diverses*, and four months later, October 12, was married to Adèle Foucher. In 1823 he wrote *Han d'Islande*, published in 1824, under the influence of Sir Walter Scott, and during that and the next year contributed to *La Muse française*, which formed the rallying-point of the first *Cénacle*, which met at the Arsenal and of which Nodier was the host and leader. The *Nouvelles Odes* appeared in 1824, also, and two years later came the *Odes et Ballades*. December, 1827, saw the publication of the drama *Cromwell*, the famous *Préface* of which was the manifesto of the Romanticist school. The play contains 6,500 lines, and is impossible of performance. In 1828 Hugo lost his father ; the same year he brought out, under the name of his brother-in-law, Paul Foucher, the drama *Amy Robsart*, which proved a failure. The final edition of *Odes et Ballades* came out in the same year, and in 1829 appeared *Les Orientales*, and a prose work, *Le dernier Jour d'un Condamné*, a protest against the infliction of the death penalty. This is the time of the second *Cénacle*, to which belonged, among others, Sainte-Beuve, Musset, and Dumas. In June he wrote *Marion Delorme*, a drama interdicted before the first performance, but produced August 11, 1831, after the revolution of 1830 had swept away the objections to the play. Hugo set to work at once on another play, *Hernani*, which was performed at the Théâtre-Français on February 25, 1830, and won the stage for the Romanticist school. His first great novel, *Notre-Dame de Paris*, projected in 1828 and written in 1830, was published March 17, 1831. In November of the same year appeared the volume of poems called *Feuilles d'Automne*. 1832 saw the performance of *Le Roi s'amuse*. Two other dramas were given by him in 1834, *Lucrèce*

Borgia, first called *Le Souper à Ferrare*, and *Marie Tudor*. *Claude Gueux*, a second protest against capital punishment, appeared first in the *Revue de Paris*, July, 1834. For the purpose of his argument Hugo twisted and altered the real facts of the case. *Angelo, tyran de Padoue*, a drama in prose, was his next production, followed, in the same year, 1835, by another volume of poems, *Chants du Crépuscule*. The third *Cénacle*, not as brilliant as either of its two predecessors, is that of 1836. It met in the Place Royale, now Place des Vosges, at the house of Hugo, formerly the residence of Marion Delorme herself. Twice in that year Victor Hugo presented himself as a candidate for a vacant chair in the French Academy, and twice was he rejected by the classical majority. Rejected again in 1840, he was at last elected, January 7, 1841. In the interval his literary activity had not diminished. Two volumes of poems, *Les Voix intérieures*, in 1837, and *Les Rayons et les Ombres*, in 1840, a drama, *Ruy Blas*, in 1838, increased his already brilliant fame. Another drama, unfinished in 1839, *Les Jumeaux*, has been published by his literary executors. In 1842 appeared *Le Rhin*, an account, in the shape of *lettres à un ami*, of a trip down that famous river. *Les Burgraves*, his last great drama, was given in March, 1843, and proved a failure. This year Hugo suffered one of the keenest griefs of his life. On February 15 he had married his eldest daughter, Léopoldine, then nineteen years of age, to Charles Vacquerie. The marriage was a love-match ; and the young couple settled down in the home of Vacquerie's mother, at Villequier, on the banks of the Seine. On September 4, scarce seven months later, the pair were drowned while sailing on the river. Hugo was then on his way back from Spain. The blow was tremendous, and he exhaled his sorrow in some of the most beautiful poems he ever wrote, — *les Contemplations*, — which appeared in two volumes twelve years later, in 1856, when he was living in exile at Guernsey.

Les Misérables, begun in 1846, was to have appeared in 1848 (see p. xxiii); but the revolution which drove Louis-Philippe from the throne and made France a republic for the second time, threw Victor Hugo into the political arena. In May he was elected one of the deputies of the department of the Seine, and in June of the same year was one of the commissaries charged with the perilous duty of penetrating the barricades and restoring order. In July, 1848, he founded the newspaper *l'Événement*. At this time he was a Bonapartist and not a Republican, and contributed greatly to the election of Louis-Napoleon to the presidency of the Republic. The following year he was elected one of the representatives of Paris to the *Assemblée Législative*, and, at the end of the year, turned Republican abruptly. The *coup d'état* of December 2, 1851, led him to make Brussels his temporary residence. He reached that city on December 12, and the very next day began *Le Crime du Deux Décembre*, which, though completed May 5, 1852, was not published until 1877, under the title *Histoire d'un Crime*. In July of the same year he composed *Napoléon le Petit*, a violent attack on Louis-Napoleon. Before its publication, the Belgian authorities, fearing possible complications with the French government, intimated the fact to Hugo, who left Belgium for London, and thence proceeded to St. Hélier, in Jersey, landing there August 5. The empire was proclaimed November 22, and in the following year Hugo launched *Les Châtiments*, a volume containing, among some merely coarse pieces of abuse, some of the finest poems of invective known. In 1854, he endorsed a foul and unjustifiable libel upon Queen Victoria, published by some of the French exiles resident at St. Hélier, notably, Félix Pyat. The inhabit-

ants of the city, justly incensed at this abuse of the hospi-
tality and protection these men enjoyed, requested their
immediate departure.   Hugo left Jersey, October 31, 1855,
and repaired to St. Peters, Guernsey, where he made his
home for the next fifteen years, Hauteville House, his residence, being now one of the sights of the place.   Here he
completed *Les Misérables* and wrote the *Légende des Siècles,*
the first part of which appeared in 1859.   Three years
later *Les Misérables* was published.   In 1864 appeared
William Shakspeare, and in 1865 a volume of poems,
Chansons des Rues et des Bois.   Another novel, *Les Travailleurs de la Mer,* came out in 1866.   Hugo lost his wife
August 27, 1868.   She died, not at Guernsey, but at
Brussels, and was buried at Villequier, by the side of the
much-loved Léopoldine.   A few months later, in 1869,
Hugo published the fantastic novel, *L'Homme qui rit.*   The
fall of the Empire, September 4, 1870, opened the doors of
France to him.   He reached Paris, from Brussels, where
he had gone to watch the course of events, on the following day, and was received by an enormous crowd and
thunders of cheers.   Elected a deputy to the *Assemblée
Nationale,* February 8, 1871, he resigned a month later;
was called to Paris by the sudden death of his son Charles,
whose funeral took place on the unhappily memorable 18th
of March, the day on which the insurrection of the Commune broke out.   He left the capital three days later,
went to Brussels, whence he managed to get expelled in
consequence of the publication by him of a manifesto,
in which he not only avowed his belief in the ideas of the
Commune, — which he had a. perfect right to do, — but
offered asylum in his Brussels home to any of the incendi-
aries and murderers who might escape from Paris.   Vian-
den, in Luxembourg, became his residence till October,
1871.   In 1872 he published the volume of poems, *L'Année*

terrible, a journal of the siege, and in 1874 the novel *Quatre-vingt-treize.* Paris elected him to the Senate in January, 1876, but he took comparatively little part in the proceedings of that body. The second part of the *Légende des Siècles, l'Art d'être Grand-père,* and *Histoire d'un Crime* were all published in 1877. *Le Pape,* a dramatic poem, appeared the next year, followed in the three successive years by *La Pitié suprême, Religions et Religion,* and *l'Ane,* respectively. The latter came out in his birth-month, on the 27th of which there was a great celebration in Paris in honor of his eightieth birthday. *Les Quatre Vents de l'Esprit* was published in May of this year, 1881. The next two years beheld the publication of *Torquemada,* a drama, and of the third part of the *Légende des Siècles.*

On May 22, 1885, the great poet died, mourned and honored. The municipal council of Paris asked that the Pantheon, then consecrated as a Roman Catholic church, Sainte-Geneviève, be secularized and Hugo buried within its walls. The government acceded to this wish; the Senate and the Chamber voted to restore the building to its original purpose, and on June 1, the body of Victor Hugo, which had since the previous day lain in state under the mighty Arc de Triomphe de l'Étoile, was escorted to the Pantheon by over one hundred thousand mourners.

The poet's literary executors have since that date published several volumes from materials found in Hugo's papers, among others *Fin de Satan, Dieu, Choses vues,* and the two dramas already referred to, *Les Jumeaux* and *Amy Robsart.*

LES MISÉRABLES.

Of the several novels of Victor Hugo, two stand out preëminent: *Notre-Dame de Paris* and *Les Misérables.* The former is a distinct result of the teaching of Chateaubriand and the Romanticist movement. The latter, while undoubtedly pertaining to the school of which Hugo was the head, differs in some essential respects from *Notre-Dame.* In this, the great cathedral itself is the central figure in the book. Claude Frollo, Quasimodo, La Esmeralda are all subordinate to the mighty edifice, to the evocation of the Middle Ages. The interest is archaeological in large measure ; in *Les Misérables* it is intensely human. It centers on Jean Valjean from the moment he appears to the instant he dies. The loves of Marius and Cosette, the crimes of Thénardier and his mates, the charitable life of Monseigneur Bienvenu, the feats of the dread Javert, have their real worth only in connection with Jean Valjean. In a measure he dominates the book as Phèdre fills Racine's tragedy and Tartuffe Molière's drama.

Next, Hugo, who might be called, to borrow his own method, *l'homme antithèse,* has cast antithesis aside in his conception of the principal character in *Les Misérables.* Claude Frollo, Quasimodo are antithetical in themselves ; so Marion Delorme, Triboulet, Lucrèce Borgia, so Hernani, so Ruy Blas, so the personages in *Quatre-vingt-treize ;* but except that Jean Valjean, once a convict, becomes a man, a saint, if you will, the violent, the painful collocation in one and the same character of opposing vice and virtue is spared the reader. Jean Valjean is not at once a thief and a Christian, a beast and a saint. He is a fallen man who works out his own salvation through stress of mental suffering, superadded to long physical and moral degradation.[1]

Thirdly, there is much of what is called realism in *Les Misérables*, — numbers of *choses vues* with as keen a vision as Flaubert's, and reproduced with an exactness and force comparable to Maupassant's. That Hugo aimed at something like realism appears from his remark to a friend on the day he finished the work: "Dante a fait un enfer avec de la poésie; moi j'ai essayé d'en faire un avec la réalité." [2]

The originality of the work has been contested; but it is easy to see that Hugo, long before he began writing his great novel, had meditated on the questions discussed by him, and studied the people he was later to depict. In 1828 he wrote *Le dernier Jour d'un Condamné*, in which it is not difficult to recognize a first sketch of some of the psychological studies in *Les Misérables*, and the words in the preface of *Le dernier Jour*, written in 1832, "la société ne doit pas 'punir pour se venger'; elle doit corriger pour améliorer," recur constantly to the mind in reading *Les Misérables*, published thirty years later. In that same preface, which is an argument, weak, it is true, against capital punishment, he considers two different cases of culprits doomed to death: The man without a family, and the man with a family. It is the latter he has treated in the novel. The further consideration of the state of the man's soul, touched upon in *Le dernier Jour*, is again taken up and powerfully worked out in Jean Valjean's case, and that not once or twice, but repeatedly.

Claude Gueux, which was published in 1834, is the story of a man who first gets into trouble through stealing to

[1] See, on this point, Edmond Biré: Victor Hugo après 1852, ch. vii., *Les Misérables*, pp. 130, 131.

[2] See E. Biré, *op. cit.*, p. 126.

save his family from starvation and cold.   It is the motive
of Jean Valjean.

In *Les Contemplations* there is one poem, Book iii., II.,
entitled *Melancholia*, written in 1838, in which, eight
years before he began *Les Misérables*, are to be found
first sketches, *ébauches*, of Fantine and Jean Valjean; of
the former, in the lines beginning: "Cette fille au doux
front"; of the latter, in the passage:

> Un homme s'est fait riche en vendant à faux poids
> La loi le fait juré.   L'hiver, dans les temps froids,
> Un pauvre a pris un pain pour nourrir sa famille.
> Regardez cette salle où le peuple fourmille;
> Ce riche y vient juger ce pauvre.   Ecoutez bien.
> C'est juste, puisque l'un a tout et l'autre rien.
> Ce juge, — ce marchand, — fâché de perdre une heure,
> Jette un regard distrait sur cet homme qui pleure,
> L'envoie au bagne et part pour sa maison des champs.

In the same poem, the long passage beginning:

> Les carrefours sont pleins de chocs et de combats,

contains a summarized view of the coming novel.

It is quite possible that Hugo may have been inspired
in part by what he read in Eugène Sue, Alexandre Dumas,
and Honoré de Balzac; but Hugo himself used to say he
read only books which nobody else read, and *Les Mystères
de Paris*, *Monte Cristo*, *Le Père Goriot*, *Les Illusions Per-
dues* certainly do not belong to that class.   Finally, no
comparison can be made between the work of Dumas or
Sue and that of Hugo.   *Les Mystères* and *Monte Cristo* are
not on the same plane as *Les Misérables*.   Balzac, even,
has no passage to match the opening of that work, no
description to parallel that of the battle of Waterloo, no
character among his Vautrins, Peyrades, and Corentins to
equal Javert.

Javert, Jean Valjean, Gavroche are creations, — figures that did not exist before in such completeness. But among the other striking characters in the book, that of Monseigneur Myriel or Bienvenu — the author calls him by either name — is a portrait drawn from life. As first written the novel was in two volumes and was called *Le Manuscrit de l'Évêque.*[1] The bishop was Charles-François-Bienvenu de Miollis, bishop of Digne, in 1815, whose Christian names Hugo gave to Monseigneur Myriel. He tells us of the bishop in *Les Misérables*, that he was the son of a counsellor in the parliament of Provence ; that he was appointed *curé* of Brignolles in 1804, and bishop of Digne in 1806 ; that he was popularly known as Bienvenu (Welcome); that he had two brothers, the one a lieutenant-general, the other a prefect. All these details, as well as those concerning the habits, the boundless charity, and the evangelic virtues of Myriel tally, down to the minutest particulars, with the character, habits, and family of bishop de Miollis.[2] Hugo added the gay youth and subsequent marriage, and invented the famous conversation, with its amazing closing scene, between Bienvenu and the *conventionnel*, this latter part having been added in later years, when the novelist's view of the men and the events of 1793 had turned to unbounded admiration.

The baron Pontmercy is unquestionably intended to be a sketch of Hugo's father, lieutenant-general Joseph-Léopold-Sigisbert Hugo, whom Hugo calls *le général comte Hugo*, but who was by no means as ardent a Bonapartist as the baron Pontmercy.[3]

Marius is Hugo himself in his youth, or as he believed

---

[1] Edmond Biré : Victor Hugo après 1852, p. 127.

[2] See in Biré, *op. cit.*, pp. 138-140, a letter from Francis de Miollis, the bishop's nephew.

[3] See Biré : Victor Hugo après 1830, vol. ii. p. 74.

himself to have been.   The name itself is but a variant of Marie, the poet's second name.   In *l'Idylle de la rue Plumet*, the garden of Cosette's home is the garden of *les Feuillantines*, sung so beautifully in *Les Rayons et les Ombres*, xix :   *Ce qui se passait aux Feuillantines vers 1813*, and described again in *Victor Hugo raconté par un témoin de sa vie*, i., VII., and briefly in *Le dernier Jour d'un Condamné*, xxxiii.   In this chapter the love scene is the first sketch of the meeting in the garden of Marius and Cosette ; in that scene in *Les Misérables* the portrait of Adèle Foucher, Hugo's wife, is delicately traced.

The book is full of digressions, many of which it is difficult, if not impossible, to connect with the story.   But they are characteristic of the author, and are to be met with in all his greater novels : *Notre-Dame, Les Travailleurs de la Mer, Quatre-vingt-treize.*   Some of these, notably the description of the battle of Waterloo, justify their introduction ; others are simply wearisome, *e.g.* those on *les Racines, l'Argot*, and *Notice sur les Egouts de Paris.*

The prose is of Victor Hugo's best, and that is saying much.   It is apt to prove disconcerting to a reader unfamiliar with the manner in which Hugo's mind works, on account of the connection not being at once apparent. When, for instance, he describes the Thénardier children, he breaks in with : "leur regard était un triomphe . . . leurs figures un étonnement ravi."   The ellipsis is bold and rapid, reminding one of Racine's famous

Je t'aimais inconstant ; qu'aurais-je fait fidèle !

But once the train of thought, or rather, of images, is carefully followed, the seeming obscurity becomes lucidity. Charles Renouvier, examining the poet's imaginative method, says, he "goes from image to image, differing though picturing the same idea ; hence, to the mind unready to follow the poet in the mobility of his fancy, incoherence."[1]

Les Misérables formed, when published, ten volumes, divided into five parts. The first part was published on the 3d of April, 1862, and appeared simultaneously in Paris, Brussels, London, New York, Madrid, Berlin, St. Petersburg, and Turin.[2] The fifth was published on the 30th of June, 1862. The success of the book was very great, and the sensation it caused profound.

FRANCE FROM 1815 TO 1832.

THE Revolution of 1793 had put an end to the *ancien régime*, as the monarchical system of the Bourbons has been called. The Revolution itself was marked by the Red Terror, with Marat and Robespierre as central figures, but was finally mastered by the soldier Bonaparte, who, after gaining brilliant victories over the enemies of France, seized on the supreme power, made himself Emperor of the French, conquered the greater part of the continent of Europe, and ended by meeting with disastrous reverses, that wound up with the invasion of France and the taking of Paris by the allied armies of Russia, Austria, and Prussia. Exiled to the Island of Elba, Napoleon watched the mistakes of Louis XVIII and his ministers and the quarrels of the Allies, descended suddenly upon France with 900 men, landing at Cannes on the 1st of March, 1815, and on the 20th of the same month entered Paris in triumph. The battle of Waterloo was fought on the

[1] Ch. Renouvier : Victor Hugo le poète, p. 79.
[2] Frank T. Marzials : Life of Victor Hugo, p. 175.

18th of June ; and Napoleon, routed by the British under Wellington, "the Iron Duke,"— aided, at the close of the day, by the Prussians under Blücher, — was subsequently taken to the Island of St. Helena, where he died.

Louis XVIII, on his second return to France, promised liberty of the press, responsibility of the ministry to the Chambers, and the observance of the Charter. Willing, himself, to carry out these pledges, he was overborne by his brother, the Comte d'Artois, heir-apparent, the reactionary ministry, and the ultra-royalist *Chambre introuvable* and *Chambre retrouvée.* The White Terror alienated many and exasperated more ; the attempt to check the growth of liberal ideas by stern, repressive measures was doomed to failure. The laws against the liberty of the individual and of the press, passed in 1820, added fuel to the flame of discontent. Secret societies were formed, conspirations were of daily occurrence, and when Louis XVIII died and Charles X ascended the throne, September 16, 1824, the state of affairs in France was aptly paralleled to that in England at the time of the accession of James II.

Charles X was obstinately reactionary, and despised or ignored the rapid growth of hostile liberal opinion throughout the country. He turned the *bourgeoisie* against him in 1827, by the dissolution of the national guard. In 1830 he dissolved the Chamber of Representatives, only to find the opposition victorious at the polls. He then launched the famous *ordonnances* of July 26, which, in effect, destroyed constitutional government and made the king practically absolute. The revolution broke out, the people rose in arms, seized the Hôtel de Ville and the Louvre ; and Louis-Philippe, duke of Orleans, became lieutenant-general of the kingdom. On the 2d of August, Charles X abdicated and withdrew to England ; on the 7th the

Chamber of Deputies proclaimed the duke of Orleans king of the French, under the name of Louis-Philippe I.

The new king's policy was to rely mainly upon the *bourgeoisie,* which had raised him to the throne, and to maintain peace at home and abroad. He was, however, opposed by three parties : the Legitimists, partisans of the duke of Bordeaux, whom Charles X had named as his successor, and who had been brushed aside by the Chamber of Deputies; the Republicans, the most formidable and enterprising of his enemies, who denied the right of the Chamber to proclaim anybody king, and who were ever ready to throw up barricades, and to bring about a revolution; and finally, the Bonapartists, not very dangerous or troublesome at the outset.

Republican plots were hatched day after day, and insurrections broke out in many places, Lyons, Grenoble, and Paris. In 1832 broke out the insurrection of the Cloître Saint-Merry, which Victor Hugo has made use of in *Les Misérables,* and which is the last important political event referred to in the book.

FANTINE.

———◦◦◦✦◦◦———

LIVRE PREMIER. — UN JUSTE.

———

I.

M. MYRIEL.

En 1815, M. Charles-François-Bienvenu Myriel était évêque de Digne.[1] C'était un vieillard d'environ soixante-quinze ans; il occupait le siège de Digne depuis 1806.

Quoique ce détail ne touche en aucune manière au fond même de ce que nous avons à raconter, il n'est peut-être pas inutile, ne fût-ce que pour être exact en tout, d'indiquer ici les bruits et les propos qui avaient couru sur son compte au moment où il était arrivé dans le diocèse. Vrai ou faux, ce qu'on dit des hommes tient souvent autant de place dans leur vie et surtout dans leur destinée que ce qu'ils font. M. Myriel était fils d'un conseiller au parlement d'Aix; noblesse de robe.[2] On contait que son père, le réservant pour hériter de sa charge, l'avait marié de fort bonne heure, à dix-huit ou vingt ans, suivant un usage assez répandu dans les familles parlementaires.

La Révolution survint, les événements se précipitèrent, les familles parlementaires, décimées, chassées, traquées, se dispersèrent. M. Charles Myriel, dès les premiers jours de la Révolution, émigra en Italie. Sa femme y mourut d'une maladie de poitrine dont elle était atteinte depuis longtemps. Ils n'avaient point d'enfants. Que se passa-t-il ensuite dans la destinée de M. Myriel? Nul n'aurait pu le dire; tout ce qu'on savait, c'est que, lorsqu'il revint d'Italie, il était prêtre.

En 1804, M. Myriel était curé de Brignolles. Il était déjà vieux, et vivait dans une retraite profonde.

Vers l'époque du couronnement,[1] une petite affaire de sa cure, on ne sait plus trop quoi, l'amena à Paris. Entre autres personnes puissantes, il alla solliciter pour ses paroissiens M. le cardinal Fesch. Un jour que l'empereur était venu faire sa visite à son oncle, le digne curé, qui attendait dans l'antichambre, se trouva sur le passage de Sa Majesté. Napoléon, se voyant regarder avec une certaine curiosité par ce vieillard, se retourna, et dit brusquement:

— Quel est ce bonhomme qui me regarde?

— Sire, dit M. Myriel, vous regardez un bonhomme, et moi je regarde un grand homme. Chacun de nous peut profiter.

L'empereur, le soir même, demanda au cardinal le nom de ce curé, et quelque temps après M. Myriel fut tout surpris d'apprendre qu'il était nommé évêque de Digne.

M. Myriel était arrivé à Digne accompagné d'une vieille fille, mademoiselle Baptistine, qui était sa sœur et qui avait dix ans de moins que lui.

Ils avaient pour tout domestique une servante du même âge que mademoiselle Baptistine, et appelée madame Magloire, laquelle, après avoir été *la servante de M. le curé*, prenait maintenant le double titre de femme de chambre de mademoiselle et femme de charge de monseigneur.

Mademoiselle Baptistine était une personne longue, pâle, mince, douce; elle réalisait l'idéal de ce qu'exprime le mot "respectable"; car il semble qu'il soit nécessaire qu'une femme soit mère pour être vénérable. Elle n'avait jamais été jolie; toute sa vie, qui n'avait été qu'une suite de saintes œuvres, avait fini par mettre sur elle une sorte de blancheur et de clarté; et, en vieillissant, elle avait gagné ce qu'on pourrait appeler la beauté de la bonté.

Madame Magloire était une petite vieille, blanche, grasse, replète, affairée, toujours haletante, à cause de son activité d'abord, ensuite à cause d'un asthme.

II.

M. MYRIEL DEVIENT MONSEIGNEUR BIENVENU.

Le palais épiscopal de Digne était attenant à l'hôpital. Le palais épiscopal était un vaste et bel hôtel bâti en pierre au commencement du siècle dernier par monseigneur Henri Puget, docteur en théologie de la faculté de Paris,[1] abbé de Simore, lequel était évêque de Digne en 1712. Ce palais était un vrai logis seigneurial. Tout y avait grand air, les appartements de l'évêque, les salons, les chambres, la cour d'honneur, fort large, avec promenoirs à arcades, selon l'ancienne mode florentine, les jardins plantés de magnifiques arbres. La salle à manger, longue et superbe galerie, était au rez-de-chaussée et s'ouvrait sur les jardins.

L'hôpital était une maison étroite et basse, à un seul étage avec un petit jardin.

Trois jours après son arrivée, l'évêque visita l'hôpital. La visite terminée, il fit prier le directeur de vouloir bien venir jusque chez lui.

—Monsieur le directeur de l'hôpital, lui dit-il, combien en ce moment avez-vous de malades?

—Vingt-six, monseigneur. Dans les épidémies, –– nous

avons eu cette année le typhus, nous avons eu la suette miliaire [1] il y a deux ans, cent malades quelquefois, — nous ne savons que faire.

— C'est la pensée qui m'était venue.

— Puis élevant la voix :

— Tenez, monsieur le directeur de l'hôpital, je vais vous dire. Il y a évidemment une erreur. Vous êtes vingt-six personnes dans cinq ou six petites chambres. Nous sommes trois ici et nous avons place pour soixante. Il y a erreur, je vous dis : vous avez mon logis et j'ai le vôtre. Rendez-moi ma maison ; c'est ici chez vous.

Le lendemain, les vingt-six pauvres malades étaient installés dans le palais de l'évêque, et l'évêque était à l'hôpital.

M. Myriel n'avait pas de biens, sa famille ayant été ruinée par la Révolution. Sa sœur touchait une rente viagère de cinq cents francs qui, au presbytère, suffisait à sa dépense personnelle. M. Myriel recevait de l'État comme évêque un traitement de quinze mille francs. [2] Le jour même où il vint se loger dans la maison de l'hôpital, M. Myriel détermina l'emploi de cette somme une fois pour toutes de la manière suivante. Nous transcrivons ici une note écrite de sa main.

NOTE POUR RÉGLER LES DÉPENSES DE MA MAISON.

Pour le petit séminaire [3]	quinze cents livres. [2]
Congrégation [4] de la mission	cent livres.
Pour les lazaristes [5] de Montdidier	cent livres.
Séminaire des missions étrangères à Paris .	deux cents livres.
Congrégation du Saint-Esprit	cent cinquante livres.
Établissements religieux de la Terre-Sainte .	cent livres.
Sociétés de charité maternelle	trois cents livres.
En sus, pour celle d'Arles	cinquante livres.
Œuvre pour l'amélioration des prisons . . .	quatre cents livres.
Œuvre pour le soulagement et la délivrance des prisonniers	cinq cents livres.

Pour libérer des pères de famille prisonniers
pour dettes . . . . mille livres.
Supplément au traitement des pauvres maîtres
d'école du diocèse . . . . deux mille livres.
Grenier d'abondance des Hautes-Alpes . . . cent livres.
Congrégation des dames de Digne, de Ma-
nosque et de Sisteron, pour l'enseignement
gratuit des filles indigentes . . . . . quinze cents livres.
Pour les pauvres . . . . six mille livres.
Ma dépense personnelle . . . . mille livres.
                          Total . . . . quinze mille livres.

Pendant tout le temps qu'il occupa le siège de Digne,
M. Myriel ne changea rien à cet arrangement. Il appelait
cela, comme on voit, *avoir réglé les dépenses de sa maison.*

Cet arrangement fut accepté avec une soumission absolue
par mademoiselle Baptistine. Pour cette sainte fille, M.
de Digne était tout à la fois son frère et son évêque, son
ami selon la nature et son supérieur selon l'Église. Elle
l'aimait et elle le vénérait tout simplement. Quand il
parlait, elle s'inclinait; quand il agissait, elle adhérait.
La servante seule, madame Magloire, murmura un peu.
M. l'évêque, on l'a pu remarquer, ne s'était réservé que
mille livres, ce qui, joint à la pension de mademoiselle
Baptistine, faisait quinze cents francs par an. Avec ces
quinze cents francs, ces deux vieilles femmes et ce vieillard
vivaient.

Et, quand un curé de village venait à Digne, M. l'évêque
trouvait encore moyen de le traiter, grâce à la sévère
économie de madame Magloire et à l'intelligente administration de mademoiselle Baptistine.

Un jour, il était à Digne depuis environ trois mois,
l'évêque dit :

— Avec tout cela je suis bien gêné !

— Je le crois bien ! s'écria madame Magloire, monseigneur n'a seulement pas réclamé la rente que le département lui doit pour ses frais de carrosse en ville et de

tournées dans le diocèse.   Pour les évêques d'autrefois, c'était l'usage.

—Tiens ! dit l'évêque, vous avez raison, madame Magloire.

Il fit sa réclamation.

Quelque temps après, le conseil général, prenant cette demande en considération, lui vota une somme annuelle de trois mille francs, sous cette rubrique : *Allocation à M. l'évêque pour frais de carrosse, frais de poste, et frais de tournées pastorales.*

Cela fit beaucoup crier la bourgeoisie locale.

La chose, en revanche, réjouit fort madame Magloire.

—Bon, dit-elle à mademoiselle Baptistine, monseigneur a commencé par les autres, mais il a bien fallu qu'il finît par lui-même.   Il a réglé toutes ses charités.   Voilà trois mille livres pour nous enfin !

Le soir même, l'évêque écrivit et remit à sa sœur une note ainsi conçue :

FRAIS DE CARROSSE ET DE TOURNÉES.

Pour donner du bouillon de viande aux malades de l'hôpital	quinze cents livres.
Pour la société de charité maternelle d'Aix	deux cent cinquante liv.
Pour la société de charité maternelle de Draguignan	deux cent cinquante liv.
Pour les enfants trouvés	cinq cents livres.
Pour les orphelins	cinq cents livres.
Total	trois mille livres.

Tel était le budget de M. Myriel.

Quant au casuel épiscopal, rachats de bans, dispenses, ondoiements,[1] prédications, bénédictions d'églises ou de chapelles, mariages, etc., l'évêque le percevait sur les riches avec d'autant plus d'âpreté qu'il le donnait aux pauvres.

Au bout de peu de temps, les offrandes d'argent afflu-
èrent. Ceux qui ont et ceux qui manquent frappaient à la
porte de M. Myriel, les uns venant chercher l'aumône que
les autres venaient y déposer. L'évêque, en moins d'un an,
devint le trésorier de tous les bienfaits et le caissier de
toutes les détresses. Des sommes considérables passaient
par ses mains ; mais rien ne put faire qu'il changeât
quelque chose à son genre de vie, et qu'il ajoutât le
moindre superflu à son nécessaire.

Loin de là. Comme il y a toujours encore plus de
misère en bas que de fraternité en haut, tout était donné,
pour ainsi dire, avant d'être reçu ; c'était comme de l'eau
sur une terre sèche ; il avait beau recevoir de l'argent, il
n'en avait jamais. Alors il se dépouillait.

L'usage étant que les évêques énoncent leurs noms de
baptême en tête de leurs mandements et de leurs lettres
pastorales, les pauvres gens du pays avaient choisi, avec
une sorte d'instinct affectueux, dans les noms et prénoms
de l'évêque, celui qui leur présentait un sens, et ils ne
l'appelaient que monseigneur Bienvenu. Nous ferons
comme eux, et nous le nommerons ainsi dans l'occasion.
Du reste, cette appellation lui plaisait. — J'aime ce nom-là,
disait-il. Bienvenu corrige monseigneur.

Nous ne prétendons pas que le portrait que nous faisons
ici soit vraisemblable ; nous nous bornons à dire qu'il est
ressemblant.

III.

A BON ÉVÊQUE DUR ÉVÊCHÉ.

M. L'ÉVÊQUE pour avoir converti son carrosse en
aumônes, n'en faisait pas moins ses tournées. C'est un
diocèse fatigant que celui de Digne. Il a fort peu de plaines
et beaucoup de montagnes, presque pas de routes, on l'a vu

tout à l'heure ; trente-deux cures,[1] quarante-et-un vicariats
et deux cent quatre-vingt-cinq succursales. Visiter tout
cela, c'est une affaire. M. l'évêque en venait à bout. Il
allait à pied quand c'était dans le voisinage, en carriole
quand c'était dans la plaine, en cacolet[2] dans la montagne.
Les deux vieilles femmes l'accompagnaient. Quand le
trajet était trop pénible pour elles, il allait seul.

Dans ces tournées, il était indulgent et doux, et prêchait
moins qu'il ne causait. Il n'allait jamais chercher bien
loin ses raisonnements et ses modèles. Aux habitants
d'un pays il citait l'exemple du pays voisin.

Il parlait gravement et paternellement ; à défaut d'ex-
emples il inventait des paraboles, allant droit au but, avec
peu de phrases et beaucoup d'images, ce qui était l'éloquence
même de Jésus-Christ, convaincu et persuadant.

IV.

LES ŒUVRES SEMBLABLES AUX PAROLES.

SA conversation était affable et gaie. Il se mettait à la
portée des deux vieilles femmes qui passaient leur vie
près de lui ; quand il riait c'était le rire d'un écolier.

Il avait dans l'occasion une raillerie douce qui contenait
presque toujours un sens sérieux.

Quand il s'agissait de charité, il ne se rebutait pas même
devant un refus, et il trouvait alors des mots qui faisaient
réfléchir.

Né Provençal, il s'était facilement familiarisé avec tous
les patois du Midi. Ceci plaisait beaucoup au peuple et
n'avait pas peu contribué à lui donner accès près de tous
les esprits. Il était dans la chaumière et dans la montagne
comme chez lui. Il savait dire les choses les plus grandes

dans les idiomes les plus vulgaires. Parlant toutes les langues, il entrait dans toutes les âmes.

Du reste, il était le même pour les gens du monde et pour les gens du peuple.

Il ne condamnait rien hâtivement, et sans tenir compte des circonstances. Il disait : Voyons le chemin par où la faute a passé.

Étant, comme il se qualifiait lui-même en souriant, un *ex-pécheur*, il n'avait aucun des escarpements du rigorisme.

Quand il voyait tout le monde crier bien fort et s'indigner bien vite :

—Oh! oh! disait-il en souriant, il y a apparence que ceci est un gros crime que tout le monde commet. Voilà les hypocrisies effarées qui se dépêchent de protester et de se mettre à couvert.

Il était indulgent pour les femmes et les pauvres sur qui pèse le poids de la société humaine. Il disait : — Les fautes des femmes, des enfants, des serviteurs, des faibles, des indigents et des ignorants sont la faute des maris, des pères, des maîtres, des forts, des riches et des savants.

Il disait encore : — A ceux qui ignorent, enseignez-leur le plus de choses que vous pourrez ; la société est coupable de ne pas donner l'instruction gratis ; elle répond de la nuit qu'elle produit. Cette âme est pleine d'ombre, le péché s'y commet. Le coupable n'est pas celui qui fait le péché, mais celui qui fait l'ombre.

Comme on voit, il avait une manière étrange et à lui de juger les choses. Je soupçonne qu'il avait pris cela dans l'Évangile.

On pouvait appeler M. Myriel à toute heure au chevet des malades et des mourants. Il n'ignorait pas que là étaient son plus grand devoir et son plus grand travail. Les familles veuves ou orphelines n'avaient pas besoin de le demander, il arrivait de lui-même. Il savait s'asseoir et se taire de longues heures auprès de l'homme qui **avait** perdu la femme qu'il aimait, de la mère qui avait perdu son enfant.

Comme il savait le moment de se taire, il savait aussi le moment de parler. O admirable consolateur! il ne cherchait pas à effacer la douleur par l'oubli, mais à l'agrandir et à la dignifier par l'espérance. Il savait que la croyance est saine. Il cherchait à conseiller et à calmer l'homme désespéré en lui indiquant du doigt l'homme résigné, et à transformer la douleur qui regarde une fosse en lui montrant la douleur qui regarde une étoile.

V.

QUE MONSEIGNEUR BIENVENU FAISAIT DURER TROP LONGTEMPS SES SOUTANES.

LA vie intérieure de M. Myriel était pleine des mêmes pensées que sa vie publique. Pour qui eût pu la voir de près, c'eût été un spectacle grave et charmant que cette pauvreté volontaire dans laquelle vivait M. l'évêque de Digne.

Comme tous les vieillards et comme la plupart des penseurs, il dormait peu. Ce court sommeil était profond. Le matin il se recueillait pendant une heure, puis il disait sa messe, soit à la cathédrale, soit dans sa maison. Sa messe dite, il déjeunait d'un pain de seigle trempé dans le lait de ses vaches. Puis il travaillait.

Un évêque est un homme fort occupé.

Le temps que lui laissaient ses affaires, et ses offices, et son bréviaire, il le donnait d'abord aux nécessiteux, aux malades et aux affligés; le temps que les affligés, le malades et les nécessiteux lui laissaient, il le donnait au travail. Tantôt il bêchait dans son jardin, tantôt il lisait et il écrivait. Il n'avait qu'un mot pour ces deux sortes de travail; il appelait cela *jardiner.* " L'esprit est un jardin," disait-il..

Vers midi, quand le temps était beau, il sortait et se promenait à pied dans la campagne ou dans la ville, entrant souvent dans les masures. On le voyait cheminer seul, tout à ses pensées, l'œil baissé, appuyé sur sa longue canne, vêtu de sa douillette violette ouatée et bien chaude, chaussé de bas violets dans de gros souliers et coiffé de son chapeau plat qui laissait passer par ses trois cornes trois glands d'or à graine d'épinards.[1]

C'était une fête partout où il paraissait. On eût dit que son passage avait quelque chose de réchauffant et de lumineux. Les enfants et les vieillards venaient sur le seuil des portes pour l'évêque comme pour le soleil. Il bénissait et on le bénissait. On montrait sa maison à quiconque avait besoin de quelque chose.

Çà et là, il s'arrêtait, parlait aux petits garçons et aux petites filles et souriait aux mères. Il visitait les pauvres tant qu'il avait de l'argent; quand il n'en avait plus, il visitait les riches.

Comme il faisait durer ses soutanes beaucoup de temps, et qu'il ne voulait pas qu'on s'en aperçût, il ne sortait jamais dans la ville qu'avec sa douillette violette. Cela le gênait un peu en été.

En rentrant il dînait. Le dîner ressemblait au déjeuner.

Le soir à huit heures et demie il soupait avec sa sœur, madame Magloire debout derrière eux et les servant à table. Rien de plus frugal que ce repas. Si pourtant l'évêque avait un de ses curés à souper, madame Magloire en profitait pour servir à monseigneur quelque excellent poisson des lacs ou quelque fin gibier de la montagne. Tout curé était un prétexte à bon repas; l'évêque se laissait faire. Hors de là son ordinaire ne se composait guère que de légumes cuits dans l'eau et de soupe à l'huile. Aussi disait-on dans la ville : *Quand l'évêque ne fait pas chère de curé, il fait chère de trappiste.*

Après son souper, il causait pendant une demi-heure avec mademoiselle Baptistine et madame Magloire; puis il rentrait dans sa chambre et se remettait à écrire, tantôt sur des feuilles volantes, tantôt sur la marge de quelque in-folio. Il était lettré et quelque peu savant.

Vers neuf heures du soir, les deux femmes se retiraient et montaient à leurs chambres au premier, le laissant jusqu'au matin seul au rez-de-chaussée.

Ici il est nécessaire que nous donnions une idée exacte du logis de M. l'évêque de Digne.

VI.

PAR QUI IL FAISAIT GARDER SA MAISON.

La maison qu'il habitait se composait, nous l'avons dit, d'un rez-de-chaussée et d'un seul étage : trois pièces au rez-de-chaussée, trois chambres au premier, au-dessus un grenier. Derrière la maison, un jardin d'un quart d'arpent. Les deux femmes occupaient le premier. L'évêque logeait en bas. La première pièce, qui s'ouvrait sur la rue, lui servait de salle à manger, la deuxième de chambre à coucher, et la troisième d'oratoire. On ne pouvait sortir de cet oratoire sans passer par la chambre à coucher, et sortir de la chambre à coucher sans passer par la salle à manger. Dans l'oratoire, au fond, il y avait une alcôve fermée, avec un lit pour les cas d'hospitalité. M. l'évêque offrait ce lit aux curés de campagne que des affaires ou les besoins de leur paroisse amenaient à Digne.

La pharmacie de l'hôpital, petit bâtiment ajouté à la maison et pris sur le jardin, avait été tranformée en cuisine et en cellier.

Il y avait en outre dans le jardin une étable qui était l'ancienne cuisine de l'hospice et où l'évêque entretenait deux vaches. Quelle que fût la quantité de lait qu'elles lui donnassent, il en envoyait invariablement tous les matins la moitié aux malades de l'hôpital. *Je paye ma dîme*, disait-il.

Sa chambre était assez grande et assez difficile à chauffer dans la mauvaise saison. Comme le bois est très cher à Digne, il avait imaginé de faire faire dans l'étable à vaches un compartiment fermé d'une cloison en planches. C'était là qu'il passait ses soirées dans les grands froids. Il appelait cela son *salon d'hiver*.

Il n'y avait dans ce salon d'hiver, comme dans la salle à manger, d'autres meubles qu'une table en bois blanc, carrée, et quatre chaises de paille. La salle à manger était ornée en outre d'un vieux buffet peint en rose à la détrempe. Du buffet pareil, convenablement habillé de napperons blancs et de fausses dentelles, l'évêque avait fait l'autel qui décorait son oratoire.

Rien de plus simple à se figurer que la chambre à coucher de l'évêque. Une porte-fenêtre donnant sur le jardin ; vis-à-vis, le lit, un lit d'hôpital en fer avec baldaquin de serge verte ; dans l'ombre du lit, derrière un rideau, les ustensiles de toilette trahissant encore les anciennes habitudes élégantes de l'homme du monde ; deux portes, l'une près de la cheminée, donnant dans l'oratoire ; l'autre près de la bibliothèque, donnant dans la salle à manger. La bibliothèque, grande armoire vitrée pleine de livres ; la cheminée, de bois peint en marbre, habituellement sans feu ; dans la cheminée, une paire de chenets en fer ornés de deux vases à guirlandes et cannelures jadis argentés à l'argent haché,[1] ce qui était un genre de luxe épiscopal ; au-dessus de la cheminée, un crucifix de cuivre désargenté fixé sur un velours noir râpé dans un cadre de bois dédoré ;

près de la porte-fenêtre, une grande table avec un encrier, chargée de papiers confus et de gros volumes. Devant la table, le fauteuil de paille. Devant le lit, un prie-Dieu, emprunté à l'oratoire.

Il avait à sa fenêtre un antique rideau de grosse étoffe de laine qui finit par devenir tellement vieux que, pour éviter la dépense d'un neuf, madame Magloire fut obligée de faire une grande couture au beau milieu. Cette couture dessinait une croix.[1] L'évêque la faisait souvent remarquer. — Comme cela fait bien![2] disait-il.

Toutes les chambres de la maison, au rez-de-chaussée ainsi qu'au premier, sans exception, étaient blanchies au lait de chaux, ce qui est une mode de caserne et d'hôpital.

Les chambres étaient pavées en briques rouges qu'on lavait toutes les semaines, avec des nattes de paille devant tous les lits. Du reste, ce logis, tenu par deux femmes, était du haut en bas d'une propreté exquise. C'était le seul luxe que l'évêque permît. Il disait : — *Cela ne prend rien aux pauvres.*

Il faut convenir cependant qu'il lui restait de ce qu'il avait possédé jadis six couverts d'argent et une cuiller à soupe que madame Magloire regardait tous les jours avec bonheur reluire splendidement sur la grosse nappe de toile blanche. Et comme nous peignons ici l'évêque de Digne tel qu'il était, nous devons ajouter qu'il lui était arrivé plus d'une fois de dire : — Je renoncerais difficilement à manger dans de l'argenterie.

Il faut ajouter à cette argenterie deux gros flambeaux d'argent massif qui lui venaient de l'héritage d'une grand'-tante. Ces flambeaux portaient deux bougies de cire et figuraient habituellement sur la cheminée de l'évêque. Quand il avait quelqu'un à dîner, madame Magloire allumait les deux bougies et mettait les deux flambeaux sur la table.

Il y avait dans la chambre même de l'évêque, à la tête de son lit, un petit placard dans lequel madame Magloire serrait chaque soir les six couverts d'argent et la grande cuiller. Il faut dire qu'on n'en ôtait jamais la clef.

Le jardin, un peu gâté par les constructions assez laides dont nous avons parlé, se composait de quatre allées en croix rayonnant autour d'un puisard;[1] une autre allée faisait tout le tour du jardin et cheminait le long du mur blanc dont il était enclos. Ces allées laissaient entre elles quatre carrés bordés de buis. Dans trois, madame Magloire cultivait des légumes; dans le quatrième, l'évêque avait mis des fleurs; il y avait çà et là quelques arbres fruitiers.

Ce carré, composé de trois ou quatre plates-bandes, occupait M. l'évêque presque autant que ses livres. Il y passait volontiers une heure ou deux, coupant, sarclant et piquant çà et là des trous en terre où il mettait des graines. Il n'était pas aussi hostile aux insectes qu'un jardinier l'eût voulu. Du reste, aucune prétention à la botanique. Il n'étudiait pas les plantes; il aimait les fleurs. Il respectait beaucoup les savants, il respectait encore plus les ignorants, et, sans jamais manquer à ces deux respects, il arrosait ses plates-bandes chaque soir d'été avec un arrosoir de fer-blanc peint en vert.

La maison n'avait pas une porte qui fermât à clef. La porte de la salle à manger qui, nous l'avons dit, donnait de plain-pied sur la place de la cathédrale, était jadis ornée de serrures et de verrous comme une porte de prison. L'évêque avait fait ôter toutes ces ferrures, et cette porte, la nuit comme le jour, n'était fermée qu'au loquet. Le premier passant venu, à quelque heure que ce fût, n'avait qu'à la pousser. Dans les commencements, les deux femmes avaient été fort tourmentées de cette porte jamais close; mais M. de Digne leur avait dit: Faites mettre des verrous à votre chambre, si cela vous plaît. Elles avaient fini par partager sa confiance ou du moins par faire comme si elles la partageaient. Madame Magloire seule avait de temps en temps des frayeurs. Pour ce qui est de l'évêque, on peut trouver sa pensée expliquée ou du moins indiquée dans ces trois lignes écrites par lui sur la marge d'une Bible : "Voici la nuance : la porte du médecin ne doit jamais être fermée, la porte du prêtre doit toujours être ouverte."

Sur un autre livre, intitulé *Philosophie de la science médicale*, il avait écrit cette autre note : "Est-ce que je ne suis pas médecin comme eux ? Moi aussi j'ai mes malades ; d'abord j'ai les leurs, qu'ils appellent les malades ; et puis j'ai les miens, que j'appelle les malheureux."

Ailleurs encore il avait écrit : "Ne demandez pas son nom à qui vous demande un gîte. C'est surtout celui-là que son nom embarrasse qui a besoin d'asile."

VII–XIV.

[Détails plus amples sur l'évêque.]

LIVRE DEUXIÈME. — LA CHUTE.

I.

LE SOIR D'UN JOUR DE MARCHE.

DANS les premiers jours du mois d'octobre 1815, une heure environ avant le coucher du soleil, un homme qui voyageait à pied entrait dans la petite ville de Digne. Les rares habitants qui se trouvaient, en ce moment, à leurs fenêtres ou sur le seuil de leurs maisons, regardaient ce voyageur avec une sorte d'inquiétude. Il était difficile de rencontrer un passant d'un aspect plus misérable. C'était un homme de moyenne taille, trapu et robuste, dans la force de l'âge. Il pouvait avoir quarante-six ou quarante-huit ans. Une casquette à visière de cuir rabattue cachait en partie son visage brûlé par le soleil et le hâle et ruisselant de sueur. Sa chemise de grosse toile jaune, rattachée au col par une petite ancre d'argent, laissait voir sa poitrine velue ; il avait une cravate tordue en corde, un pantalon de coutil bleu, usé et râpé, blanc à un genou, troué à l'autre, une vieille blouse grise en haillons, rapiécée à l'un des coudes d'un morceau de drap vert cousu avec de la ficelle, sur le dos un sac de soldat fort plein, bien bouclé et tout neuf, à la main un énorme bâton noueux, les pieds sans bas dans des souliers ferrés, la tête tondue et la barbe longue.

La sueur, la chaleur, le voyage à pied, la poussière, ajoutaient je ne sais quoi de sordide à cet ensemble délabré.

Les cheveux étaient ras, et pourtant hérissés ; car ils commençaient à pousser un peu et semblaient n'avoir pas été coupés depuis quelque temps.

Personne ne le connaissait. Ce n'était évidemment qu'un passant. D'où venait-il ? Du midi. Des bords de la mer peut-être. Car il faisait son entrée dans Digne par la même rue qui sept mois auparavant avait vu passer l'empereur Napoléon allant de Cannes à Paris. Cet homme avait dû marcher tout le jour. Il paraissait très fatigué. Des femmes de l'ancien bourg qui est au bas de la ville l'avaient vu s'arrêter sous les arbres du boulevard Gassendi et boire à la fontaine qui est à l'extrémité de la promenade. Il fallait qu'il eût bien soif, car des enfants qui le suivaient le virent encore s'arrêter pour boire, deux cents pas plus loin, à la fontaine de la place du marché.

Arrivé au coin de la rue Poichevert, il tourna à gauche et se dirigea vers la mairie. Il y entra ; puis sortit un quart d'heure après. Un gendarme était assis près de la porte sur le banc de pierre. L'homme ôta sa casquette et salua humblement le gendarme.

Le gendarme, sans répondre à son salut, le regarda avec attention, le suivit quelque temps des yeux, puis entra dans la maison de ville.

Il y avait alors à Digne une belle auberge à l'enseigne de *la Croix-de-Colbas.* Cette auberge avait pour hôtelier un nommé Jacquin Labarre, homme considéré dans la ville pour sa parenté avec un autre Labarre, qui tenait à Grenoble l'auberge des *Trois-Dauphins* et qui avait servi dans les guides.

L'homme se dirigea vers cette auberge, qui était la meilleure du pays. Il entra dans la cuisine, laquelle s'ouvrait de plain-pied sur la rue. Tous les fourneaux étaient allumés ; un grand feu flambait gaiement dans la cheminée. L'hôte, qui était en même temps le chef, allait de l'âtre aux casseroles, fort occupé et surveillant un excellent dîner destiné à des rouliers [1] qu'on entendait rire et parler à grand bruit dans une salle voisine. Quiconque a voyagé sait que personne ne fait meilleure chère que les rouliers. Une marmotte grasse, flanquée de perdrix blanches et de coqs de bruyère, tournait sur une longue broche devant le feu; sur les fourneaux cuisaient deux grosses carpes du lac de Lauzet et une truite du lac d'Alloz. [2]

L'hôte, entendant la porte s'ouvrir et entrer un nouveau venu, dit sans lever les yeux de ses fourneaux :

— Que veut monsieur ?

— Manger et coucher, dit l'homme.

— Rien de plus facile, reprit l'hôte. En ce moment il tourna la tête, embrassa d'un coup d'œil tout l'ensemble du voyageur, et ajouta: En payant.

L'homme tira une grosse bourse de cuir de la poche de sa blouse et répondit :

— J'ai de l'argent.

— En ce cas on est à vous, dit l'hôte.

L'homme remit sa bourse en poche, se déchargea de son sac, le posa à terre près de la porte, garda son bâton à la main et alla s'asseoir sur une escabelle basse près du feu. Digne est dans la montagne. Les soirées d'octobre y sont froides.

Cependant, tout en allant et venant, l'hôte considérait le voyageur.

— Dîne-t-on bientôt ? dit l'homme.

— Tout à l'heure, dit l'hôte.

Pendant que le nouveau venu se chauffait, le dos tourné, le digne aubergiste Jacquin Labarre tira un crayon de sa poche, puis il déchira le coin d'un vieux journal qui traînait sur une petite table près de la fenêtre. Sur la marge blanche il écrivit une ligne ou deux, plia sans cacheter et remit ce chiffon de papier à un enfant qui paraissait lui servir tout à la fois de marmiton et de laquais. L'aubergiste dit un mot à l'oreille du marmiton, et l'enfant partit en courant dans la direction de la mairie.

Le voyageur n'avait rien vu de tout cela.

Il demanda encore une fois : — Dîne-t-on bientôt ?

— Tout à l'heure, dit l'hôte.

L'enfant revint. Il rapportait le papier. L'hôte le déplia avec empressement, comme quelqu'un qui attend une réponse. Il parut lire attentivement, puis hocha la tête et resta un moment pensif. Enfin, il fit un pas vers le voyageur que semblait plongé dans des réflexions peu sereines.

— Monsieur, dit-il, je ne puis vous recevoir.

L'homme dit sans hausser la voix : — Je suis à l'auberge, j'ai faim, et je reste.

L'hôte alors se pencha à son oreille, et lui dit d'un accent qui le fit tressaillir : — Allez-vous-en.

Le voyageur était courbé en cet instant et poussait quelques braises dans le feu avec le bout ferré de son bâton, il se retourna vivement, et comme il ouvrait la bouche pour répliquer, l'hôte le regarda fixement et ajouta toujours à voix basse : — Tenez, assez de paroles comme cela. Voulez-vous que je vous dise votre nom ? Vous vous appelez Jean Valjean. Maintenant voulez-vous que je vous dise qui vous êtes ? En vous voyant entrer, je me suis douté de quelque chose, j'ai envoyé à la mairie, et voici ce qu'on m'a répondu. Savez-vous lire ?

En parlant ainsi il tendait à l'étranger, tout déplié, le papier qui venait de voyager à la mairie et de la mairie à l'auberge. L'homme y jeta un regard. L'aubergiste reprit après un silence :

— J'ai l'habitude d'être poli avec tout le monde. Allez vous-en.

L'homme baissa la tête, ramassa le sac qu'il avait déposé à terre, et s'en alla.

Il prit la grande rue. Il marchait devant lui au hasard, rasant de près les maisons, comme un homme humilié et triste. Il ne se retourna pas une seule fois. S'il s'était retourné, il aurait vu l'aubergiste de *la Croix-de-Colbas* sur le seuil de sa porte, entouré de tous les voyageurs de son auberge et de tous les passants de la rue, parlant vivement et le désignant du doigt, et, aux regards de défiance et d'effroi du groupe, il aurait deviné qu'avant peu son arrivée serait l'événement de toute la ville.

Il ne vit rien de tout cela. Les gens accablés ne regardent pas derrière eux. Ils ne savent que trop que le mauvais sort les suit.

Il chemina ainsi quelque temps, marchant toujours, allant à l'aventure par des rues qu'il ne connaissait pas, oubliant la fatigue, comme cela arrive dans la tristesse. Tout à coup il sentit vivement la faim. La nuit approchait. Il regarda autour de lui pour voir s'il ne découvrirait pas quelque gîte.

[Il entre dans un cabaret; il en est chassé; il sonne à la prison, on refuse de l'y recevoir; il demande asile à un paysan, celui-là le menace d'un coup de fusil; il se glisse dans un chenil; le dogue le force à déguerpir.]

Bientôt il se releva et se remit à marcher. Il sortit de la ville, espérant trouver quelque arbre ou quelque meule dans les champs, et s'y abriter.

Il chemina quelque temps, la tête toujours baissée. Quand il se sentit loin de toute habitation humaine, il leva les yeux et chercha autour de lui. Il était dans un champ, il avait devant lui une de ces collines basses couvertes de chaume coupé ras, qui après la moisson ressemblent à des têtes tondues.

L'horizon était tout noir; ce n'était pas seulement le sombre de la nuit; c'étaient des nuages très bas qui semblaient s'appuyer sur la colline même et qui montaient, emplissant tout le ciel. Cependant, comme la lune allait se lever et qu'il flottait encore au zénith un reste de clarté crépusculaire, ces nuages formaient au haut du ciel une sorte de voûte blanchâtre d'où tombait sur la terre une lueur.

La terre était donc plus éclairée que le ciel, ce qui est un effet particulièrement sinistre, et la colline, d'un pauvre et chétif contour, se dessinait vague et blafarde sur l'horizon ténébreux. Tout cet ensemble était hideux, petit, lugubre et borné. Rien dans le champ ni sur la colline qu'un arbre difforme qui se tordait en frissonnant à quelques pas du voyageur.

Cet homme était évidemment très loin d'avoir de ces délicates habitudes d'intelligence et d'esprit qui font qu'on est sensible aux aspects mystérieux des choses ; cependant il y avait dans ce ciel, dans cette colline, dans cette plaine et dans cet arbre, quelque chose de si profondément désolé qu'après un moment d'immobilité et de rêverie, il rebroussa chemin brusquement. Il y a des instants où la nature semble hostile.

Il revint sur ses pas. Les portes de Digne étaient fermées. Digne, qui a soutenu des sièges dans les guerres de religion,[1] était encore entourée en 1815 de vieilles murailles flanquées de tours carrées qu'on a démolies depuis. Il passa par une brèche et rentra dans la ville.

Il pouvait être huit heures du soir. Comme il ne connaissait pas les rues, il recommença sa promenade à l'aventure.

Il parvint ainsi à la préfecture, puis au séminaire. En passant sur la place de la cathédrale, il montra le poing[2] à l'église.

Épuisé de fatigue et n'espérant plus rien, il se coucha sur un banc de pierre.

Une vieille femme sortait de l'église en ce moment. Elle

vit cet homme étendu dans l'ombre. — Que faites-vous là, mon ami ? lui dit-elle.

Il répondit durement et avec colère : — Vous le voyez, bonne femme, je me couche.

La bonne femme, bien digne de ce nom en effet, était madame la marquise de R.

— Sur ce banc ? reprit-elle.

— J'ai eu pendant dix-neuf ans un matelas de bois, dit l'homme ; j'ai aujourd'hui un matelas de pierre.

— Vous avez été soldat ?

— Oui, bonne femme. Soldat.

— Pourquoi n'allez-vous pas à l'auberge ?

— Parce que je n'ai pas d'argent.

— Hélas ! dit madame de R., je n'ai dans ma bourse que quatre sous.

— Donnez toujours.

L'homme prit les quatre sous. Madame de R. continua : — Vous ne pouvez vous loger avec si peu dans une auberge. Avez-vous essayé pourtant ? Il est impossible que vous passiez ainsi la nuit. Vous avez sans doute froid et faim. On aurait pu vous loger par charité.

— J'ai frappé à toutes les portes.

— Eh bien ?

— Partout on m'a chassé.

La " bonne femme " toucha le bras de l'homme et lui montra de l'autre côté de la place une petite maison basse à côté de l'évêché.

— Vous avez, reprit-elle, frappé à toutes les portes ?

— Oui.

— Avez-vous frappé à celle-là ?

— Non.

— Frappez-y.

II.

LA PRUDENCE CONSEILLÉE A LA SAGESSE.

CE soir-là, M. l'évêque de Digne, après sa promenade en ville, était resté assez tard enfermé dans sa chambre. Il s'occupait d'un grand travail sur les *Devoirs*, lequel est malheureusement demeuré inachevé.

Il travaillait encore à huit heures, écrivant assez incommodément sur de petits carrés de papier avec un gros livre ouvert sur ses genoux, quand madame Magloire entra, selon son habitude, pour prendre l'argenterie dans le placard près du lit. Un moment après, l'évêque, sentant que le couvert était mis et que sa sœur l'attendait peut-être, ferma son livre, se leva de sa table, et entra dans la salle à manger.

La salle à manger était une pièce oblongue à cheminée, avec porte sur la rue (nous l'avons dit), et fenêtre sur le jardin.

Madame Magloire achevait en effet de mettre le couvert.

Tout en vaquant au service, elle causait avec mademoiselle Baptistine.

Une lampe était sur la table ; la table était près de la cheminée. Un assez bon feu était allumé.

[Madame Magloire à entendu dire qu'une espèce de mendiant dangereux est en ce moment dans la ville ; elle propose d'aller chercher le serrurier pour qu'il remette les anciens verrous de la porte.]

En ce moment, on frappa à la porte un coup assez violent.

— Entrez, dit l'évêque.

III.

HÉROISME DE L'OBÉISSANCE PASSIVE.

La porte s'ouvrit.

Elle s'ouvrit vivement, toute grande, comme si quelqu'un la poussait avec énergie et résolution.

Un homme entra.

Cet homme, nous le connaissons déjà. C'est le voyageur que nous avons vu tout à l'heure errer cherchant un gîte.

Il entra, fit un pas et s'arrêta, laissant la porte ouverte derrière lui. Il avait son sac sur l'épaule, son bâton à la main, une expression rude, hardie, fatiguée et violente dans les yeux. Le feu de la cheminée l'éclairait. Il était hideux. C'était une sinistre apparition.

Madame Magloire n'eut pas même la force de jeter un cri. Elle tressaillit, et resta béante.

Mademoiselle Baptistine se retourna, aperçut l'homme qui entrait et se dressa à demi d'effarement, puis ramenant peu à peu sa tête vers la cheminée, elle se mit à regarder son frère, et son visage redevint profondément calme et serein.

L'évêque fixait sur l'homme un œil tranquille.

Comme il ouvrait la bouche, sans doute pour demander au nouveau venu ce qu'il désirait, l'homme appuya ses deux mains à la fois sur son bâton, promena ses yeux tour à tour sur le vieillard et les femmes, et, sans attendre que l'évêque parlât, dit d'une voix haute :

— Voici. Je m'appelle Jean Valjean. Je suis un galérien.[1] J'ai passé dix-neuf ans au bagne. Je suis libéré depuis quatre jours et en route pour Pontarlier qui est ma destination. Quatre jours que je marche depuis Toulon. Aujourd'hui, j'ai fait douze lieues à pied. Ce soir, en arrivant dans ce pays, j'ai été dans une auberge, on m'a renvoyé à cause de mon passeport jaune que j'avais montré à la mairie.　Il avait fallu.[1]　J'ai été à une autre auberge. On m'a dit: Va-t'en!　Chez l'un, chez l'autre.　Personne n'a voulu de moi.　J'ai été à la prison, le guichetier ne m'a pas ouvert.　J'ai été dans la niche d'un chien.　Ce chien m'a mordu et m'a chassé, comme s'il avait été un homme. On aurait dit qu'il savait qui j'étais.　Je m'en suis allé dans les champs pour coucher à la belle étoile.[2]　Il n'y avait pas d'étoile.　J'ai pensé qu'il pleuvrait, et qu'il n'y avait pas de bon Dieu pour empêcher de pleuvoir, et je suis rentré dans la ville pour y trouver le renfoncement d'une porte.　Là, dans cette place, j'allais me coucher sur une pierre, une bonne femme m'a montré votre maison et m'a dit: Frappe là.　J'ai frappé.　Qu'est-ce que c'est ici ? êtes-vous une auberge ?　J'ai de l'argent, ma masse.[3]　Cent neuf francs quinze sous que j'ai gagnés au bagne par mon travail en dix-neuf ans.　Je payerai.　Qu'est-ce que cela me fait ? j'ai de l'argent.　Je suis très fatigué, douze lieues à pied, j'ai bien faim.　Voulez-vous que je reste ?

— Madame Magloire, dit l'évêque, vous mettrez un couvert de plus.

L'homme fit trois pas et s'approcha de la lampe qui était sur la table : — Tenez, reprit-il, comme s'il n'avait pas bien compris, ce n'est pas ça.　Avez-vous entendu ?　Je suis un galérien.　Un forçat.　Je viens des galères. — Il tira de sa poche une grande feuille de papier jaune qu'il déplia. — Voilà mon passeport.　Jaune, comme vous voyez.　Cela sert à me faire chasser de partout où je vais.　Voulez-vous lire ?　Je sais lire, moi.　J'ai appris au bagne.　Il y a une école pour ceux qui veulent.　Tenez, voilà ce qu'on a mis sur le passeport : " Jean Valjean, forçat libéré, natif de... "cela vous est égal... — est resté dix-neuf ans au bagne. "Cinq ans pour vol avec effraction.　Quatorze ans pour "avoir tenté de s'évader quatre fois.　Cet homme est dan-

"gereux." Voilà ! Tout le monde m'a jeté dehors. Voulez-vous me recevoir, vous ? Est-ce une auberge ? Voulez-vous me donner à manger et à coucher ? avez-vous une écurie ?

— Madame Magloire, dit l'évêque, vous mettrez des draps blancs au lit de l'alcôve.

Nous avons déjà expliqué de quelle nature était l'obéissance des deux femmes.

Madame Magloire sortit pour exécuter ces ordres.

L'évêque se tourna vers l'homme :

— Monsieur, asseyez-vous et chauffez-vous. Nous allons souper dans un instant, et l'on fera votre lit pendant que vous souperez.

Ici l'homme comprit tout à fait. L'expression de son visage, jusqu'alors sombre et dure, s'empreignit de stupéfaction, de doute, de joie, et devint extraordinaire. Il se mit à balbutier comme un homme fou :

— Vrai ? quoi ! vous me gardez ? vous ne me chassez pas ? un forçat ! vous m'appelez *monsieur !* vous ne me tutoyez pas ? Va-t'en, chien ! qu'on me dit toujours. Je croyais bien que vous me chasseriez. Aussi j'avais dit tout de suite qui je suis. Oh ! la brave femme qui m'a enseigné ici ! Je vais souper ! un lit avec des matelas et des draps ! comme tout le monde ! un lit ! il y a dix-neuf ans que je n'ai couché dans un lit ! vous voulez bien que je ne m'en aille pas ! Vous êtes de dignes gens. D'ailleurs j'ai de l'argent. Je payerai bien. Pardon, monsieur l'aubergiste, comment vous appelez-vous ? je payerai tout ce qu'on voudra. Vous êtes un brave homme. Vous êtes aubergiste, n'est-ce pas ?

— Je suis, dit l'évêque, un prêtre qui demeure ici.

— Un prêtre ! reprit l'homme. Oh ! un brave homme de prêtre ! Alors vous ne me demandez pas d'argent ? Le curé, n'est-ce pas ? le curé de cette grande église ? Tiens !

c'est vrai, que je suis bête ! je n'avais pas vu votre calotte.[1]

Tout en parlant il avait déposé son sac et son bâton dans un coin, avait remis son passeport dans sa poche, et s'était assis. Mademoiselle Baptistine le considérait avec douceur. Il continua :

— Vous êtes humain, monsieur le curé, vous n'avez pas de mépris. C'est bien bon un bon prêtre. Alors vous n'avez pas besoin que je paye ?

— Non, dit l'évêque, gardez votre argent. Combien avez-vous ? ne m'avez-vous pas dit cent neuf francs ?

— Quinze sous, ajouta l'homme.

— Cent neuf francs quinze sous. Et combien de temps avez-vous mis à gagner cela ?

— Dix-neuf ans.

— Dix-neuf ans !

L'évêque soupira profondément.

L'homme poursuivit : — J'ai encore tout mon argent. Depuis quatre jours je n'ai dépensé que vingt-cinq sous, que j'ai gagnés en aidant à décharger des voitures à Grasse. Puisque vous êtes abbé, je vais vous dire, nous avions un aumônier au bagne. Et puis un jour j'ai vu un évêque. Monseigneur qu'on appelle.[2] C'était l'évêque de la Majore,[3] à Marseille. C'est le curé qui est sur les curés, vous savez. Pardon, je dis mal cela ; mais pour moi, c'est si loin ! — Vous comprenez, nous autres ! — Il a dit la messe au milieu du bagne, sur un autel, il avait une chose pointue, en or, sur la tête. Au grand jour de midi, cela brillait. Nous étions en rang, des trois côtés, avec les canons, mèche allumée, en face de nous. Nous ne voyions pas bien. Il a parlé, mais il était trop au fond, nous n'entendions pas. Voilà ce que c'est qu'un évêque.

Pendant qu'il parlait, l'évêque était allé pousser la porte qui était restée toute grande ouverte.

Madame Magloire rentra. Elle apportait un couvert qu'elle mit sur la table.

—Madame Magloire, dit l'évêque, mettez ce couvert le plus près possible du feu. — Et se tournant vers son hôte :
—Le vent de nuit est dur dans les Alpes. Vous devez avoir froid, monsieur ?

Chaque fois qu'il disait ce mot *monsieur,* avec sa voix doucement grave et de si bonne compagnie, le visage de l'homme s'illuminait. *Monsieur* à un forçat, c'est un verre d'eau à un naufragé de la *Méduse.*[1] L'ignominie a soif de considération.

—Voici, reprit l'évêque, une lampe qui éclaire bien mal.

Madame Magloire comprit, et alla chercher sur la cheminée de la chambre à coucher de monseigneur les deux chandeliers d'argent qu'elle posa sur la table tout allumés.

— Monsieur le curé, dit l'homme, vous êtes bon, vous ne me méprisez pas. Vous me recevez chez vous. Vous allumez vos cierges pour moi. Je ne vous ai pourtant pas caché d'où je viens et que je suis un homme malheureux.

L'évêque, assis près de lui, lui toucha doucement la main. — Vous pouviez ne pas me dire qui vous étiez. Ce n'est pas ici ma maison, c'est la maison de Jésus-Christ. Cette porte ne demande pas à celui qui entre s'il a un nom, mais s'il a une douleur. Vous souffrez ; vous avez faim et soif ; soyez le bienvenu. Et ne me remerciez pas, ne me dites pas que je vous reçois chez moi. Personne n'est ici chez soi, excepté celui qui a besoin d'un asile. Je vous le dis à vous qui passez, vous êtes ici chez vous plus que moi-même. Tout ce qui est ici est à vous. Qu'ai-je besoin de savoir votre nom ? D'ailleurs, avant que vous me le dissiez, vous en avez un que je savais.

L'homme ouvrit des yeux étonnés :
—Vrai ? vous saviez comment je m'appelle ?
— Oui, répondit l'évêque, vous vous appelez mon frère·

— Tenez, monsieur le curé! s'écria l'homme, j'avais bien faim en entrant ici; mais vous êtes si bon qu'à présent je ne sais plus ce que j'ai, cela m'a passé.

L'évêque le regarda et lui dit:

— Vous avez bien souffert?

— Oh! la casaque rouge,[1] le boulet au pied, une planche pour dormir, le chaud, le froid, le travail, la chiourme,[2] les coups de bâton! La double chaîne[3] pour rien. Le cachot pour un mot. Même malade au lit, la chaîne. Les chiens, les chiens sont plus heureux! Dix-neuf ans! J'en ai quarante-six. A présent le passeport jaune. Voilà.

— Oui, reprit l'évêque, vous sortez d'un lieu de tristesse. Écoutez. Il y aura plus de joie au ciel pour le visage en larmes d'un pécheur repentant que pour la robe blanche de cent justes. Si vous sortez de ce lieu douloureux avec des pensées de haine et de colère contre les hommes, vous êtes digne de pitié; si vous en sortez avec des pensées de bienveillance, de douceur et de paix, vous valez mieux qu'aucun de nous.

Cependant madame Magloire avait servi le souper; une soupe faite avec de l'eau, de l'huile, du pain, et du sel, un peu de lard, un morceau de viande de mouton, des figues, un fromage frais, et un gros pain de seigle. Elle avait d'elle-même ajouté à l'ordinaire de M. l'évêque une bouteille de vieux vin de Mauves.[4]

Le visage de l'évêque prit tout à coup cette expression de gaieté propre aux natures hospitalières: — A table! dit-il vivement. Comme il en avait coutume lorsque quelque étranger soupait avec lui, il fit asseoir l'homme à sa droite. Mademoiselle Baptistine, parfaitement paisible et naturelle, prit place à sa gauche.

L'évêque dit le bénédicité, puis servit lui-même la soupe, selon son habitude. L'homme se mit à manger avidement.

Tout à coup l'évêque dit : — Mais il me semble qu'il manque quelque chose sur cette table.

Madame Magloire, en effet, n'avait mis que les trois couverts absolument nécessaires. Or, c'était l'usage de la maison, quand M. l'évêque avait quelqu'un à souper, de disposer sur la nappe les six couverts d'argent, étalage innocent. Ce gracieux semblant de luxe était une sorte d'enfantillage plein de charme dans cette maison douce et sévère qui élevait la pauvreté jusqu'à la dignité.

Madame Magloire comprit l'observation, sortit sans dire un mot, et un moment après les trois couverts réclamés par l'évêque brillaient sur la nappe, symétriquement arrangés devant chacun des trois convives.

IV.

[Détails sur les Fromageries de Pontarlier.]

V.

TRANQUILLITÉ.

APRÈS avoir donné le bonsoir à sa sœur, monseigneur Bienvenu prit sur la table un des deux flambeaux d'argent, remit l'autre à son hôte, et lui dit :

— Monsieur, je vais vous conduire à votre chambre.

L'homme le suivit.

Comme on a pu remarquer dans ce qui a été dit plus haut, le logis était distribué[1] de telle sorte que, pour passer dans l'oratoire où était l'alcôve, ou pour en sortir, il fallait traverser la chambre à coucher de l'évêque.

Au moment où il traversait cette chambre, madame Magloire serrait l'argenterie dans le placard qui était au chevet du lit. C'était le dernier soin qu'elle prenait chaque soir avant de s'aller coucher.

L'évêque installa son hôte dans l'alcôve. Un lit blanc
et frais y était dressé. L'homme posa le flambeau sur une
petite table.

— Allons, dit l'évêque, faites une bonne nuit.[1] Demain
matin, avant de partir, vous boirez une tasse de lait de nos
vaches, tout chaud.

— Merci, monsieur l'abbé, dit l'homme.

A peine eut-il prononcé ces paroles pleines de paix, que,
tout à coup et sans transition, il eut un mouvement étrange
et qui eût glacé d'épouvante les deux saintes filles, si elles
en eussent été témoins. Aujourd'hui même, il nous est
difficile de nous rendre compte de ce qui le poussait en ce
moment. Voulait-il donner un avertissement ou jeter une
menace ? Obéissait-il simplement à une sorte d'impulsion
instinctive et obscure pour lui-même ? Il se tourna brusquement vers le vieillard, croisa les bras, et, fixant sur son
hôte un regard sauvage, il s'écria d'une voix rauque :

— Ah ! ça, décidément ! vous me logez chez vous, près
de vous, comme cela !

Il s'interrompit et ajouta avec un rire où il y avait
quelque chose de monstrueux :

— Avez-vous bien fait toutes vos réflexions ? Qui est-ce
qui vous dit que je n'ai pas assassiné ?

L'évêque répondit :

— Cela regarde le bon Dieu.

Puis gravement et remuant les lèvres comme quelqu'un
qui prie ou qui se parle à lui-même, il dressa les deux doigts
de sa main droite et bénit l'homme qui ne se courba pas,
et, sans tourner la tête, et sans regarder derrière lui, il
rentra dans sa chambre.

Quand l'alcôve était habitée, un grand rideau de serge
tiré de part en part dans l'oratoire cachait l'autel. L'évêque
s'agenouilla en passant devant ce rideau et fit une courte
prière.

Un moment après, il était dans son jardin, marchant, rêvant, contemplant, l'âme et la pensée tout entières à ces grandes choses mystérieuses que Dieu montre la nuit aux yeux qui restent ouverts.

Quant à l'homme, il était vraiment si fatigué qu'il n'avait même pas profité de ces bons draps blancs. Il avait soufflé sa bougie, et s'était laissé tomber tout habillé sur le lit, où il s'était tout de suite profondément endormi.

Minuit sonnait comme l'évêque rentrait de son jardin dans son appartement.

Quelque minutes après, tout dormait dans la petite maison.

VI–VII.

JEAN VALJEAN. — LE DEDANS DU DÉSESPOIR.

VERS le milieu de la nuit, Jean Valjean se réveilla. Jean Valjean était d'une pauvre famille de paysans de la Brie. Dans son enfance, il n'avait pas appris à lire. Quand il eut l'âge d'homme, il était émondeur[1] à Faverolles. Sa mère s'appelait Jeanne Mathieu ; son père s'appelait Jean Valjean ou Vlajean, sobriquet probablement et contraction de *voilà Jean*.

[Jean Valjean, à vingt-neuf ans, a volé un pain pour donner à manger aux enfants de sa sœur. Arrêté et reconnu coupable, il est condamné au bagne. Envoyé à Toulon il y devient le numéro 24601. Quatre tentatives d'évasion échouent et entraînent chaque fois un prolongement de la peine à subir. Entré au bagne en 1796, il est libéré en 1815.]

Jean Valjean était entré au bagne sanglotant et frémissant ; il en sortit impassible. Il y était entré désespéré ; il en sortit sombre.

Que s'était-il passé dans cette âme ?

Il jugea la société et la condamna.

Il la condamna à sa haine.

Il la fit responsable du sort qu'il subissait et se dit qu'il n'hésiterait peut-être pas à lui en demander compte un jour. Il se déclara à lui-même qu'il n'y avait pas équilibre entre le dommage qu'il avait causé et le dommage qu'on lui causait ; il conclut enfin que son châtiment n'était pas, à la vérité, une injustice, mais qu'à coup sûr c'était une iniquité.

La colère peut être folle et absurde ; on peut être irrité à tort ; on n'est indigné que lorsqu'on a raison au fond par quelque côté. Jean Valjean se sentait indigné.

Et puis, la société humaine ne lui avait fait que du mal, jamais il n'avait vu d'elle que ce visage courroucé, qu'elle appelle sa Justice, et qu'elle montre à ceux qu'elle frappe. Les hommes ne l'avaient touché que pour le meurtrir. Tout contact avec eux lui avait été un coup. Jamais, depuis son enfance, depuis sa mère, depuis sa sœur, jamais il n'avait recontré une parole amie et un regard bienveillant. De souffrance en souffrance, il arriva peu à peu à cette conviction que la vie était une guerre ; et que dans cette guerre il était le vaincu. Il n'avait pas d'autre arme que sa haine. Il résolut de l'aiguiser au bagne et de l'emporter en s'en allant.

Il y avait à Toulon une école pour la chiourme, tenue par des frères ignorantins,[1] où l'on enseignait le plus nécessaire à ceux de ces malheureux qui avaient de la bonne volonté. Il fut du nombre des hommes de bonne volonté. Il alla à l'école à quarante ans, et apprit à lire, à écrire, à compter. Il sentit que fortifier son intelligence, c'était fortifier sa haine. Dans de certains cas, l'instruction et la lumière peuvent servir de rallonge au mal.[2]

Cela est triste à dire : après avoir jugé la société qui avait fait son malheur, il jugea la Providence qui avait fait la société, et il la condamna aussi.

Ainsi, pendant ces dix-neuf ans de torture et d'esclavage, cette âme monta et tomba en même temps. Il y entra de la lumière d'un côté et des ténèbres de l'autre.

Jean Valjean n'était pas d'une nature mauvaise. Il était encore bon lorsqu'il arriva au bagne. Il y condamna la société et sentit qu'il devenait méchant; il y condamna la Providence et sentit qu'il devenait impie.

Un détail que nous ne devons pas omettre, c'est qu'il était d'une force physique dont n'approchait pas un des habitants du bagne. A la fatigue, pour filer un câble, pour tirer un cabestan,[1] Jean Valjean valait quatre hommes.

Sa souplesse dépassait encore sa vigueur. Certains forçats, rêveurs perpétuels d'évasions, finissent par faire de la force et de l'adresse combinées une véritable science. C'est la science des muscles. Toute une statistique mystérieuse est quotidiennement pratiquée par les prisonniers, ces éternels envieux des mouches et des oiseaux. Gravir une verticale, et trouver des points d'appui là où l'on voit à peine une saillie, était un jeu pour Jean Valjean. Étant donné un angle de mur, avec la tension de son dos et de ses jarrets, avec ses coudes et ses talons emboîtés dans les aspérités de la pierre, il se hissait comme magiquement à un troisième étage. Quelquefois il montait ainsi jusqu'au toit du bagne.

Il parlait peu. Il ne riait pas. Il fallait quelque émotion extrême pour lui arracher, une ou deux fois l'an, ce lugubre rire du forçat qui est comme un écho du rire du démon.

A le voir, il semblait occupé à regarder continuellement quelque chose de terrible.

La nature visible existait à peine pour lui. Il serait presque vrai de dire qu'il n'y avait point pour Jean Valjean de soleil, ni de beaux jours d'été, ni de ciel rayonnant, ni de fraîches aubes d'avril. Je ne sais quel jour de soupirail[2] éclairait habituellement son âme.

Pour résumer, en terminant, ce qui peut être résumé et
traduit en résultats positifs dans tout ce que nous venons
d'indiquer, nous nous bornerons à constater qu'en dix-neuf
ans, Jean Valjean, l'inoffensif émondeur de Faverolles, le
redoutable galérien de Toulon, était devenu capable, grâce
à la manière dont le bagne l'avait façonné, de deux espèces
de mauvaises actions : premièrement, d'une mauvaise action
rapide, irréfléchie, pleine d'étourdissement, toute d'instinct,
sorta de représailles pour le mal souffert ; deuxièmement,
d'une mauvaise action grave, sérieuse, débattue en conscience et méditée avec les idées fausses que peut donner
un pareil malheur.   Ses préméditations passaient par les
trois phases successives que les natures d'une certaine
trempe peuvent seules parcourir, raisonnement, volonté,
obstination.   Il avait pour mobiles l'indignation habituelle,
l'amertume de l'âme, le profond sentiment des iniquités
subies, la réaction, même contre les bons, les innocents et
les justes s'il y en a.   Le point de départ comme le point
d'arrivée de toutes ses pensées était la haine de la loi
humaine ; cette haine qui, si elle n'est arrêtée dans son
développement par quelque incident providentiel, devient,
dans un temps donné, la haine de la société, puis la haine
du genre humain, puis la haine de la création, et se traduit
par un vague et incessant et brutal désir de nuire, n'importe à qui, à un être vivant quelconque. — Comme on voit,
ce n'était pas sans raison que le passeport qualifiait Jean
Valjean d'*homme très dangereux.*

D'année en année, cette âme s'était desséchée de plus en
plus, lentement, mais fatalement.   A cœur sec, œil sec.[1]
A sa sortie du bagne, il y avait dix-neuf ans qu'il n'avait
versé une larme.

VIII–XI.

[Jean Valjean se réveille, vole l'argenterie de l'évêque et s'enfuit.]

XII.

L'ÉVÊQUE TRAVAILLE.

LE lendemain, au soleil levant, monseigneur Bienvenu se promenait dans son jardin. ' Madame Magloire accourut vers lui toute bouleversée.

—Monseigneur, l'homme est parti ! l'argenterie est volée !

L'évêque resta un moment silencieux, puis leva son œil sérieux, et dit à madame Magloire avec douceur :

—Et d'abord, cette argenterie était-elle à nous ?

Madame Magloire resta interdite. Il y eut encore un silence, puis l'évêque continua :

—Madame Magloire, je détenais à tort et depuis long-temps cette argenterie. Elle était aux pauvres. Qui était-ce que cet homme ? Un pauvre évidemment.

Quelques instants après, il déjeunait à cette même table où Jean Valjean s'était assis la veille.

Comme le frère et la sœur allaient se lever de table, on frappa à la porte.

—Entrez, dit l'évêque.

La porte s'ouvrit. Un groupe étrange et violent apparut sur le seuil. Trois hommes en tenaient un quatrième au collet. Les trois hommes étaient des gendarmes ; l'autre était Jean Valjean.

Un brigadier de gendarmerie,[1] qui semblait conduire le groupe, était près de la porte. Il entra et s'avança vers l'évêque en faisant le salut militaire.

—Monseigneur . . . dit-il.

A ce mot, Jean Valjean, qui était morne et semblait abattu, releva la tête d'un air stupéfait.

—Monseigneur ! murmura-t-il. Ce n'est donc pas le curé ? . . .

— Silence ! dit un gendarme. C'est monseigneur l'évêque.

Cependant monseigneur Bienvenu s'était approché aussi vivement que son grand âge le lui permettait.

— Ah ! vous voilà ! s'écria-t-il en regardant Jean Valjean. Je suis aise de vous voir. Eh bien, mais ! je vous avais donné les chandeliers aussi, qui sont en argent comme le reste et dont vous pourrez bien avoir deux cents francs. Pourquoi ne les avez-vous pas emportés avec vos couverts ?

Jean Valjean ouvrit les yeux et regarda le vénérable évêque avec une expression qu'aucune langue humaine ne pourrait rendre.

— Monseigneur, dit le brigadier de gendarmerie, ce que cet homme disait était donc vrai ? Nous l'avons rencontré. Il allait comme quelqu'un qui s'en va. Nous l'avons arrêté pour voir. Il avait cette argenterie. . . .

— Et il vous a dit, interrompit l'évêque en souriant, qu'elle lui avait été donnée par un vieux bonhomme de prêtre chez lequel il avait passé la nuit ? Je vois la chose. Et vous l'avez ramené ici ? c'est une méprise.

— Comme cela, reprit le brigadier, nous pouvons le laisser aller ?

— Sans doute, répondit l'évêque.

Les gendarmes lâchèrent Jean Valjean, qui recula.

— Est-ce que c'est vrai qu'on me laisse ? dit-il d'une voix presque inarticulée et comme s'il parlait dans le sommeil.

— Oui, on te laisse, tu n'entends donc pas ? dit un gendarme.

— Mon ami, reprit l'évêque, avant de vous en aller, voici vos chandeliers. Prenez-les.

Il alla à la cheminée, prit les deux flambeaux d'argent et les apporta à Jean Valjean. Les deux femmes le regardaient faire sans un mot, sans un geste, sans un regard qui pût déranger l'évêque.

Jean Valjean tremblait de tous ses membres. Il prit les deux chandeliers machinalement et d'un air égaré.

— Maintenant, dit l'évêque, allez en paix. — A propos, quand vous reviendrez, mon ami, il est inutile de passer par le jardin. Vous pourrez toujours entrer et sortir par la porte de la rue. Elle n'est fermée qu'au loquet jour et nuit.

Puis se tournant vers la gendarmerie :

— Messieurs, vous pouvez vous retirer.

Les gendarmes s'éloignèrent.

Jean Valjean était comme un homme qui va s'évanouir.

L'évêque s'approcha de lui, et lui dit à voix basse :

— N'oubliez pas, n'oubliez jamais que vous m'avez promis d'employer cet argent à devenir honnête homme.

Jean Valjean, qui n'avait aucun souvenir d'avoir rien promis, resta interdit. L'évêque avait appuyé sur ces paroles en les prononçant. Il reprit avec solennité :

— Jean Valjean, mon frère, vous n'appartenez plus au mal, mais au bien. C'est votre âme que je vous achète; je la retire aux pensées noires et à l'esprit de perdition, et je la donne à Dieu.

XIII.

PETIT-GERVAIS.

JEAN VALJEAN sortit de la ville comme s'il s'échappait. Il se mit à marcher en toute hâte dans les champs, prenant les chemins et les sentiers qui se présentaient sans s'apercevoir qu'il revenait à chaque instant sur ses pas. Il erra ainsi toute la matinée, n'ayant pas mangé et n'ayant pas faim. Il était en proie à une foule de sensations nouvelles. Il se sentait une sorte de colère ; il ne savait contre qui. Il n'eût pu dire s'il était touché ou humilié. Il lui venait par moments un attendrissement étrange qu'il combattait et auquel il opposait l'endurcissement de ses vingt dernières années. Cet état le fatiguait. Il voyait avec inquiétude s'ébranler au dedans de lui l'espèce de calme affreux que l'injustice de son malheur lui avait donné. Il se demandait qu'est-ce qui remplacerait cela. Parfois il eût vraiment mieux aimé être en prison avec les gendarmes, et que les choses ne se fussent point passées ainsi ; cela l'eût moins agité. Bien que la saison fût assez avancée, il y avait encore çà et là dans les haies quelques fleurs tardives dont l'odeur, qu'il traversait en marchant, lui rappelait des souvenirs d'enfance. Ces souvenirs lui étaient presque insupportables, tant il y avait longtemps qu'ils ne lui étaient apparus.

Des pensées inexprimables s'amoncelèrent ainsi en lui toute la journée.

Comme le soleil déclinait au couchant, allongeant sur le sol l'ombre du moindre caillou, Jean Valjean était assis derrière un buisson dans une grande plaine rousse absolument déserte. Il n'y avait à l'horizon que les Alpes. Pas même le clocher d'un village lointain. Jean Valjean pouvait être à trois lieues de Digne. Un sentier qui coupait le plaine passait à quelques pas du buisson.

Au milieu de cette méditation qui n'eût pas peu contribué à rendre ses haillons effrayants pour quelqu'un qui l'eût rencontré, il entendit un bruit joyeux.

Il tourna la tête, et vit venir par le sentier un petit Savoyard[1] d'une dizaine d'années qui chantait, sa vielle au flanc et sa boîte à marmotte sur le dos.

Un de ces doux et gais enfants qui vont de pays en pays, laissant voir leurs genoux par les trous de leur pantalon.

Tout en chantant, l'enfant interrompait de temps en temps sa marche et jouait aux osselets[2] avec quelques pièces de monnaie qu'il avait dans sa main, toute sa fortune probablement. Parmi cette monnaie, il y avait une pièce de quarante sous.

L'enfant s'arrêta à côté du buisson sans voir Jean Valjean et fit sauter sa poignée de sous, que jusque-là il avait reçue avec assez d'adresse tout entière sur le dos de sa main.

Cette fois la pièce de quarante sous lui échappa, et vint rouler vers la broussaille jusqu'à Jean Valjean.

Jean Valjean posa le pied dessus.

Cependant l'enfant avait suivi sa pièce du regard, et l'avait vu.

Il ne s'étonna point et marcha droit à l'homme.

C'était un lieu absolument solitaire. Aussi loin que le regard pouvait s'étendre, il n'y avait personne dans la plaine ni dans le sentier. On n'entendait que les petits cris faibles d'une nuée d'oiseaux de passage qui traversaient le ciel à une hauteur immense. L'enfant tournait le dos au soleil qui lui mettait des fils d'or dans les cheveux et qui empourprait d'une lueur sanglante la face sauvage de Jean Valjean.

— Monsieur, dit le petit Savoyard, avec cette confiance de l'enfance qui se compose d'ignorance et d'innocence, — ma pièce.

— Comment t'appelles-tu ? dit Jean Valjean.

— Petit-Gervais, monsieur.

— Va-t'en, dit Jean Valjean.

— Monsieur, reprit l'enfant, rendez-moi ma pièce.

Jean Valjean baissa la tête et ne répondit pas.

L'enfant recommença : — Ma pièce, monsieur !

L'œil de Jean Valjean resta fixé à terre.

— Ma pièce ! cria l'enfant, ma pièce blanche ! mon argent !

Il semblait que Jean Valjean n'entendît point. L'enfant le prit au collet de sa blouse et le secoua. Et en même temps il faisait effort pour déranger le gros soulier ferré posé sur son trésor.

— Je veux ma pièce ! ma pièce de quarante sous !

L'enfant pleurait. La tête de Jean Valjean se releva. Il était toujours assis. Ses yeux étaient troubles. Il considéra l'enfant avec une sorte d'étonnement, puis il étendit la main vers son bâton, et cria d'une voix terrible : — Qui est là ?

— Moi, monsieur, répondit l'enfant. Petit-Gervais ! moi ! moi ! Rendez-moi mes quarante sous, s'il vous plaît ! Otez votre pied, monsieur, s'il vous plaît !

Puis irrité, quoique tout petit, et devenant presque menaçant :

— Ah ça, ôterez-vous votre pied ? Otez donc votre pied, voyons.

— Ah ! c'est encore toi ! dit Jean Valjean, et, se dressant brusquement tout debout, le pied toujours sur la pièce d'argent, il ajouta : — Veux-tu bien te sauver !

L'enfant effaré le regarda, puis commença à trembler de la tête aux pieds, et, après quelques secondes de stupeur, se mit à s'enfuir en courant de toutes ses forces sans oser tourner le cou ni jeter un cri.

Cependant, à une certaine distance, l'essoufflement le força de s'arrêter, et Jean Valjean, à travers sa rêverie, l'entendit qui sanglotait.

Au bout de quelques instants l'enfant avait disparu.

Le soleil s'était couché.

L'ombre se faisait autour de Jean Valjean. Il n'avait pas mangé de la journée ; il est probable qu'il avait la fièvre.

Il était resté debout et n'avait pas changé d'attitude depuis que l'enfant s'était enfui. Son souffle soulevait sa poitrine à des intervalles longs et inégaux. Son regard, arrêté à dix ou douze pas devant lui, semblait étudier avec une attention profonde la forme d'un vieux tesson de faïence bleue tombé dans l'herbe. Tout à coup il tressaillit; il venait de sentir le froid du soir.

Il raffermit sa casquette sur son front, chercha machinalement à croiser et à boutonner sa blouse, fit un pas, et se baissa pour reprendre à terre son bâton.

En ce moment, il aperçut la pièce de quarante sous que son pied avait à demi enfoncée dans la terre et qui brillait parmi les cailloux. Ce fut comme une commotion galvanique. — Qu'est-ce que c'est que ça? dit-il entre ses dents. Il recula de trois pas, puis s'arrêta, sans pouvoir détacher son regard de ce point que son pied avait foulé l'instant d'auparavant, comme si cette chose qui luisait là dans l'obscurité eût été un œil ouvert fixé sur lui.

Au bout de quelques minutes, il s'élança convulsivement vers la pièce d'argent, la saisit, et, se redressant, se mit à regarder au loin dans la plaine, jetant à la fois ses yeux vers tous les points de l'horizon, debout et frissonnant comme une bête fauve effarée qui cherche un asile.

Il ne vit rien. La nuit tombait, la plaine était froide et vague, de grandes brumes violettes montaient dans la clarté crépusculaire.

Il dit: Ah! et se mit à marcher rapidement dans une certaine direction, du côté où l'enfant avait disparu. Après une trentaine de pas, il s'arrêta, regarda, et ne vit rien.

Alors il cria de toute sa force: — Petit-Gervais! Petit-Gervais!

Il se tut, et attendit.

Rien ne répondit.

La campagne était déserte et morne. Il était environné de l'étendue. Il n'y avait autour de lui qu'une ombre où se perdait son regard et un silence où sa voix se perdait.

Une bise glaciale soufflait, et donnait aux choses autour de lui une sorte de vie lugubre. Des arbrisseaux secouaient leurs petits bras maigres avec une furie incroyable. On eût dit qu'ils menaçaient et poursuivaient quelqu'un.

Il recommença à marcher, puis il se mit à courir, et de temps en temps il s'arrêtait, et criait dans cette solitude, avec une voix qui était ce qu'on pouvait entendre de plus formidable et de plus désolé : Petit-Gervais ! Petit-Gervais !

Certes, si l'enfant l'eût entendu, il eût eu peur et se fût bien gardé de se montrer. Mais l'enfant était sans doute déjà bien loin.

Il rencontra un prêtre qui était à cheval. Il alla à lui et lui dit :

— Monsieur le curé, avez-vous vu passer un enfant ?

— Non, dit le prêtre.

— Un nommé Petit-Gervais ?

— Je n'ai vu personne.

Il tira deux pièces de cinq francs de sa sacoche et les remit au prêtre.

— Monsieur le curé, voici pour vos pauvres. — Monsieur le curé, c'est un petit d'environ dix ans qui a une marmotte, je crois, et une vielle. Il allait. Un de ces Savoyards, vous savez ?

— Je ne l'ai point vu.

— Petit-Gervais ? il n'est point des villages d'ici ? pouvez-vous me dire ?

— Si c'est comme vous dites, mon ami, c'est un petit étranger. Cela passe dans le pays. On ne les connaît pas.

Jean Valjean prit violemment deux autres écus de cinq francs qu'il donna au prêtre.

— Pour vos pauvres, dit-il.

Puis il ajouta avec égarement :

— Monsieur l'abbé, faites-moi arrêter. Je suis un voleur.

Le prêtre piqua des deux et s'enfuit très effrayé.

Jean Valjean se mit à courir dans la direction qu'il avait d'abord prise.

Il fit de la sorte un assez long chemin, regardant, appelant et criant, mais il ne rencontra plus personne. Deux ou trois fois il courut dans la plaine vers quelque chose qui lui faisait l'effet d'un être couché ou accroupi ; ce n'étaient que des broussailles ou des roches à fleur de terre. Enfin, à un endroit où trois sentiers se croisaient, il s'arrêta. La lune s'était levée. Il promena sa vue au loin et appela une dernière fois : Petit-Gervais ! Petit-Gervais ! Petit-Gervais ! Son cri s'éteignit dans la brume, sans même éveiller un écho. Il murmura encore : Petit-Gervais ! mais d'une voix faible et presque inarticulée. Ce fut là son dernier effort ; ses jarrets fléchirent brusquement sous lui comme si une puissance invisible l'accablait tout à coup du poids de sa mauvaise conscience ; il tomba épuisé sur une grosse pierre, les poings dans ses cheveux et le visage dans ses genoux, et il cria : Je suis un misérable !

Alors son cœur creva et il se mit à pleurer. C'était la première fois qu'il pleurait depuis dix-neuf ans.

Jean Valjean pleura longtemps. Il pleura à chaudes larmes, il pleura à sanglots, avec plus de faiblesse qu'une femme, avec plus d'effroi qu'un enfant.

Pendant qu'il pleurait, le jour se faisait de plus en plus dans son cerveau, un jour extraordinaire, un jour ravissant et terrible à la fois. Sa vie passée, sa première faute, sa longue expiation, son abrutissement extérieur, son endurcissement intérieur, sa mise en liberté réjouie par tant de plans de vengeance, ce qui lui était arrivé chez l'évêque, la dernière chose qu'il avait faite, ce vol de quarante sous à un enfant, crime d'autant plus lâche et d'autant plus monstrueux qu'il venait après le pardon de l'évêque, tout cela lui revint et lui apparut clairement, mais dans une clarté qu'il n'avait jamais vue jusque-là. Il regarda sa vie, et

elle lui parut horrible ; son âme, et elle lui parut affreuse.
Cependant un jour doux était sur cette vie et sur cette
âme.   Il lui semblait qu'il voyait Satan à la lumière du
paradis.

Combien d'heures pleura-t-il ainsi ? que fit-il après avoir
pleuré ? où alla-t-il ? on ne l'a jamais su.   Il paraît seulement avéré que, dans cette même nuit, le voiturier qui
faisait à cette époque le service de Grenoble et qui arrivait
à Digne vers trois heures du matin, vit en traversant la rue
de l'évêché un homme dans l'attitude de la prière, à genoux
sur le pavé, dans l'ombre, devant la porte de monseigneur
Bienvenu.

LIVRE TROISIÈME. — EN L'ANNÉE 1817.

[Consacré à la description d'une partie de campagne que font quatre
jeunes gens et quatre jeunes filles.   Fantine, l'une de celles-ci, est
abandonnée par l'homme qui devait l'épouser.]

LIVRE QUATRIÈME. — CONFIER, C'EST QUELQUEFOIS LIVRER.

I.

UNE MÈRE QUI EN RENCONTRE UNE AUTRE.

IL y avait dans le premier quart de ce siècle, à Montfermeil,[1] près Paris, une façon de gargote[2] qui n'existe plus aujourd'hui. Cette gargote était tenue par des gens appelés Thénardier, mari et femme. Elle était située dans la ruelle du Boulanger. On voyait au-dessus de la porte une planche clouée à plat sur le mur. Sur cette planche était peint quelque chose qui ressemblait à un homme portant sur son dos un autre homme, lequel avait de grosses épaulettes de général dorées avec de larges étoiles argentées ; des taches rouges figuraient du sang ; le reste du tableau était de la fumée et représentait probablement une bataille. Au bas, on lisait cette inscription : AU SERGENT DE WATERLOO.

Rien n'est plus ordinaire qu'un tombereau ou une charrette à la porte d'une auberge. Cependant le véhicule ou, pour mieux dire, le fragment de véhicule qui encombrait la rue devant la gargote du Sergent de Waterloo, un soir du printemps de 1818, eût certainement attiré par sa masse l'attention d'un peintre qui eût passé là.

C'était l'avant-train d'un de ces fardiers,[3] usités dans les pays de forêts, et qui servent à charrier des madriers et des troncs d'arbres. Cet avant-train se composait d'un massif essieu de fer à pivot où s'emboîtait un lourd timon, et que supportaient deux roues démesurées. Tout cet ensemble était trapu, écrasant et difforme. On eût dit l'affût d'un canon géant. Les ornières avaient donné aux roues, aux jantes, aux moyeux, à l'essieu et au timon une couche de vase, hideux badigeonnage jaunâtre,[1] assez semblable à celui dont on orne volontiers les cathédrales. Le bois disparaissait sous la boue et le fer sous la rouille. Sous l'essieu pendait en draperie une grosse chaîne digne de Goliath forçat. Cette chaîne faisait songer, non aux poutres qu'elle avait fonction de transporter, mais aux mastodontes et aux mammouths qu'elle eût pu atteler; elle avait un air de bagne, mais de bagne cyclopéen et surhumain, et elle semblait détachée de quelque monstre. Homère y eût lié Polyphème, et Shakespeare Caliban.

Pourquoi cet avant-train de fardier était-il à cette place dans la rue? D'abord, pour encombrer la rue; ensuite, pour achever de se rouiller. Il y a dans le vieil ordre social une foule d'institutions qu'on trouve de la sorte sur son passage en plein air, et qui n'ont pas pour être là d'autres raisons.

Le centre de la chaîne pendait sous l'essieu assez près de terre, et, sur la courbure, comme sur la corde d'une balançoire, étaient assises et groupées, ce soir-là, dans un entrelacement exquis, deux petites filles, l'une d'environ deux ans et demi, l'autre de dix-huit mois, la plus petite dans les bras de la plus grande. Un mouchoir savamment noué les empêchait de tomber. Une mère avait vu cette effroyable chaîne et avait dit : Tiens ! voilà un joujou pour mes enfants.

Les deux enfants, du reste gracieusement attifées, et avec quelque recherche, rayonnaient; on eût dit deux roses dans de la ferraille; leurs yeux étaient un triomphe;[2] leurs fraîches joues riaient. L'une était châtaine, l'autre était brune. Leurs naïfs visages étaient deux étonnements ravis ; un buisson fleuri qui était près de là, envoyait aux passants des parfums qui semblaient venir d'elles. Au-dessus et autour de ces deux têtes délicates, pétries dans le bonheur et trempées dans la lumière, le gigantesque avant-train, noir de rouille, presque terrible, tout enchevêtré de courbes et d'angles farouches, s'arrondissait comme un porche de caverne. A quelques pas, accroupie sur le seuil de l'auberge, la mère, femme d'un aspect peu avenant du reste, mais touchante en ce moment-là, balançait les deux enfants au moyen d'une longue ficelle, les couvant des yeux de peur d'accident avec cette expression animale et céleste propre à la maternité; à chaque va-et-vient, les hideux anneaux jetaient un bruit strident qui ressemblait à un cri de colère; les petites filles s'extasiaient; le soleil couchant se mêlait à cette joie, et rien n'était charmant comme ce caprice du hasard qui avait fait d'une chaîne de titans une escarpolette de chérubins.

[Arrive Fantine qui, obligée de chercher du travail, confie sa petite fille, Cosette, aux Thénardier, malgré le prix élevé qu'on lui demande pour sa pension.]

II.

PREMIÈRE ESQUISSE DE DEUX FIGURES LOUCHES.[1]

Qu'était-ce que les Thénardier ?

Disons-en un mot dès à présent. Nous compléterons le croquis plus tard.

Ces êtres appartenaient à cette classe bâtarde composée de gens grossiers parvenus et de gens intelligents déchus, qui est entre la classe dite moyenne et la classe dite inférieure, et qui combine quelques-uns des défauts de la seconde avec presque tous les vices de la première, sans avoir le généreux élan de l'ouvrier ni l'ordre honnête du bourgeois.

C'étaient de ces natures naines qui, si quelque feu sombre les chauffe par hasard, deviennent facilement monstrueuses. Il y avait dans la femme le fond[1] d'une brute et dans l'homme l'étoffe[1] d'un gueux. Tous deux étaient au plus haut degré susceptibles de l'espèce de hideux progrès qui se fait dans le sens du mal. Il existe des âmes écrevisses[2] reculant continuellement vers - les ténèbres, rétrogradant dans la vie plutôt qu'elles n'y avancent, employant l'expérience à augmenter leur difformité, empirant sans cesse, et s'imprégnant de plus en plus d'une noirceur croissante. Cet homme et cette femme étaient de ces âmes-là.

Le Thénardier particulièrement était gênant pour le physionomiste. On n'a qu'à regarder certains hommes pour s'en défier, car on les sent ténébreux à leurs deux extrémités. Ils sont inquiets derrière eux, et menaçants devant eux. Il y a en eux de l'inconnu. On ne peut pas plus répondre de ce qu'ils ont fait que de ce qu'ils feront. L'ombre qu'ils ont dans le regard les dénonce. Rien qu'en les entendant dire un mot ou qu'en les voyant faire un geste, on entrevoit de sombres secrets dans leur passé et de sombres mystères dans leur avenir.

Ce Thénardier, s'il fallait l'en croire, avait été soldat; sergent, disait-il; il avait fait probablement la campagne de 1815, et s'était même comporté assez bravement, à ce qu'il paraît. Nous verrons plus tard ce qu'il en était. L'enseigne de son cabaret était une allusion à l'un de ses faits d'armes. Il l'avait peinte lui-même, car il savait faire un peu de tout; mal.

III.

[D'année en année la pauvre petite Cosette — que l'on appelle l'Alouette — est de plus en plus maltraitée par les Thénardier.]

LIVRE CINQUIÈME. — LA DESCENTE.

————

I.

CETTE mère cependant qui, au dire des gens de Montfermeil, semblait avoir abandonné son enfant, que devenait-elle ? où était-elle ? que faisait-elle ?

Après avoir laissé sa petite Cosette aux Thénardier, elle avait continué son chemin et était arrivée à Montreuil-sur-Mer.

C'était, on se le rappelle, en 1818.

Fantine avait quitté sa province depuis une dizaine d'années. Montreuil-sur-Mer avait changé d'aspect. Tandis que Fantine descendait lentement de misère en misère, sa ville natale avait prospéré.

Depuis deux ans environ, il s'y était accompli un de ces faits industriels qui sont les grands événements des petits pays.

Ce détail importe, et nous croyons utile de le développer ; nous dirions presque de le souligner.

De temps immémorial, Montreuil-sur-Mer avait pour industrie spéciale l'imitation des jais anglais et des verroteries noires d'Allemagne. Cette industrie avait toujours végété, à cause de la cherté des matières premières [1] qui réagissait sur la main-d'œuvre. Au moment où Fantine revint à Montreuil-sur-Mer, une transformation inouïe s'était opérée dans cette production des "articles noirs." Vers la fin de 1815, un homme, un inconnu, était venu s'établir dans la

ville et avait eu l'idée de substituer, dans cette fabrication,
la gomme laque à la résine, et, pour les bracelets en particulier, les coulants en tôle simplement rapprochée[1] aux
coulants en tôle soudée.

Ce tout petit changement avait été une révolution.

Ce tout petit changement, en effet, avait prodigieusement
réduit le prix de la matière première, ce qui avait permis,
premièrement, d'élever le prix de la main-d'œuvre, bienfait
pour le pays, deuxièmement d'améliorer la fabrication,
avantage pour le consommateur, troisièmement de vendre à
meilleur marché, tout en triplant le bénéfice, profit pour le
manufacturier.

Ainsi, pour une idée, trois résultats.

En moins de trois ans, l'auteur de ce procédé était
devenu riche, ce qui est bien, et avait tout fait riche autour
de lui, ce qui est mieux. Il était étranger au département.
De son origine, on ne savait rien ; de ses commencements
peu de chose.

On contait qu'il était venu dans la ville avec fort peu
d'argent, quelques centaines de francs tout au plus.

C'est de ce mince capital, mis au service d'une idée in-
génieuse, fécondé par l'ordre et par la pensée, qu'il avait
tiré sa fortune et la fortune de tout ce pays.

A son arrivée à Montreuil-sur-Mer, il n'avait que les
vêtements, la tournure et le langage d'un ouvrier.

Il paraît que, le jour même où il faisait obscurément son
entrée dans la petite ville de Montreuil-sur-Mer, à la tombée
d'un soir de décembre, le sac au dos et le bâton d'épine à la
main, un gros incendie venait d'éclater à la maison commune. Cet homme s'était jeté dans le feu, et avait sauvé,
au péril de sa vie, deux enfants qui se trouvaient être ceux
du capitaine de gendarmerie ; ce qui fait qu'on n'avait pas
songé à lui demander son passeport. Depuis lors, on avait
su son nom. Il s'appelait le *père Madeleine*.

II.

M. MADELEINE.

C'ÉTAIT un homme d'environ cinquante ans, qui avait l'air préoccupé et qui était bon. Voilà tout ce qu'on en pouvait dire.

Grâce aux progrès rapides de cette industrie qu'il avait si admirablement remaniée, Montreuil-sur-Mer était devenu un centre d'affaires considérable. L'Espagne, qui consomme beaucoup de jais noir, y commandait chaque année des achats immenses. — Montreuil-sur-Mer, pour ce commerce, faisait presque concurrence à Londres et à Berlin. Les bénéfices du père Madeleine étaient tels que, dès la deuxième année, il avait pu bâtir une grande fabrique, dans laquelle il y avait deux vastes ateliers, l'un pour les hommes, l'autre pour les femmes. Quinconque avait faim pouvait s'y présenter, et était sûr de trouver là de l'emploi et du pain. Sa venue avait été un bienfait, et sa présence était une providence. Avant l'arrivée du père Madeleine, tout languissait dans le pays; maintenant tout y vivait de la vie saine du travail. Une forte circulation échauffait tout et pénétrait partout. Le chômage et la misère étaient inconnus. Il n'y avait pas de poche si obscure où il n'y eût un peu d'argent, pas de logis si pauvre où il n'y eût un peu de joie.

Le père Madeleine employait tout le monde. Il n'exigeait qu'une chose: Soyez honnête homme! Soyez honnête fille!

Comme nous l'avons dit, au milieu de cette activité dont il était la cause et le pivot, le père Madeleine faisait sa fortune; mais, chose assez singulière dans un simple homme de commerce, il ne paraissait point que ce fût là son principal souci. Il semblait qu'il songeât beaucoup aux autres et peu à lui. En 1820, on lui connaissait une somme de six cent trente mille francs placée à son nom chez Laffitte;[1] mais, avant de se réserver ces six cent trente mille francs, il avait dépensé plus d'un million pour la ville et pour les pauvres.

L'hôpital était mal doté; il y avait fondé dix lits. Montreuil-sur-Mer est divisé en ville haute et ville basse. La ville basse, qu'il habitait, n'avait qu'une école, méchante masure qui tombait en ruine; il en avait construit deux, une pour les filles, l'autre pour les garçons. Il allouait de ses deniers aux deux instituteurs une indemnité double de leur maigre traitement officiel, et un jour, à quelqu'un qui s'en étonnait, il dit : "Les deux premiers fonctionnaires de l'État, c'est la nourrice et le maître d'école." Il avait créé à ses frais une salle d'asile,[2] chose alors presque inconnue en France, et une caisse de secours[3] pour les ouvriers vieux et infirmes. Sa manufacture étant un centre, un nouveau quartier où il y avait bon nombre de familles indigentes avait rapidement surgi autour de lui; il y avait établi une pharmacie gratuite.

En 1820, cinq ans après son arrivée à Montreuil-sur-Mer, les services qu'il avait rendus au pays étaient si éclatants, le vœu de toute la contrée fut tellement unanime, que le roi le nomma de nouveau maire de la ville.[4] Il refusa encore, mais le préfet résista à son refus, tous les notables vinrent le prier, le peuple en pleine rue le suppliait, l'insistance fut si vive qu'il finit par accepter. On remarqua que ce qui parut surtout le déterminer, ce fut l'apostrophe presque irritée d'une vieille femme du peuple qui lui cria du seuil de sa porte avec humeur : *Un bon maire, c'est utile.* ***Est-ce qu'on recule devant du bien qu'on peut faire?***

Ce fut là la troisième phase de son ascension. Le père Madeleine était devenu monsieur Madeleine, monsieur Madeleine devint monsieur le maire.

III.

SOMMES DÉPOSÉES CHEZ LAFFITTE.

Du reste, il était demeuré aussi simple que le premier jour. Il avait les cheveux gris, l'œil sérieux, le teint hâlé d'un ouvrier, le visage pensif d'un philosophe. Il portait habituellement un chapeau à bords larges et une longue redingote de gros drap, boutonnée jusqu'au menton. Il remplissait ses fonctions de maire, mais, hors de là, il vivait solitaire. Il parlait à peu de monde. Il se dérobait aux politesses, saluait de côté, s'esquivait vite, souriait pour se dispenser de causer, donnait pour se dispenser de sourire. Les femmes disaient de lui : Quel bon ours ! Son plaisir était de se promener dans les champs.

Il prenait ses repas toujours seul, avec un livre ouvert devant lui où il lisait. Il avait une petite bibliothèque bien faite. Il aimait les livres ; les livres sont des amis froids et sûrs. A mesure que le loisir lui venait avec la fortune, il semblait qu'il en profitât pour cultiver son esprit. Depuis qu'il était à Montreuil-sur-Mer, on remarquait que d'année en année son langage devenait plus poli, plus choisi et plus doux.

Il emportait volontiers un fusil dans ses promenades, mais il s'en servait rarement. Quand cela lui arrivait par aventure, il avait un tir infaillible qui effrayait. Jamais il ne tuait un animal inoffensif. Jamais il ne tirait un petit oiseau.

Quoiqu'il ne fût plus jeune, on contait qu'il était d'une force prodigieuse. Il offrait un coup de main à qui en avait besoin, relevait un cheval, poussait à une roue embourbée, arrêtait par les cornes un taureau échappé. Il avait toujours ses poches pleines de monnaie en sortant et vides en rentrant. Quand il passait dans un village, les marmots déguenillés couraient joyeusement après lui et l'entouraient comme une nuée de moucherons.

On croyait deviner qu'il avait dû vivre jadis de la vie des champs, car il avait toutes sortes de secrets utiles qu'il enseignait aux paysans.

Les enfants l'aimaient encore, parce qu'il savait faire de charmants petits ouvrages avec de la paille et des noix de coco.

Quand il voyait la porte d'une église tendue de noir, il entrait : il recherchait un enterrement comme d'autres recherchent un baptême. Le veuvage et le malheur d'autrui l'attiraient à cause de sa grande douceur; il se mêlait aux amis en deuil, aux familles vêtues de noir, aux prêtres gémissant autour d'un cercueil. Il semblait donner volontiers pour texte à ses pensées ces psalmodies funèbres, pleines de la vision d'un autre monde. L'œil au ciel, il écoutait, avec une sorte d'aspiration vers tous les mystères de l'infini, ces voix tristes qui chantent sur le bord de l'abîme obscur de la mort.

Il faisait une foule de bonnes actions en se cachant comme on se cache pour les mauvaises. Il pénétrait à la dérobée, le soir, dans les maisons; il montait furtivement des escaliers. Un pauvre diable, en rentrant dans son galetas, trouvait que sa porte avait été ouverte, quelquefois même forcée, dans son absence. Le pauvre homme se récriait : quelque malfaiteur est venu! Il entrait, et la première chose qu'il voyait, c'était une pièce d'or oubliée sur un meuble. "Le malfaiteur" qui était venu, c'était le père Madeleine.

Il était affable et triste. Le peuple disait : Voilà un homme riche qui n'a pas l'air fier. Voilà un homme qui n'a pas l'air content.

On se chuchotait aussi qu'il avait des sommes "immenses" déposées chez Laffitte, avec cette particularité qu'elles étaient toujours à sa disposition immédiate, de telle sorte, ajoutait-on, que M. Madeleine pourrait arriver un matin chez Laffitte, signer un reçu et emporter ses deux ou trois millions en dix minutes. Dans la réalité, ces "deux ou trois millions" se réduisaient, nous l'avons dit, à six cent trente ou quarante mille francs.

IV.

M. MADELEINE EN DEUIL.

Au commencement de 1821, les journaux annoncèrent la mort de M. Myriel, évêque de Digne, "surnommé *monseigneur Bienvenu*," et trépassé en odeur de sainteté à l'âge de quatre-vingt-deux ans.

L'évêque de Digne, pour ajouter ici un détail que les journaux omirent, était, quand il mourut, depuis plusieurs années aveugle, et content d'être aveugle, sa sœur étant près de lui.

L'annonce de sa mort fut reproduite par le journal local de Montreuil-sur-Mer. M. Madeleine parut le lendemain tout en noir avec un crêpe à son chapeau.

On remarqua dans la ville ce deuil, et l'on jasa. Cela parut une lueur sur l'origine de M. Madeleine. On en conclut qu'il avait quelque alliance avec le vénérable évêque. *Il drape*[1] *pour l'évêque de Digne*, dirent les salons; cela rehaussa fort M. Madeleine, et lui donna subitement et d'emblée une certaine considération dans le monde noble de Montreuil-sur-Mer. Un soir, une doyenne[2] de ce grand monde-là, curieuse par droit d'ancienneté, se hasarda à lui demander : — Monsieur le maire est sans doute cousin du feu évêque de Digne ?

Il dit : — Non, madame.

— Mais, reprit la douairière, vous en portez le deuil ?

Il répondit : — C'est que dans ma jeunesse j'ai été laquais dans sa famille.

Une remarque qu'on faisait encore, c'est que chaque fois qu'il passait dans la ville un jeune Savoyard courant le pays et cherchant des cheminées à ramoner, M. le maire le faisait appeler, lui demandait son nom, et lui donnait de l'argent. Les petits Savoyards se le disaient et il en passait beaucoup.

V.

VAGUES ÉCLAIRS A L'HORIZON.

Peu à peu, et avec le temps, toutes les oppositions étaient tombées. Le respect devint complet, unanime, cordial, et il arriva un moment, vers 1821, où ce mot : monsieur le maire, fut prononcé à Montreuil-sur-Mer presque du même accent que ce mot : monseigneur l'évêque, était prononcé à Digne en 1815. Ce fut comme une contagion de vénération qui, en six ou sept ans et de proche en proche, gagna tout le pays.

Un seul homme, dans la ville et dans l'arrondissement, se déroba absolument à cette contagion, et, quoi que fît le père Madeleine, y demeura rebelle, comme si une sorte d'instinct, incorruptible et imperturbable, l'éveillait et l'inquiétait.

Souvent, quand M. Madeleine passait dans une rue, calme, affectueux, entouré des bénédictions de tous, il arrivait qu'un homme de haute taille, vêtu d'une redingote gris de fer, armé d'une grosse canne et coiffé d'un chapeau rabattu, se retournait brusquement derrière lui, et le suivait des yeux jusqu'à ce qu'il eût disparu, croisant les bras, secouant lentement la tête, et haussant sa lèvre supérieure avec sa lèvre inférieure jusqu'à son nez, sorte de grimace significative qui pourrait se traduire par : —

Mais qu'est-ce que c'est que cet homme-là ? — Pour sûr, je l'ai vu quelque part. — En tout cas, je ne suis toujours pas sa dupe.

Ce personnage grave, d'une gravité presque menaçante, était de ceux qui, même rapidement entrevus, préoccupent l'observateur.

Il se nommait Javert, et il était de la police.

Il remplissait à Montreuil-sur-Mer les fonctions pénibles, mais utiles, d'inspecteur.[1] Il n'avait pas vu les commencements de Madeleine. Quand Javert était arrivé à Montreuil-sur-Mer, la fortune du grand manufacturier était déjà faite, et le père Madeleine était devenu monsieur Madeleine.

Certains officiers de police ont une physionomie à part et qui se complique d'un air de bassesse mêlée à un air d'autorité. Javert avait cette physionomie, moins la bassesse.

Les paysans asturiens sont convaincus que dans toute portée de louve[2] il y a un chien, lequel est tué par la mère, sans quoi en grandissant il dévorerait les autres petits.

Donnez une face humaine à ce chien fils d'une louve, et ce sera Javert.

Javert était né dans une prison d'une tireuse de cartes[3] dont le mari était aux galères. En grandissant, il pensa qu'il était en dehors de la société, et désespéra d'y rentrer jamais. Il remarqua que la société maintient irrémissiblement en dehors d'elle deux classes d'hommes, ceux qui l'attaquent et ceux qui la gardent ; il n'avait le choix qu'entre ces deux classes ; en même temps, il se sentait je ne sais quel fond de rigidité, de régularité et de probité, compliqué d'une inexprimable haine pour cette race de bohèmes dont il était. Il entra dans la police. Il y réussit. A quarante ans, il était inspecteur.

Il avait, dans sa jeunesse, été employé dans les chiourmes du midi.

Avant d'aller plus loin, entendons-nous sur ce mot face humaine que nous appliquions tout à l'heure à Javert.

La face humaine de Javert consistait en un nez camard, avec deux profondes narines vers lesquelles montaient sur ses deux joues d'énormes favoris. On se sentait mal à l'aise la première fois qu'on voyait ces deux forêts et ces deux cavernes. Quand Javert riait, ce qui était rare et terrible, ses lèvres minces s'écartaient et laissaient voir non-seulement ses dents, mais ses gencives, et il se faisait autour de son nez un plissement épaté et sauvage comme un mufle de bête fauve. Javert sérieux était un dogue ; lorsqu'il riait, c'était un tigre. Du reste, peu de crâne, beaucoup de mâchoire ; les cheveux cachant le front et tombant sur les sourcils, entre les deux yeux un froncement central permanent comme une étoile de colère, le regard obscur, la bouche pincée et redoutable, l'air du commandement féroce.

Cet homme était composé de deux sentiments très simples et relativement très bons, mais qu'il faisait presque mauvais à force de les exagérer : le respect de l'autorité, la haine de la rébellion ; et à ses yeux le vol, le meurtre, tous les crimes, n'étaient que des formes de la rébellion. Il enveloppait dans une sorte de foi aveugle et profonde tout ce qui a une fonction dans l'État, depuis le premier ministre jusqu'au garde champêtre. Il couvrait de mépris, d'aversion et de dégoût tout ce qui avait franchi une fois le seuil légal du mal. Il était absolu et n'admettait pas d'exceptions. Il était stoïque, sérieux, austère ; rêveur triste ; humble et hautain comme les fanatiques. Son regard était une vrille, cela était froid, et cela perçait. Toute sa vie tenait dans ces deux mots : veiller et surveiller. Il avait introduit la ligne droite dans ce qu'il y a de plus tortueux au monde ; il avait la conscience de son utilité, la religion de ses fonctions, et il était espion comme on est prêtre. Malheur à qui tombait sous sa main ! Il eût arrêté son père s'évadant du bagne et dénoncé sa mère en rupture de ban.[1] Et il l'eût fait avec cette sorte de satisfaction intérieure que donne la vertu. Avec cela, une vie de privations, l'isolement, l'abnégation, la chasteté, jamais une distraction. C'était le devoir implacable, la police comprise comme les Spartiates comprenaient Sparte, un guet impitoyable, une honnêteté farouche, un mouchard marmoréen, Brutus dans Vidocq.[2]

Toute la personne de Javert exprimait l'homme qui épie et qui se dérobe. On ne voyait pas son front qui disparaissait sous son chapeau, on ne voyait pas ses yeux qui se perdaient sous ses sourcils, on ne voyait pas son menton qui plongeait dans sa cravate, on ne voyait pas ses mains qui rentraient dans ses manches, on ne voyait pas sa canne qu'il portait sous sa redingote. Mais, l'occasion venue, on voyait tout à coup sortir de toute cette ombre, comme d'une embuscade, un front anguleux et étroit, un regard funeste, un menton menaçant, des mains énormes, et un gourdin monstrueux.

A ses moments de loisir, qui étaient peu fréquents, tout en haïssant les livres, il lisait ; ce qui fait qu'il n'était pas complétement illettré. Cela se reconnaissait à quelque emphase dans la parole.

Il n'avait aucun vice, nous l'avons dit. Quand il était content de lui, il s'accordait une prise de tabac. Il tenait à l'humanité par là.

On comprendra sans peine que Javert était l'effroi de toute cette classe que la statistique annuelle du ministère de la justice désigne sous la rubrique : *Gens sans aveu.* Le nom de Javert prononcé les mettait en déroute ; la face de Javert apparaissant les pétrifiait.

Tel était cet homme formidable.

Javert était comme un œil toujours fixé sur M. Madeleine. Œil plein de soupçon et de conjecture. M. Madeleine avait fini par s'en apercevoir, mais il sembla que cela fût insignifiant pour lui. Il ne fit pas même une question à Javert, il ne le cherchait ni ne l'évitait, il portait, sans paraître y faire attention, ce regard gênant et presque pesant. Il traitait Javert comme tout le monde, avec aisance et bonté.

A quelques paroles échappées à Javert, on devinait qu'il avait recherché secrètement, avec cette curiosité qui tient à la race et où il entre autant d'instinct que de volonté, toutes les traces antérieures que le père Madeleine avait pu laisser ailleurs. Il paraissait savoir, et il disait parfois, à mots couverts, que quelqu'un avait pris certaines informations dans un certain pays sur une certaine famille disparue. Une fois il lui arriva de dire, se parlant à lui-même:—Je crois que je le tiens!—Puis il resta trois jours pensif sans prononcer une parole. Il paraît que le fil qu'il croyait tenir s'était rompu.

Du reste, et ceci est le correctif nécessaire à ce que le sens de certains mots pourrait présenter de trop absolu, il ne peut y avoir rien de vraiment infaillible dans une créature humaine, et le propre de l'instinct est précisément de pouvoir être troublé, dépisté et dérouté. Sans quoi il serait supérieur à l'intelligence, et la bête se trouverait avoir une meilleure lumière que l'homme.

Javert était évidemment quelque peu déconcerté par le complet naturel et la tranquillité de M. Madeleine.

VI.

LE PÈRE FAUCHELEVENT.

[Un vieux charretier, Fauchelevent, tombe sous sa charrette dont le cheval s'est abattu. Le père Madeleine soulève la charrette et dégage le malheureux.]

VII.

FAUCHELEVENT DEVIENT JARDINIER A PARIS.

FAUCHELEVENT s'était démis la rotule dans sa chute. Le père Madeleine le fit transporter dans une infirmerie qu'il avait établie pour ses ouvriers dans le bâtiment même de sa fabrique et qui était desservie par deux sœurs de charité. Le lendemain matin, le vieillard trouva un billet de mille francs sur sa table de nuit, avec ce mot de la main du père Madeleine : *Je vous achète votre charrette et votre cheval.* La charrette était brisée et le cheval était mort. Fauchelevent guérit, mais son genou resta ankylosé. M. Madeleine, par les recommandations des sœurs de charité et de son curé, fit placer le bonhomme comme jardinier dans un couvent de femmes du quartier Saint-Antoine à Paris.

Quelque temps après, M. Madeleine fut nommé maire. La première fois que Javert vit Madeleine revêtu de l'écharpe qui lui donnait toute autorité sur la ville, il éprouva cette sorte de frémissement qu'éprouverait un dogue qui flairerait un loup sous les habits de son maître. A partir de ce moment, il l'évita le plus qu'il put. Quand les besoins du service l'exigeaient impérieusement et qu'il ne pouvait faire autrement que de se trouver avec M. le maire, il lui parlait avec un respect profond.

Telle était la situation du pays, lorsque Fantine y revint. Personne ne se souvenait plus d'elle. Heureusement la porte de la fabrique de M. Madeleine était comme un visage ami. Elle s'y présenta, et fut admise dans l'atelier des femmes. Le métier était tout nouveau pour Fantine, elle n'y pouvait être bien adroite, elle ne tirait donc de sa journée de travail que peu de chose ; mais enfin cela suffisait, le problème était résolu ; elle gagnait sa vie.

[Fantine, poursuivie par certaines méchantes femmes, se voit chasser de la fabrique et tombe dans la misère et la dégradation. Arrêtée par l'inspecteur Javert, elle est mise en liberté par ordre du maire, M. Madeleine. Javert, indigné, le dénonce à Paris comme ancien forçat, mais reçoit une verte réprimande et la nouvelle que Jean Valjean, l'ancien forçat en question, vient d'être repris et va être jugé. Il a été reconnu par d'autres forçats, mais nie son identité, affirmant s'appeler Champmathieu. Javert porte cette nouvelle à M. Madeleine. Un terrible combat se livre dans l'âme du maire, mais il part enfin pour Arras, où se fait le procès de Champmathieu, est admis, grâce à sa qualité de maire, et entend les trois forçats témoins affirmer que Champmathieu est Jean Valjean.]

CHACUNE des affirmations de ces trois hommes, évidemment sincères et de bonne foi, avait soulevé dans l'auditoire un murmure de fâcheux augure pour l'accusé, murmure qui croissait et se prolongeait plus longtemps, chaque fois qu'une déclaration nouvelle venait s'ajouter à la précédente. L'accusé, lui, les avait écoutées avec ce visage étonné qui, selon l'accusation, était son principal moyen de défense. A la première, les gendarmes ses voisins l'avaient entendu grommeler entre ses dents : Ah bien ! en voilà un ! Après la seconde, il dit un peu plus haut, d'un air presque satisfait : Bon ! A la troisième, il s'écria : Fameux !

Le président l'interpella :

—Accusé, vous avez entendu ? Qu'avez-vous à dire ?

Il répondit :

— Je dis — Fameux !

Une rumeur éclata dans le public et gagna presque le jury. Il était évident que l'homme était perdu.

— Huissiers, dit le président, faites faire silence. Je

vais clore les débats.[1]

En ce moment, un mouvement se fit tout à côté du président.   On entendit une voix qui criait :

—Brevet, Chenildieu, Cochepaille ! regardez de ce côté-ci.

Tous ceux qui entendirent cette voix se sentirent glacés, tant elle était lamentable et terrible.   Les yeux se tournèrent vers le point d'où elle venait.   Un homme, placé parmi les spectateurs privilégiés, qui étaient assis derrière la cour, venait de se lever, avait poussé la porte à hauteur d'appui qui séparait le tribunal du prétoire, et était debout au milieu de la salle.   Le président, l'avocat général,[2] M. Bamatabois, vingt personnes, le reconnurent, et s'écrièrent à la fois :

—Monsieur Madeleine !

XI.

CHAMPMATHIEU DE PLUS EN PLUS ÉTONNÉ.

C'ÉTAIT lui en effet.   La lampe du greffier éclairait son visage.   Il tenait son chapeau à la main ; il n'y avait aucun désordre dans ses vêtements, sa redingote était boutonnée avec soin.   Il était très pâle et il tremblait légèrement.   Ses cheveux, gris encore au moment de son arrivée à Arras, étaient maintenant tout à fait blancs.   Ils avaient blanchi depuis une heure qu'il était là.

Toutes les têtes se dressèrent.   La sensation fut indescriptible.   Il y eut dans l'auditoire un instant d'hésitation.   La voix avait été si poignante, l'homme qui était là paraissait si calme, qu'au premier abord on ne comprit pas.   On se demanda qui avait crié.   On ne pouvait croire que ce fût cet homme tranquille qui eût jeté ce cri effrayant.

Cette indécision ne dura que quelques secondes.   Avant même que le président et l'avocat général eussent pu dire un mot, avant que les gendarmes et les huissiers eussent pu faire un geste, l'homme, que tous appelaient en ce moment M. Madeleine, s'était avancé vers les témoins Cochepaille, Brevet et Chenildieu.

— Vous ne me reconnaissez pas ? dit-il.

Tous trois demeurèrent interdits et indiquèrent par un signe de tête qu'ils ne le connaissaient point. Cochepaille intimidé fit le salut militaire. M. Madeleine se tourna vers les jurés et vers la cour et dit d'une voix douce :

— Messieurs les jurés, faites relâcher l'accusé.[1] Monsieur le président, faites-moi arrêter. L'homme que vous cherchez, ce n'est pas lui, c'est moi. Je suis Jean Valjean.

Pas une bouche ne respirait. A la première commotion de l'étonnement avait succédé un silence de sépulcre. On sentait dans la salle cette espèce de terreur religieuse qui saisit la foule lorsque quelque chose de grand s'accomplit.

Cependant le visage du président s'était empreint de sympathie et de tristesse ; il avait échangé un signe rapide avec l'avocat général et quelques paroles à voix basse avec les conseillers assesseurs.[2] Il s'adressa au public et demanda avec un accent qui fut compris de tous :

— Y a-t-il un médecin ici ?

L'avocat général prit la parole :

— Messieurs les jurés, l'incident si étrange et si inattendu qui trouble l'audience[3] ne nous inspire, ainsi qu'à vous, qu'un sentiment que nous n'avons pas besoin d'exprimer. Vous connaissez tous, au moins de réputation, l'honorable M. Madeleine, maire de Montreuil-sur-Mer. S'il y a un médecin dans l'auditoire, nous nous joignons à M. le président pour le prier de vouloir bien assister M. Madeleine et le reconduire à sa demeure.

M. Madeleine ne laissa point achever l'avocat général. Il l'interrompit, d'un accent plein de mansuétude et d'autorité. Voici les paroles qu'il prononça ; les voici littéralement, telles qu'elles furent écrites immédiatement après l'audience par un des témoins de cette scène, telles qu'elles sont encore dans l'oreille de ceux qui les ont entendues, il y a près de quarante ans aujourd'hui.

— Je vous remercie, monsieur l'avocat général, mais je ne suis pas fou. Vous allez voir. Vous étiez sur le point de commettre une grande erreur, lâchez cet homme, j'accomplis un devoir, je suis ce malheureux condamné. Je suis le seul qui voie clair ici, et je vous dis la vérité. Ce que je fais en ce moment, Dieu, qui est là-haut, le regarde, et cela suffit. Vous pouvez me prendre, puisque me voilà. J'avais pourtant fait de mon mieux. Je me suis caché sous un nom ; je suis devenu riche, je suis devenu maire ; j'ai voulu rentrer parmi les honnêtes gens. Il paraît que cela ne se peut pas. Enfin, il y a bien des choses que je ne puis pas dire, je ne vais pas vous raconter ma vie, un jour on saura. J'ai volé monseigneur l'évêque, cela est vrai ; j'ai volé Petit-Gervais, cela est vrai. On a eu raison de vous dire que Jean Valjean était un malheureux très méchant. Toute la faute n'est peut-être pas à lui. Écoutez, messieurs les juges, un homme aussi abaissé que moi n'a pas de remontrance à faire à la providence ni de conseil à donner à la société ; mais voyez-vous, l'infamie d'où j'avais essayé de sortir est une chose nuisible. Les galères font le galérien. Recueillez cela, si vous voulez. Avant le bagne, j'étais un pauvre paysan, très peu intelligent, une espèce d'idiot ; le bagne m'a changé. J'étais stupide, je suis devenu méchant ; j'étais bûche, je suis devenu tison. Plus tard l'indulgence et la bonté m'ont sauvé, comme la sévérité m'avait perdu. Mais, pardon, vous ne pouvez pas comprendre ce que je dis là. Vous trouverez chez moi, dans les cendres de la cheminée, la pièce de quarante sous que j'ai volée il y a sept ans à Petit-Gervais. Je n'ai plus rien à ajouter. Prenez-moi. Mon Dieu ! monsieur l'avocat général remue la tête, vous dites : M. Madeleine est devenu fou ! vous ne me croyez pas ! Voilà qui est affligeant. N'allez point condamner cet homme au moins ! Quoi ! ceux-ci ne me reconnaissent pas ! Je voudrais que Javert fût ici. Il me reconnaîtrait, lui !

Rien ne pourrait rendre ce qu'il y avait de mélancolie bienveillante et sombre dans l'accent qui accompagnait ces paroles.

Il se tourna vers les trois forçats :

— Eh bien, je vous reconnais, moi ! — Brevet ! vous rappelez-vous ?...

Il s'interrompit, hésita un moment, et dit :

—... Te rappelles-tu ces bretelles en tricot à damier [1] que tu avais au bagne ?

Brevet eut comme une secousse de surprise et le regarda de la tête aux pieds d'un air effrayé. Lui continua :

— Chenildieu, tu as toute l'épaule droite brûlée profondément, parce que tu t'es couché un jour l'épaule sur un réchaud plein de braise, pour effacer les trois lettres T. F. P.,[2] qu'on y voit toujours cependant. Réponds, est-ce vrai ?

— C'est vrai, dit Chenildieu.

Il s'adressa à Cochepaille :

— Cochepaille, tu as près de la saignée du bras gauche [3] une date gravée en lettres bleues avec de la poudre brûlée. Cette date, c'est celle du débarquement de l'empereur à Cannes, 1er *mars* 1815. Relève ta manche.

Cochepaille releva sa manche, tous les regards se penchèrent autour de lui sur son bras nu. Un gendarme approcha une lampe ; la date y était.

Le malheureux homme se tourna vers l'auditoire et vers les juges avec un sourire dont ceux qui l'ont vu sont encore navrés lorsqu'ils y songent. C'était le sourire du triomphe, c'était aussi le sourire du désespoir.

— Vous voyez bien, dit-il, que je suis Jean Valjean.

Il n'y avait plus dans cette enceinte ni juges, ni accusateurs, ni gendarmes ; il n'y avait que des yeux fixes et des cœurs émus. Personne ne se rappelait plus le rôle que chacun pouvait avoir à jouer ; l'avocat général oubliait qu'il était là pour requérir,[1] le président qu'il était là pour présider, le défenseur qu'il était là pour défendre. Chose frappante, aucune question ne fut faite, aucune autorité n'intervint. Le propre des spectacles sublimes, c'est de prendre toutes les âmes et de faire de tous les témoins des spectateurs. Aucun peut-être ne se rendait compte de ce qu'il éprouvait ; aucun, sans doute, ne se disait qu'il voyait resplendir là une grande lumière ; tous intérieurement se sentaient éblouis.

Il était évident qu'on avait sous les yeux Jean Valjean. Cela rayonnait. L'apparition de cet homme avait suffi pour remplir de clarté cette aventure si obscure le moment d'auparavant. Sans qu'il fût besoin d'aucune explication désormais, toute cette foule, comme par une sorte de révélation électrique, comprit tout de suite et d'un seul coup d'œil cette simple et magnifique histoire d'un homme qui se livrait pour qu'un autre homme ne fût pas condamné à sa place. Les détails, les hésitations, les petites résistances possibles se perdirent dans ce vaste fait lumineux.

Impression qui passa vite, mais qui dans l'instant fut irrésistible.

— Je ne veux pas déranger davantage l'audience, reprit Jean Valjean. Je m'en vais, puisqu'on ne m'arrête pas. J'ai plusieurs choses à faire. M. l'avocat général sait qui je suis, il sait où je vais, il me fera arrêter quand il voudra.

Il se dirigea vers la porte de sortie. Pas une voix ne s'éleva, pas un bras ne s'étendit pour l'empêcher. Tous s'écartèrent. Il avait en ce moment ce je ne sais quoi de divin qui fait que les multitudes reculent et se rangent devant un homme. Il traversa la foule à pas lents. On n'a jamais su qui ouvrit la porte, mais il est certain que la porte se trouva ouverte lorsqu'il y parvint.   Arrivé là, il se retourna et dit :

— Monsieur l'avocat général, je reste à votre disposition.

Puis il s'adressa à l'auditoire :

— Vous tous, tous ceux qui sont ici, vous me trouvez digne de pitié, n'est-ce pas ? Mon Dieu ! quand je pense à ce que j'ai été sur le point de faire, je me trouve digne d'envie. Cependant j'aurais mieux aimé que tout ceci n'arrivât pas.

Il sortit, et la porte se referma comme elle avait été ouverte, car ceux qui font de certaines choses souveraines sont toujours sûrs d'être servis par quelqu'un dans la foule.

Moins d'une heure après, le verdict du jury déchargeait de toute accusation le nommé Champmathieu ; et Champmathieu, mis en liberté immédiatement, s'en allait stupéfait, croyant tous les hommes fous et ne comprenant rien à cette vision.

I–II.

[Le maire rentre à Montreuil-sur-Mer et rend visite à Fantine qui se meurt à l'hôpital. Pendant qu'il est auprès d'elle . . . .]

Tout à coup elle cessa de parler, cela lui fit lever machinalement la tête. Fantine était devenue effrayante.

Elle ne parlait plus, elle ne respirait plus ; elle s'était soulevée à demi sur son séant, son épaule maigre sortait de sa chemise ; son visage, radieux le moment d'auparavant, était blême, et elle paraissait fixer sur quelque chose de formidable, devant elle, à l'autre extrémité de la chambre, son œil agrandi par la terreur.

— Mon Dieu ! s'écria-t-il. Qu'avez-vous, Fantine ?

Elle ne répondit pas, elle ne quitta point des yeux l'objet quelconque qu'elle semblait voir ; elle lui toucha le bras d'une main, et de l'autre lui fit signe de regarder derrière lui.

Il se retourna, et vit Javert.

III.

JAVERT CONTENT.

Voici ce qui s'était passé.

Minuit et demi venait de sonner, quand M. Madeleine était sorti de la salle des assises d'Arras. Il était rentré à son auberge juste à temps pour repartir par la malle-poste dans laquelle il avait retenu sa place. Un peu avant six heures du matin, il était arrivé à Montreuil-sur-Mer, et son premier soin avait été de jeter à la poste une lettre à M. Laffitte, puis d'entrer à l'infirmerie et de voir Fantine.

Cependant, à peine avait-il quitté la salle d'audience de la cour d'assises, que l'avocat général, revenu du premier saisissement, avait pris la parole pour déplorer l'acte de folie de l'honorable maire de Montreuil-sur-Mer, déclarer que ses convictions n'étaient en rien modifiées par cet incident bizarre qui s'éclaircirait plus tard, et requérir en attendant, la condamnation de ce Champmathieu, évidemment le vrai Jean Valjean. La persistance de l'avocat général était visiblement en contradiction avec le sentiment de tous, du public, de la cour et du jury. Le défenseur avait eu peu de peine à réfuter cette harangue et à établir que, par suite des révélations de M. Madeleine, c'est-à-dire du vrai Jean Valjean, la face de l'affaire était bouleversée de fond en comble, et que le jury n'avait plus devant les yeux qu'un innocent. L'avocat avait tiré de là quelques épiphonèmes,[1] malheureusement peu neufs, sur les erreurs judiciaires, etc., etc.; le président dans son résumé s'était joint au défenseur, et le jury en quelques minutes avait mis hors de cause Champmathieu.

Cependant il fallait un Jean Valjean à l'avocat général, et, n'ayant plus Champmathieu, il prit Madeleine.

Immédiatement après la mise en liberté de Champmathieu, l'avocat général s'enferma avec le président. Ils conférèrent "de la nécessité de se saisir de la personne de M. le maire de Montreuil-sur-Mer." La première émotion passée, le président fit peu d'objections. Il fallait bien que justice eût son cours.

L'ordre d'arrestation fut donc expédié. L'avocat général l'envoya à Montreuil-sur-Mer par un exprès, à franc étrier,[2] et en chargea l'inspecteur de police Javert.

Javert était revenu à Montreuil-sur-Mer immédiatement après avoir fait sa déposition.

Javert se levait au moment où l'exprès lui remit l'ordre d'arrestation et le mandat d'amener.[1]

Quelqu'un qui n'eût pas connu Javert et qui l'eût vu au moment où il pénétra dans l'antichambre de l'infirmerie, n'eût pu rien deviner de ce qui se passait, et lui eût trouvé l'air le plus ordinaire du monde. Il était froid, calme, grave, avait ses cheveux gris parfaitement lissés sur les tempes et venait de monter l'escalier avec sa lenteur habituelle. Quelqu'un qui l'eût connu à fond et qui l'eût examiné attentivement eût frémi. La boucle de son col de cuir, au lieu d'être sur sa nuque, était sur son oreille gauche. Ceci révélait une agitation inouïe.

Il était venu simplement, avait requis un caporal et quatre soldats au poste[2] voisin, avait laissé les soldats dans la cour, et s'était fait indiquer la chambre de Fantine par la portière sans défiance, accoutumée qu'elle était à voir des gens armés demander M. le maire.

Arrivé à la chambre de Fantine, Javert tourna la clef, poussa la porte avec une douceur de garde-malade ou de mouchard, et entra.

A proprement parler, il n'entra pas. Il se tint debout dans la porte entrebâillée, le chapeau sur la tête, la main gauche dans sa redingote fermée jusqu'au menton. Dans le pli du coude, on pouvait voir le pommeau de plomb de son énorme canne, laquelle disparaissait derrière lui.

Il resta ainsi près d'une minute, sans qu'on s'aperçût de sa présence. Tout à coup Fantine leva les yeux, le vit et fit retourner M. Madeleine.

A l'instant où le regard de Madeleine rencontra le regard de Javert, Javert, sans bouger, sans remuer, sans approcher, devint épouvantable. Aucun sentiment humain ne réussit à être effroyable comme la joie.

Ce fut le visage d'un démon qui vient de retrouver son damné.

La certitude de tenir enfin Jean Valjean fit apparaître sur sa physionomie tout ce qu'il avait dans l'âme. Le fond remué monta à la surface. L'humiliation d'avoir un peu perdu la piste et de s'être mépris quelques minutes sur ce Champmathieu s'effaçait sous l'orgueil d'avoir si bien deviné d'abord et d'avoir eu si longtemps un instinct juste. Le contentement de Javert éclata dans son attitude souveraine. La difformité du triomphe s'épanouit sur ce front étroit. Ce fut tout le déploiement d'horreur que peut donner une figure satisfaite.

Javert en ce moment était au ciel. Sans qu'il s'en rendît nettement compte, mais pourtant avec une intuition confuse de sa nécessité et de son succès, il personnifiait, lui Javert, la justice, la lumière et la vérité dans leur fonction céleste d'écrasement du mal. Il avait derrière lui et autour de lui, à une profondeur infinie, l'autorité, la raison, la chose jugée, la conscience légale, la vindicte publique, toutes les étoiles ; il protégeait l'ordre, il faisait sortir de la loi la foudre, il vengeait la société, il prêtait main-forte à l'absolu ; il se dressait dans une gloire[1] ; il y avait dans sa victoire un reste de défi et de combat ; debout, altier, éclatant, il étalait en plein azur la bestialité surhumaine d'un archange féroce ; l'ombre redoutable de l'action qu'il accomplissait faisait visible à son poing crispé le vague flamboiement de l'épée sociale ; heureux et indigné, il tenait sous son talon le crime, le vice, la rébellion, la perdition, l'enfer ; il rayonnait, il exterminait, il souriait, et il y avait une incontestable grandeur dans ce saint Michel monstrueux.

Javert, effroyable, n'avait rien d'ignoble.

La probité, la sincérité, la candeur, la conviction, l'idée du devoir, sont des choses qui, en se trompant, peuvent devenir hideuses, mais qui, même hideuses, restent grandes ; leur majesté, propre à la conscience humaine, persiste dans l'horreur ; ce sont des vertus qui ont un vice, l'erreur. L'impitoyable joie honnête d'un fanatique en pleine atrocité conserve on ne sait quel rayonnement lugubrement vénérable. Sans qu'il s'en doutât, Javert, dans son bonheur formidable, était à plaindre comme tout ignorant qui triomphe. Rien n'était poignant et terrible comme cette figure où se montrait ce qu'on pourrait appeler tout le mauvais du bon.

IV.

L'AUTORITÉ REPREND SES DROITS.

La Fantine n'avait point vu Javert depuis le jour où M. le maire l'avait arrachée à cet homme. Son cerveau malade ne se rendit compte de rien, seulement elle ne douta pas qu'il ne revînt la chercher. Elle ne put supporter cette figure affreuse, elle se sentit expirer, elle cacha son visage de ses deux mains et cria avec angoisse :

— Monsieur Madeleine, sauvez-moi !

Jean Valjean, — nous ne le nommerons plus désormais autrement, — s'était levé. Il dit à Fantine de sa voix la plus douce et la plus calme :

— Soyez tranquille. Ce n'est pas pour vous qu'il vient.

Puis il s'adressa à Javert et lui dit :

— Je sais ce que vous voulez.

Javert répondit :

— Allons, vite !

Il y eut dans l'inflexion qui accompagna ces deux mots je ne sais quoi de fauve[1] et de frénétique. Aucune orthographe ne pourrait rendre l'accent dont cela fut prononcé ; ce n'était plus une parole humaine ; c'était un rugissement.

Il ne fit point comme d'habitude ; il n'entra point en

matière; il n'exhiba point de mandat d'amener.　Pour lui, Jean Valjean était une sorte de combattant mystérieux et insaisissable, un lutteur ténébreux qu'il étreignait depuis cinq ans sans pouvoir le renverser.　Cette arrestation n'était pas un commencement, mais une fin.　Il se borna à dire : Allons, vite !

En parlant ainsi, il ne fit point un pas ; il lança sur Jean Valjean ce regard qu'il jetait comme un crampon, et avec lequel il avait coutume de tirer violemment les misérables à lui.

C'était ce regard que la Fantine avait senti pénétrer jusque dans la moelle de ses os, deux mois auparavant.

Au cri de Javert, Fantine avait rouvert les yeux.　Mais M. le maire était là, que pouvait-elle craindre ?

Javert avança au milieu de la chambre et cria :

— Ah çà ! viendras-tu ?

La malheureuse regarda autour d'elle.　Il n'y avait personne que la religieuse et M. le maire.　A qui pouvait s'adresser ce tutoiement abject ?　A elle seulement.　Elle frissonna.

Alors elle vit une chose inouïe, tellement inouïe que jamais rien de pareil ne lui était apparu dans les plus noirs délires de la fièvre.

Elle vit le mouchard Javert saisir au collet M. le maire ; elle vit M. le maire courber la tête.　Il lui sembla que le monde s'évanouissait.

Javert, en effet, avait pris Jean Valjean au collet.

— Monsieur le maire ! cria Fantine.

Javert éclata de rire, de cet affreux rire qui lui déchaussait[1] toutes les dents.

— Il n'y a plus de monsieur le maire ici !

Jean Valjean n'essaya pas de déranger la main qui tenait le col de sa redingote.　Il dit :

— Javert...

Javert l'interrompit : — Appelle-moi monsieur l'inspecteur.

— Monsieur, reprit Jean Valjean, je voudrais vous dire
un mot en particulier.

— Tout haut ! parle tout haut, répondit Javert ; on me
parle tout haut à moi !

Jean Valjean continua en baissant la voix :

— C'est une prière que j'ai à vous faire...

— Je te dis de parler tout haut.

— Mais cela ne doit être entendu que de vous seul...

— Qu'est-ce que cela me fait ? je n'écoute pas !

Jean Valjean se tourna vers lui et lui dit rapidement et
très bas :

— Accordez-moi trois jours ! Trois jours pour aller
chercher l'enfant de cette malheureuse femme ! Je payerai
ce qu'il faudra. Vous m'accompagnerez si vous voulez.

— Tu veux rire ! cria Javert. Ah çà, je ne te croyais
pas bête ! Tu me demandes trois jours pour t'en aller !
Tu dis que c'est pour aller chercher l'enfant de cette
femme ! Ah ! ah ! c'est bon ! voilà qui est bon !

Fantine eut un tremblement.

— Mon enfant ! s'écria-t-elle, aller chercher mon enfant !
Elle n'est donc pas ici ! Ma sœur, répondez-moi, où est
Cosette ? je veux mon enfant ! monsieur Madeleine ! mon-
sieur le maire !

Javert frappa du pied.

— Voilà l'autre, à présent ! Te tairas-tu, drôlesse ?

Il regarda fixement Fantine et ajouta, en reprenant à
poignée[1] la cravate, la chemise et le collet de Jean
Valjean :

— Je te dis qu'il n'y a point de monsieur Madeleine et
qu'il n'y a point de monsieur le maire. Il y a un voleur, il
y a un brigand, il y a un forçat appelé Jean Valjean ?
c'est lui que je tiens ! voilà ce qu'il y a !

Fantine se dressa en sursaut, appuyée sur ses bras roides et sur ses deux mains ; elle regarda Jean Valjean, elle regarda Javert, elle regarda la religieuse, elle ouvrit la bouche comme pour parler, un râle sortit du fond de sa gorge, ses dents claquèrent ; elle étendit les bras avec angoisse, ouvrant convulsivement les mains, et cherchant autour d'elle comme quelqu'un qui se noie, puis elle s'affaissa subitement sur l'oreiller. Sa tête heurta le chevet du lit et vint retomber sur sa poitrine, la bouche béante, les yeux ouverts et éteints.

Elle était morte.

Jean Valjean posa sa main sur la main de Javert qui le tenait, et l'ouvrit comme il eût ouvert la main d'un enfant, puis il dit à Javert :

— Vous avez tué cette femme.

— Finirons-nous ! cria Javert furieux. Je ne suis pas ici pour entendre des raisons. Économisons tout ça. La garde est en bas. Marchons tout de suite, ou les poucettes ![1]

Il y avait dans un coin de la chambre un vieux lit en fer en assez mauvais état qui servait de lit de camp aux sœurs quand elles veillaient ; Jean Valjean alla à ce lit, disloqua en un clin d'œil le chevet déjà fort délabré, chose facile à des muscles comme les siens, saisit à poigne-main la maîtresse tringle,[2] et considéra Javert. Javert recula vers la porte.

Jean Valjean, sa barre de fer au poing, marcha lentement vers le lit de Fantine. Quand il y fut parvenu, il se retourna et dit à Javert d'une voix qu'on entendait à peine :

— Je ne vous conseille pas de me déranger en ce moment.

Ce qui est certain, c'est que Javert tremblait.

Il eut l'idée d'aller appeler la garde, mais Jean Valjean pouvait profiter de cette minute pour s'évader. Il resta donc, saisit sa canne par le petit bout, et s'adossa au chambranle de la porte sans quitter du regard Jean Valjean.

Jean Valjean posa son coude sur la pomme du chevet du lit et son front sur sa main, et se mit à contempler Fantine immobile et étendue. Il demeura ainsi absorbé, muet, et ne songeant évidemment plus à aucune chose de cette vie. Il n'y avait plus rien sur son visage et dans son attitude qu'une inexprimable pitié. Après quelques instants de cette rêverie, il se pencha vers Fantine et lui parla à voix basse.

Que lui dit-il ? Que pouvait dire cet homme qui était réprouvé, à cette femme qui était morte ? Qu'étaient-ce que ces paroles ? Personne sur la terre ne les a entendues. La morte les entendit-elle ? Il y a des illusions touchantes qui sont peut-être des réalités sublimes. Ce qui est hors de doute, c'est que la sœur Simplice, unique témoin de la chose qui se passait, a souvent raconté qu'au moment où Jean Valjean parla à l'oreille de Fantine, elle vit distinctement poindre un ineffable sourire sur ces lèvres pâles et dans ces prunelles vagues, pleines de l'étonnement du tombeau.

Jean Valjean prit dans ses deux mains la tête de Fantine et l'arrangea sur l'oreiller comme une mère eût fait pour son enfant, puis il rentra ses cheveux sous son bonnet. Cela fait, il lui ferma les yeux.

La face de Fantine en cet instant semblait étrangement éclairée.

La mort, c'est l'entrée dans la grande lueur.

La main de Fantine pendait hors du lit. Jean Valjean s'agenouilla devant cette main, la souleva doucement et la baisa.

Puis il se redressa et se tournant vers Javert :

— Maintenant, dit-il, je suis à vous.

V.

TOMBEAU CONVENABLE.

JAVERT déposa Jean Valjean à la prison de la ville. L'arrestation de M. Madeleine produisit à Montreuil-sur-Mer une sensation, ou pour mieux dire une commotion extraordinaire. Nous sommes triste de ne pouvoir dissimuler que sur ce seul mot : *C'était un galérien*, tout le monde à peu près l'abandonna. En moins de deux heures, tout le bien qu'il avait fait fut oublié, et ce ne fut plus "qu'un galérien." Il est juste de dire qu'on ne connaissait pas encore les détails de l'événement d'Arras.

C'est ainsi que ce fantôme qui s'était appelé M. Madeleine se dissipa à Montreuil-sur-Mer. Trois ou quatre personnes seulement dans toute la ville restèrent fidèles à cette mémoire. La vieille portière[1] qui l'avait servi fut du nombre.

Le soir de ce même jour, cette digne vieille était assise dans sa loge, encore tout effarée et réfléchissant tristement. La fabrique avait été fermée toute la journée, la porte cochère était verrouillée, la rue était déserte. Il n'y avait dans la maison que les deux religieuses, sœur Perpétue et sœur Simplice, qui veillaient près du corps de Fantine.

Vers l'heure où M. Madeleine avait coutume de rentrer, la brave portière se leva machinalement, prit la clef de la chambre de M. Madeleine dans un tiroir et le bougeoir dont il se servait tous les soirs pour monter chez lui, puis elle accrocha la clef au clou où il la prenait d'habitude et plaça le bougeoir à côté, comme si elle l'attendait. Ensuite elle se rassit sur sa chaise et se remit à songer. La pauvre bonne vieille avait fait tout cela sans en avoir conscience.

Ce ne fut qu'au bout de plus de deux heures qu'elle sortit de sa rêverie et s'écria: Tiens! moi qui ai mis sa clef au clou!

En ce moment, la vitre de la loge s'ouvrit, une main passa par l'ouverture, saisit la clef et le bougeoir, et alluma la bougie à la chandelle qui brûlait.

La portière leva les yeux et resta béante, avec un cri dans le gosier qu'elle retint.

Elle connaissait cette main, ce bras, cette manche de redingote.

C'était M. Madeleine.

Elle fut quelques secondes avant de pouvoir parler, *saisie,* comme elle le disait elle-même plus tard en racontant son aventure.

— Mon Dieu, monsieur le maire, s'écria-t-elle enfin, je vous croyais...

Elle s'arrêta, la fin de la phrase eût manqué de respect au commencement. Jean Valjean était toujours pour elle monsieur le maire.

Il acheva sa pensée.

— En prison, dit-il. J'y étais, j'ai brisé un barreau d'une fenêtre, je me suis laissé tomber du haut d'un toit, et me voici. Je monte à ma chambre, allez me chercher la sœur Simplice. Elle est sans doute près de cette pauvre femme.

La vieille obéit en toute hâte.

Il ne lui fit aucune recommandation; il était bien sûr qu'elle le garderait mieux qu'il ne se garderait lui-même.

On n'a jamais su comment il avait réussi à pénétrer dans la cour sans faire ouvrir la porte cochère. Il avait, et portait toujours sur lui, un passe-partout qui ouvrait une petite porte latérale; mais on avait dû le fouiller et lui prendre son passe-partout. Ce point n'a pas été éclairci.

Il monta l'escalier qui conduisait à sa chambre. Arrivé en haut, il laissa son bougeoir sur les dernières marches de l'escalier, ouvrit sa porte avec peu de bruit, et alla fermer à tâtons sa fenêtre et son volet, puis il revint prendre sa bougie et rentra dans sa chambre.

La précaution était utile ; on se souvient que sa fenêtre pouvait être aperçue de la rue.

Il jeta un coup d'œil autour de lui, sur sa table, sur sa chaise, sur son lit qui n'avait pas été défait depuis trois jours.   Il ne restait aucune trace du désordre de l'avant-dernière nuit.[1] La portière avait " fait la chambre." Seulement elle avait ramassé dans les cendres et posé proprement sur la table les deux bouts du bâton ferré et la pièce de quarante sous noircie par le feu.

Il prit une feuille de papier sur laquelle il écrivit : *Voici les deux bouts de mon bâton ferré et la pièce de quarante sous volée à Petit-Gervais dont j'ai parlé à la cour d'assises*, et il posa sur cette feuille la pièce d'argent et les deux morceaux de fer, de façon que ce fût la première chose qu'on aperçût en entrant dans la chambre.   Il tira d'une armoire une vieille chemise à lui qu'il déchira.   Cela fit quelques morceaux de toile dans lesquels il emballa les deux flambeaux d'argent.   Du reste, il n'avait ni hâte ni agitation, et, tout en emballant les chandeliers de l'évêque, il mordait dans un morceau de pain noir.   Il est probable que c'était le pain de la prison qu'il avait emporté en s'évadant.

Ceci a été constaté par les miettes de pain qui furent trouvées sur le carreau de la chambre, lorsque la justice plus tard fit une perquisition.

On frappa deux petits coups à la porte.

— Entrez, dit-il.

C'était la sœur Simplice.

Elle était pâle, elle avait les yeux rouges, la chandelle qu'elle tenait vacillait dans sa main.   Les violences de la destinée ont cela de particulier que, si perfectionnés ou si refroidis que nous soyons, elles nous tirent du fond des entrailles la nature humaine et la forcent de reparaître au dehors.   Dans les émotions de cette journée, la religieuse était redevenue femme.   Elle avait pleuré, et elle tremblait.

Jean Valjean venait d'écrire quelques lignes sur un papier qu'il tendit à la religieuse en disant : — Ma sœur, vous remettrez ceci à M. le curé.

Le papier était déplié. Elle y jeta les yeux.

— Vous pouvez lire, dit-il.

Elle lut :

" Je prie monsieur le curé de veiller sur tout ce que je "laisse ici. Il voudra bien payer là-dessus les frais de "mon procès¹ et l'enterrement de la femme qui est morte "aujourd'hui. Le reste sera aux pauvres."

La sœur voulut parler, mais elle put à peine balbutier quelques sons inarticulés. Elle parvint cependant à dire :

— Est-ce que monsieur le maire ne désire pas revoir une dernière fois cette pauvre malheureuse ?

— Non, dit-il, on est à ma poursuite, on n'aurait qu'à m'arrêter dans sa chambre, cela la troublerait.

Il achevait à peine qu'un grand bruit se fit dans l'escalier. Ils entendirent un tumulte de pas qui montaient, et la vieille portière qui disait de sa voix la plus haute et la plus perçante :

— Mon bon monsieur, je vous jure qu'il n'est entré personne ici de toute la journée ni de toute la soirée, que même je n'ai pas quitté ma porte !

Un homme répondit :

— Cependant il y a de la lumière dans cette chambre.

Ils reconnurent la voix de Javert.

La chambre était disposée de façon que la porte en s'ouvrant masquait l'angle du mur à droite. Jean Valjean souffla la bougie et se mit dans cet angle.

La sœur Simplice tomba à genoux près de la table.

La porte s'ouvrit.

Javert entra.

On entendait le chuchotement de plusieurs hommes et les protestations de la portière dans le corridor.

La religieuse ne leva pas les yeux. Elle priait.

La chandelle était sur la cheminée et ne donnait que peu de clarté.

Javert aperçut la sœur et s'arrêta interdit.

On se rappelle que le fond même de Javert, son élément, son milieu respirable, c'était la vénération de toute autorité. Il était tout d'une pièce et n'admettait ni objection, ni restriction. Pour lui, bien entendu, l'autorité ecclésiastique était la première de toutes ; il était religieux, superficiel et correct sur ce point comme sur tous. A ses yeux, un prêtre était un esprit qui ne se trompe pas, une religieuse était une créature qui ne pèche pas. C'étaient des âmes murées à ce monde avec une seule porte qui ne s'ouvrait jamais que pour laisser sortir la vérité.

En apercevant la sœur, son premier mouvement fut de se retirer.

Cependant il y avait aussi un autre devoir qui le tenait, et qui le poussait impérieusement en sens inverse. Son second mouvement fut de rester, et de hasarder au moins une question.

C'était cette sœur Simplice qui n'avait menti de sa vie. Javert le savait, et la vénérait particulièrement à cause de cela.

— Ma sœur, dit-il, êtes-vous seule dans cette chambre ?

Il y eut un moment affreux pendant lequel la pauvre portière se sentit défaillir.

La sœur leva les yeux et répondit :

— Oui.

— Ainsi, reprit Javert, excusez-moi si j'insiste, c'est mon devoir, vous n'avez pas vu ce soir une personne, un homme. Il s'est évadé, nous le cherchons, — ce nommé Jean Valjean, vous ne l'avez pas vu ?

La sœur répondit : — Non.

Elle mentit. Elle mentit deux fois de suite, coup sur coup, sans hésiter, rapidement, comme on se dévoue.

— Pardon, dit Javert, et il se retira en saluant profondément.

O sainte fille ! vous n'êtes plus de ce monde depuis beaucoup d'années ; vous avez rejoint dans la lumière vos sœurs les vierges et vos frères les anges ; que ce mensonge vous soit compté dans le paradis !

L'affirmation de la sœur fut pour Javert quelque chose de si décisif, qu'il ne remarqua même pas la singularité de cette bougie qu'on venait de souffler et qui fumait sur la table. .

Une heure après, un homme, marchant à travers les arbres, et les brumes, s'éloignait rapidement de Montreuil-sur-Mer dans la direction de Paris. Cet homme était Jean Valjean. Il a été établi, par le témoignage de deux ou trois rouliers qui l'avaient rencontré, qu'il portait un paquet et qu'il était vêtu d'une blouse. Où avait-il pris cette blouse ? On ne l'a jamais su. Cependant un vieil ouvrier était mort quelques jours auparavant à l'infirmerie de la fabrique, ne laissant que sa blouse. C'était peut-être celle-là.

Un dernier mot sur Fantine.

Nous avons tous une mère, la terre. On rendit Fantine à cette mère.

Elle fut jetée à la fosse publique.

DEUXIÈME PARTIE

C O S E T T E.

—oo°o🌑o°oo—

LIVRE PREMIER. — WATERLOO.

I–IV.

[Description des lieux.]

V.

LE *QUID OBSCURUM* DES BATAILLES.

Tout le monde connaît la première phase de cette bataille ; début troublé, incertain, hésitant, menaçant pour les deux armées, mais pour les Anglais plus encore que pour les Français.

Il avait plu toute la nuit ; la terre était défoncée par l'averse ; l'eau s'était çà et là amassée dans les creux de la plaine comme dans des cuvettes ; sur de certains points les équipages du train[1] en avaient jusqu'à l'essieu ; les sous-ventrières des attelages dégouttaient de boue liquide ; si les blés et les seigles couchés par cette cohue de charrois en marche n'eussent comblé les ornières et fait litière sous les roues, tout mouvement, tout particulièrement dans les vallons du côté de Papelotte, eût été impossible.

L'affaire commença tard ; Napoléon avait l'habitude de tenir toute l'artillerie dans sa main comme un pistolet, visant tantôt tel point, tantôt tel autre de la bataille, et il avait voulu attendre que les batteries attelées pussent rouler et galoper librement ; il fallait pour cela que le soleil parût et séchât le sol. Mais le soleil ne parut pas.[1] Ce n'était plus le rendez-vous d'Austerlitz.[2] Quand le premier coup de canon fut tiré, le général anglais Colville regarda à sa montre et constata qu'il était onze heures trente-cinq minutes.

L'action s'engagea avec furie, plus de furie peut-être que l'empereur n'eût voulu, par l'aile gauche française sur Hougomont. En même temps Napoléon attaqua le centre en précipitant la brigade Quiot sur la Haie-Sainte, et Ney[3] poussa l'aile droite française contre l'aile gauche anglaise qui s'appuyait sur Papelotte.

L'attaque sur Hougomont avait quelque simulation ; attirer là Wellington, le faire pencher à gauche, tel était le plan. Ce plan eût réussi, si les quatre compagnies des gardes anglaises et les braves Belges de la division Perponcher n'eussent solidement gardé la position, et Wellington, au lieu de s'y masser, put se borner à y envoyer pour tout renfort quatre autres compagnies de gardes et un bataillon de Brunswick.

L'attaque de l'aile droite française sur Papelotte était à fond,[4] culbuter la gauche anglaise, couper la route de Bruxelles, barrer le passage aux Prussiens possibles, forcer Mont-Saint-Jean, refouler Wellington sur Hougomont, de là sur Braine-l'Alleud, de là sur Hal, rien de plus net. A part quelques incidents, cette attaque réussit. Papelotte fut pris ; la Haie-Sainte fut enlevée.

Détails à noter. Il y avait dans l'infanterie anglaise, particulièrement dans la brigade de Kempt, force recrues. Ces jeunes soldats, devant nos redoutables fantassins, furent vaillants ; leur inexpérience se tira intrépidement d'affaire ; ils firent surtout un excellent service de tirailleurs ; le soldat en tirailleur, un peu livré à lui-même, devient pour ainsi dire son propre général ; ces recrues montrèrent quelque chose de l'invention et de la furie françaises. Cette infanterie novice eut de la verve. Ceci déplut à Wellington.

Après la prise de la Haie-Sainte, la bataille vacilla.

Il y a dans cette journée, de midi à quatre heures, un intervalle obscur ; le milieu de cette bataille est presque indistinct et participe du sombre de la mêlée. Le crépuscule s'y fait. On aperçoit de vastes fluctuations dans cette brume, un mirage vertigineux, l'attirail de guerre d'alors presque inconnu aujourd'hui, les colbacks à flamme,[1] les sabretaches[2] flottantes, les buffleteries[3] croisées, les gibernes à grenades,[4] les dolmans[5] des hussards, les bottes rouges à mille plis, les lourds shakos enguirlandés de torsades, l'infanterie presque noire de Brunswick mêlée à l'infanterie écarlate d'Angleterre, les soldats anglais ayant aux entournures pour épaulettes de gros bourrelets blancs circulaires, les chevau-légers[6] hanovriens avec leur casque de cuir oblong à bandes de cuivre et à crinières de crins rouges, les Écossais aux genoux nus et aux plaids quadrillés, les grandes guêtres blanches de nos grenadiers ; des tableaux, non des lignes stratégiques.

Toutefois, dans l'après-midi, à un certain moment, la bataille se précisa.

VI.

QUATRE HEURES DE L'APRÈS-MIDI.

VERS quatre heures, la situation de l'armée anglaise était grave. Le prince d'Orange commandait le centre, Hill l'aile droite, Picton l'aile gauche. Le prince d'Orange, éperdu et

intrépide, criait aux Hollando-Belges : *Nassau! Brunswick! jamais en arrière!* Hill, affaibli, venait s'adosser
à Wellington, Picton était mort. Dans la même minute
où les Anglais avaient enlevé aux Français le drapeau
du 105e de ligne, les Français avaient tué aux Anglais le
général Picton d'une balle à travers la tête. La bataille,
pour Wellington, avait deux points d'appui, Hougomont et
la Haie-Sainte ; Hougomont tenait encore, mais brûlait ; la
Haie-Sainte était prise. Du bataillon allemand qui la
défendait, quarante-deux hommes seulement survivaient ;
tous les officiers, moins cinq, étaient morts ou pris. Trois
mille combattants s'étaient massacrés dans cette grange.
Baring était délogé, Alten était sabré. Plusieurs drapeaux
étaient perdus, dont un de la division Alten, et un du
bataillon de Lunebourg porté par un prince de la famille
de Deux-Ponts. Les Écossais gris[1] n'existaient plus ; les
gros dragons[2] de Ponsonby étaient hachés. Cette vaillante
cavalerie avait plié sous les lanciers de Bro et sous les
cuirassiers de Travers ; de douze cents chevaux il en restait
six cents ; des trois lieutenants-colonels, deux étaient à
terre, Hamilton blessé, Mater tué. Ponsonby était tombé,
troué de sept coups de lance. Gordon était mort, Marsh
était mort. Deux divisions, la cinquième et la sixième,
étaient détruites.

Hougomont entamé, la Haie-Sainte prise, il n'y avait
plus qu'un nœud, le centre. Ce nœud-là tenait toujours.
Wellington le renforça. Il y appela Hill qui était à Merbe-
Braine, il y appela Chassé, qui était à Braine-l'Alleud.

Le centre de l'armée anglaise, un peu concave, très-dense
et très-compacte, était fortement situé. Il occupait le
plateau de Mont-Saint-Jean, ayant derrière lui le village et
devant lui la pente, assez âpre alors. Il s'adossait à cette
forte maison de pierre, qui était à cette époque un bien
domanial[3] de Nivelles et qui marque l'intersection des

routes, masse du seizième siècle si robuste que les boulets y ricochaient sans l'entamer. Tout autour du plateau, les Anglais avaient taillé çà et là les haies, fait des embrasures dans les aubépines, mis une gueule de canon entre deux branches, crénelé les buissons.[1] Leur artillerie était en embuscade sous les broussailles. Ce travail punique,[2] incontestablement autorisé par la guerre qui admet le piège, était si bien fait que Haxo, envoyé par l'empereur à neuf heures du matin pour reconnaître les batteries ennemies, n'en avait rien vu, et était revenu dire à Napoléon qu'il n'y avait pas d'obstacle, hors les deux barricades barrant les routes de Nivelles et de Genappe. C'était le moment où la moisson est haute ; sur la lisière du plateau, un bataillon de la brigade Kempt, le 95e, armé de carabines, était couché dans les grands blés.

Ainsi assuré et contre-buté, le centre de l'armée anglo-hollandaise était en bonne posture.

Le péril de cette position était la forêt de Soignes, alors contiguë au champ de bataille et coupée par les étangs de Groenendael et de Boitsfort. Une armée n'eût pu y reculer sans se dissoudre ; les régiments s'y fussent tout de suite désagrégés. L'artillerie s'y fût perdue dans les marais. La retraite, selon l'opinion de plusieurs hommes du métier, contestée par d'autres, il est vrai, eût été là un sauve-qui-peut.

Wellington ajouta à ce centre une brigade de Chassé, ôtée à l'aile droite, et une brigade de Wincke, ôtée à l'aile gauche, plus la division Clinton. A ses Anglais, aux régiments de Halkett, à la brigade de Mitchell, aux gardes de Maitland, il donna comme épaulements et contreforts l'infanterie de Brunswick, le contingent de Nassau, les Hanovriens de Kielmannsegge et les Allemands d'Ompteda. Cela lui mit sous la main vingt-six bataillons. *L'aile droite*, comme dit Charras, *fut rabattue derrière le centre.*[3] Une batterie énorme était masquée par des sacs à terre à l'endroit où est aujourd'hui ce qu'on appelle " le musée de Waterloo." Wellington avait en outre dans un pli de terrain les dragons-gardes[1] de Somerset, quatorze cents chevaux. C'était l'autre moitié de cette cavalerie anglaise, si justement célèbre. Ponsonby détruit, restait Somerset.

La batterie, qui, achevée, eût été presque une redoute, était disposée derrière un mur de jardin très bas, revêtu à la hâte d'une chemise de sacs de sable[2] et d'un large talus de terre. Cet ouvrage n'était pas fini ; on n'avait pas eu le temps de le palissader.

Wellington, inquiet, mais impassible, était à cheval, et y demeura toute la journée dans la même attitude, un peu en avant du vieux moulin de Mont-Saint-Jean, qui existe encore, sous un orme qu'un Anglais, depuis, vandale enthousiaste, a acheté deux cents francs, scié et emporté. Wellington fut là froidement héroïque. Les boulets pleuvaient. L'aide de camp Gordon venait de tomber à côté de lui. Lord Hill, lui montrant un obus qui éclatait, lui dit : — Milord, quelles sont vos instructions, et quels ordres nous laissez-vous, si vous vous faites tuer ? — *De faire comme moi*, répondit Wellington. A Clinton, il dit laconiquement : — *Tenir ici jusqu'au dernier homme.* — La journée visiblement tournait mal. Wellington criait à ses anciens compagnons de Talavera, de Vittoria et de Salamanque : — *Boys* (garçons)! *est-ce qu'on peut songer à lâcher pied? Pensez à la vieille Angleterre!*

Vers quatre heures, la ligne anglaise s'ébranla en arrière. Tout à coup on ne vit plus sur la crête du plateau que l'artillerie et les tirailleurs, le reste disparut ; les régiments, chassés par les obus et les boulets français, se replièrent dans le fond que coupe encore aujourd'hui le sentier de service[3] de la ferme de Mont-Saint-Jean ; un mouvement rétrograde se fit, le front de bataille anglais se

déroba, Wellington recula. — Commencement de retraite !
cria Napoléon.

VII.

NAPOLÉON DE BELLE HUMEUR.

L'EMPEREUR, quoique malade, n'avait jamais été de si
bonne humeur que ce jour-là. Depuis le matin, son
impénétrabilité souriait.[1] Le 18 juin 1815, cette âme
profonde, masquée de marbre, rayonnait aveuglément.
L'homme qui avait été sombre à Austerlitz fut gai à
Waterloo. Les plus grands prédestinés font de ces contre-
sens. Nos joies sont de l'ombre. Le suprême sourire est
à Dieu.

Ridet Cæsar, Pompeius flebit, disaient les légionnaires de
la légion Fulminatrix.[2] Pompée cette fois ne devait pas
pleurer, mais il est certain que César riait.

Dès la veille, la nuit, à une heure, explorant à cheval,
sous l'orage et la pluie, avec Bertrand, les collines qui
avoisinent Rossomme, satisfait de voir la longue ligne des
feux anglais illuminant tout l'horizon de Frischemont à
Braine-l'Alleud, il lui avait semblé que le destin, assigné
par lui à jour fixe sur le champ de Waterloo, était exact ;
il avait arrêté son cheval, et était demeuré quelque temps
immobile, regardant les éclairs, écoutant le tonnerre, et
on avait entendu ce fataliste jeter dans l'ombre cette
parole mystérieuse : "Nous sommes d'accord." Napoléon
se trompait. Ils n'étaient plus d'accord.

Il n'avait pas pris une minute de sommeil ; tous les
instants de cette nuit-là avaient été marqués pour lui par
une joie. Il avait parcouru toute la ligne des grand'gardes,[3]
en s'arrêtant çà et là pour parler aux vedettes. A deux
heures et demie, près du bois d'Hougomont, il avait
entendu le pas d'une colonne en marche ; il avait cru un
moment à la reculade de Wellington. Il avait dit : *C'est*

*l'arrière-garde anglaise qui s'ébranle pour décamper. Je ferai
prisonniers les six mille Anglais qui viennent d'arriver à
Ostende.* Il causait avec expansion ; il avait retrouvé cette
verve du débarquement du 1ᵉʳ mars,[1] quand il montrait au
grand-maréchal le paysan enthousiaste du golfe Juan,[2] en
s'écriant : — *Eh bien, Bertrand, voilà déjà du renfort !* La
nuit du 17 au 18 juin, il raillait Wellington. — *Ce petit
Anglais a besoin d'une leçon,* disait Napoléon. La pluie
redoublait ; il tonnait pendant que l'empereur parlait.

A trois heures et demie du matin, il avait perdu une
illusion ; des officiers envoyés en reconnaissance lui avaient
annoncé que l'ennemi ne faisait aucun mouvement. Rien
ne bougeait ; pas un feu de bivouac n'était éteint. L'armée
anglaise dormait. Le silence était profond sur la terre ;
il n'y avait de bruit que dans le ciel. A quatre heures, un
paysan lui avait été amené par les coureurs ; ce paysan
avait servi de guide à une brigade de cavalerie anglaise,
probablement la brigade Vivian, qui allait prendre position
au village d'Ohain, à l'extrême gauche. A cinq heures,
deux déserteurs belges lui avaient rapporté qu'ils venaient
de quitter leur régiment, et que l'armée anglaise attendait
la bataille. — *Tant mieux !* s'était écrié Napoléon. *J'aime
encore mieux les culbuter que les refouler.*

Le matin, sur la berge qui fait l'angle du chemin de
Plancenoit, il avait mis pied à terre dans la boue, s'était
fait apporter de la ferme de Rossomme une table de cuisine
et une chaise de paysan, s'était assis, avec une botte de
paille pour tapis, et avait déployé sur la table la carte du
champ de bataille, en disant à Soult : *Joli échiquier !*

Par suite des pluies de la nuit, les convois de vivres,
empêtrés dans les routes défoncées, n'avaient pu arriver le
matin ; le soldat n'avait pas dormi, était mouillé et était à
jeun ; cela n'avait pas empêché Napoléon de crier allègre-
ment à Ney : *Nous avons quatre-vingt-dix chances sur cent.*

A huit heures, on avait apporté le déjeuner de l'empereur. Il y avait invité plusieurs généraux.

Après le déjeuner, il s'était recueilli un quart d'heure, puis deux généraux s'étaient assis sur la botte de paille, une plume à la main, une feuille de papier sur le genou, et l'empereur leur avait dicté l'ordre de bataille.

A neuf heures, à l'instant où l'armée française, échelonnée et mise en mouvement sur cinq colonnes, s'était déployée, les divisions sur deux lignes, l'artillerie entre les brigades, musique en tête, battant aux champs,[1] avec les roulements des tambours et les sonneries des trompettes, puissante, vaste, joyeuse, mer de casques, de sabres et de bayonnettes sur l'horizon, l'empereur, ému, s'était écrié à deux reprises : Magnifique ! magnifique !

De neuf heures à dix heures et demie, toute l'armée, ce qui semble incroyable, avait pris position et s'était rangée sur six lignes, formant, pour répéter l'expression de l'empereur, "la figure de six V." Quelques instants après la formation du front en bataille, au milieu de ce profond silence de commencement d'orage qui précède les mêlées, voyant défiler les trois batteries de douze,[2] détachées sur son ordre des trois corps d'Erlon, de Reille et de Lobau, et destinées à commencer l'action en battant Mont-Saint-Jean où est l'intersection des routes de Nivelles et de Genappe, l'empereur avait frappé sur l'épaule de Haxo en lui disant : *Voilà vingt-quatre belles filles,*[3] *général.*

Sûr de l'issue, il avait encouragé d'un sourire, à son passage devant lui, la compagnie de sapeurs du premier corps, désignée par lui pour se barricader dans Mont-Saint-Jean, sitôt le village enlevé. Toute cette sérénité n'avait été traversée que par un mot de pitié hautaine ; en voyant à sa gauche, à un endroit où il y a aujourd'hui une grande tombe, se masser avec leurs chevaux superbes ces admirables Écossais gris, il avait dit : *C'est dommage.*

Puis il était monté à cheval, s'était porté en avant de Rossomme, et avait choisi pour observatoire une étroite croupe de gazon à droite de la route de Genappe à Bruxelles qui fut sa seconde station pendant la bataille. La troisième station, celle de sept heures du soir, entre la Belle-Alliance et la Haie-Sainte, est redoutable ; c'est un tertre assez élevé qui existe encore, et derrière lequel la garde était massée dans une déclivité de la plaine. Autour de ce tertre, les boulets ricochaient sur le pavé de la chaussée jusqu'à Napoléon. Comme à Brienne,[1] il avait sur sa tête le sifflement des balles et des biscaïens.[2]

Les ondulations des plaines diversement inclinées où eut lieu la rencontre de Napoléon et de Wellington ne sont plus, personne ne l'ignore, ce qu'elles étaient le 18 juin 1815. En prenant à ce champ funèbre de quoi lui faire un monument, on lui a ôté son relief réel, et l'histoire déconcertée ne s'y reconnaît plus. Pour le glorifier, on l'a défiguré. Wellington, deux ans après, revoyant Waterloo, s'est écrié : *On m'a changé mon champ de bataille.* Là où est aujourd'hui la grosse pyramide de terre surmontée du lion, il y avait une crête qui vers la route de Nivelles s'abaissait en rampe praticable, mais qui, du côté de la chaussée de Genappe, était presque un escarpement. L'élévation de cet escarpement peut encore être mesurée aujourd'hui par la hauteur des deux tertres des deux grandes sépultures qui encaissent la route de Genappe à Bruxelles ; l'une, le tombeau anglais, à gauche ; l'autre, le tombeau allemand, à droite. Il n'y a point de tombeau français. Pour la France, toute cette plaine est sépulcre. Grâce aux mille et mille charretées de terre employées à la butte de cent cinquante pieds de haut et d'un demi-mille de circuit, le plateau de Mont-Saint-Jean est aujourd'hui accessible en pente douce ; le jour de la bataille, surtout du côté de la Haie-Sainte, il était d'un abord âpre et abrupt. Le versant là était si incliné que les canons anglais ne voyaient pas au-dessous d'eux la ferme située au fond du vallon, centre du combat. Le 18 juin 1815, les pluies avaient encore raviné cette roideur, la fange compliquait la montée, et non-seulement on gravissait, mais on s'embourbait. Le long de la crête du plateau courait une sorte de fossé impossible à deviner pour un observateur lointain.

Qu'était-ce que ce fossé ? Disons-le. Braine-l'Alleud est un village de Belgique, Ohain en est un autre. Ces villages, cachés tous les deux dans des courbes de terrain, sont joints par un chemin d'une lieue et demie environ qui traverse une plaine à niveau ondulant, et souvent entre et s'enfonce dans des collines comme un sillon, ce qui fait que sur divers points cette route est un ravin. En 1815, comme aujourd'hui, cette route coupait la crête du plateau de Mont-Saint-Jean entre les deux chaussées de Genappe et de Nivelles ; seulement, elle est aujourd'hui de plain-pied avec la plaine ; elle était alors chemin creux. On lui a pris ses deux talus pour la butte-monument. Cette route était et est encore une tranchée dans la plus grande partie de son parcours ; tranchée creuse quelquefois d'une douzaine de pieds et dont les talus trop escarpés s'écroulaient çà et là, surtout en hiver, sous les averses. Des accidents y arrivaient. La route était si étroite à l'entrée de Braine-l'Alleud qu'un passant y avait été broyé par un chariot.

Un jour de bataille, ce chemin creux dont rien n'avertissait, bordant la crête de Mont-Saint-Jean, fossé au sommet de l'escarpement, ornière cachée dans les terres, était invisible, c'est-à-dire terrible.

VIII.

L'EMPEREUR FAIT UNE QUESTION AU GUIDE LACOSTE.

Donc, le matin de Waterloo, Napoléon était content.

Il avait raison ; le plan de bataille, conçu par lui, nous l'avons constaté, était en effet admirable.

Une fois la bataille engagée, ses péripéties très diverses, la résistance d'Hougomont, la ténacité de la Haie-Sainte, Bauduin tué, Foy mis hors de combat, la muraille inattendue où s'était brisée la brigade Soye, l'étourderie fatale de Guilleminot n'ayant ni pétards ni sacs à poudre, l'embóurbement des batteries, les quinze pièces sans escorte culbutées par Uxbridge dans un chemin creux, le peu d'effet des bombes tombant dans les lignes anglaises, s'y enfouissant dans le sol détrempé par les pluies et ne réussissant qu'à y faire des volcans de boue, de sorte que la mitraille se changeait en éclaboussure, l'inutilité de la démonstration de Piré sur Braine-l'Alleud, toute cette cavalerie, quinze escadrons, à peu près annulée, l'aile droite anglaise mal inquiétée, l'aile gauche mal entamée, l'étrange malentendu de Ney massant, au lieu de les échelonner, les quatre divisions du premier corps, des épaisseurs de vingt-sept rangs et des fronts de deux cents hommes livrés de la sorte à la mitraille, l'effrayante trouée des boulets dans ces masses, les colonnes d'attaque désunies, la batterie d'écharpe[1] brusquement démasquée sur leur flanc, Bourgeois, Donzelot et Durutte compromis, Quiot repoussé, le lieutenant Vieux, cet hercule sorti de l'école polytechnique, blessé au moment où il enfonçait à coups de hache la porte de la Haie-Sainte sous le feu plongeant de la barricade anglaise barrant le coude de la route de Genappe à Bruxelles, la division Marcognet, prise entre l'infanterie et la cavalerie, fusillée à bout portant[2] dans les blés par Best et

Pack, sabrée par Ponsonby, sa batterie de sept pièces enclouée, le prince de Saxe-Weimar tenant et gardant, malgré le comte d'Erlon, Frischemont et Smohain, le drapeau du 105ᵉ pris, le drapeau du 45ᵉ pris, ce hussard noir prussien arrêté par les coureurs de la colonne volante de trois cents chasseurs battant l'estrade[1] entre Wavre et Plancenoit, les choses inquiétantes que ce prisonnier avait dites, le retard de Grouchy, les quinze cents hommes tués en moins d'une heure dans le verger d'Hougomont, les dix-huit cents hommes couchés en moins de temps encore autour de la Haie-Sainte, tous ces incidents orageux, passant comme les nuées de la bataille devant Napoléon, avaient à peine troublé son regard et n'avaient point assombri cette face impériale de la certitude. Napoléon était habitué à regarder la guerre fixement ; il ne faisait jamais chiffre à chiffre l'addition poignante du détail ; les chiffres lui importaient peu, pourvu qu'ils donnassent ce total : victoire ; que les commencéments s'égarassent, il ne s'en alarmait point, lui qui se croyait maître et possesseur de la fin ; il savait attendre, se supposant hors de question, et il traitait le destin d'égal à égal. Il paraissait dire au sort : Tu n'oserais pas.

Mi-parti lumière et ombre, Napoléon se sentait protégé dans le bien et toléré dans le mal. Il avait, ou croyait avoir pour lui, une connivence, on pourrait presque dire une complicité des événements, équivalente à l'antique invulnérabilité.

Pourtant, quand on a derrière soi la Bérésina, Leipsick et Fontainebleau,[2] il semble qu'on pourrait se défier de Waterloo. Un mystérieux froncement de sourcil devient visible au fond du ciel.

Au moment où Wellington rétrograda, Napoléon tressaillit. Il vit subitement le plateau de Mont-Saint-Jean se dégarnir et le front de l'armée anglaise disparaître.

Elle se ralliait, mais se dérobait. L'empereur se souleva à demi sur ses étriers. L'éclair de la victoire passa dans ses yeux.

Wellington acculé à la forêt de Soignes et détruit, c'était le terrassement définitif de l'Angleterre par la France; c'était Crécy, Poitiers, Malplaquet et Ramillies vengés. L'homme de Marengo raturait Azincourt.

L'empereur alors, méditant la péripétie terrible, promena une dernière fois sa lunette sur tous les points du champ de bataille. Sa garde, l'arme au pied derrière lui, l'observait d'en bas avec une sorte de religion. Il songeait; il examinait les versants, notait les pentes, scrutait le bouquet d'arbres, le carré de seigles, le sentier; il semblait compter chaque buisson. Il regarda avec quelque fixité les barricades anglaises des deux chaussées, deux larges abatis d'arbres, celle de la chaussée de Genappe au-dessus de la Haie-Sainte, armée de deux canons, les seuls de toute l'artillerie anglaise qui vissent le fond du champ de bataille, et celle de la chaussée de Nivelles où étincelaient les bayonnettes hollandaises de la brigade Chassé. Il remarqua près de cette barricade la vieille chapelle de Saint-Nicolas peinte en blanc qui est à l'angle de la traverse vers Braine-l'Alleud. Il se pencha et parla à demi-voix au guide Lacoste. Le guide fit un signe de tête négatif, probablement perfide.

L'empereur se redressa et se recueillit.

Wellington avait reculé. Il ne restait plus qu'à achever ce recul par un écrasement.

Napoléon, se retournant brusquement, expédia une estafette à franc étrier à Paris pour y annoncer que la bataille était gagnée.

Napoléon était un de ces génies d'où sort le tonnerre.

Il venait de trouver son coup de foudre.

Il donna l'ordre aux cuirassiers de Milhaud d'enlever le plateau de Mont-Saint-Jean.

IX.

L'INATTENDU.

Ils étaient trois mille cinq cents. Ils faisaient un front d'un quart de lieue. C'étaient des hommes géants sur des chevaux colosses. Ils étaient vingt-six escadrons; et ils avaient derrière eux, pour les appuyer, la division de Lefebvre-Desnouettes, les cent six gendarmes d'élite, les chasseurs de la garde, onze cent quatre-vingt-dix-sept hommes, et les lanciers de la garde, huit cent quatre-vingts lances. Ils portaient le casque sans crins et la cuirasse de fer battu, avec les pistolets d'arçon dans les fontes et le long sabre-épée. Le matin toute l'armée les avait admirés, quand, à neuf heures, les clairons sonnant, toutes les musiques chantant: *Veillons au salut de l'empire*, ils étaient venus, colonne épaisse, une de leurs batteries à leur flanc, l'autre à leur centre, se déployer sur deux rangs entre la chaussée de Genappe et Frischemont, et prendre leur place de bataille dans cette puissante deuxième ligne, si savamment composée par Napoléon, laquelle, ayant à son extrémité de gauche les cuirassiers de Kellermann et à son extrémité de droite les cuirassiers de Milhaud, avait, pour ainsi dire, deux ailes de fer.

L'aide de camp Bernard leur porta l'ordre de l'empereur. Ney tira son épée et prit la tête. Les escadrons énormes s'ébranlèrent.

Alors on vit un spectacle formidable.

Toute cette cavalerie, sabres levés, étendards et trompettes au vent, formée en colonne par divisions, descendit, d'un même mouvement et comme un seul homme, avec la précision d'un bélier de bronze qui ouvre une brèche, la colline de la Belle-Alliance, s'enfonça dans le fond redoutable où tant d'hommes déjà étaient tombés, y disparut dans la fumée, puis, sortant de cette ombre, reparut de l'autre côté du vallon, toujours compacte et serrée, montant au grand trot, à travers un nuage de mitraille crevant sur elle, l'épouvantable pente de boue du plateau de Mont-Saint-Jean. Ils montaient, graves, menaçants, imperturbables ; dans les intervalles de la mousqueterie et de l'artillerie, on entendait ce piétinement colossal. Étant deux divisions, ils étaient deux colonnes ; la division Wathier avait la droite, la division Delord avait la gauche. On croyait voir de loin s'allonger vers la crête du plateau deux immenses couleuvres d'acier. Cela traversa la bataille comme un prodige.

Rien de semblable ne s'était vu depuis la prise de la grande redoute de la Moskowa[1] par la grosse cavalerie ; Murat[2] y manquait, mais Ney s'y retrouvait. Il semblait que cette masse était devenue monstre et n'eût qu'une âme. Chaque escadron ondulait et se gonflait comme un anneau du polype. On les apercevait à travers une vaste fumée déchirée çà et là. Pêle-mêle de casques, de cris, de sabres, bondissement orageux des croupes des chevaux dans le canon et la fanfare, tumulte discipliné et terrible ; là-dessus les cuirasses, comme les écailles sur l'hydre.

Ces récits semblent d'un autre âge. Quelque chose de pareil à cette vision apparaissait sans doute dans les vieilles épopées orphiques[3] racontant les hommes-chevaux,[4] les antiques hippanthropes, ces titans à face humaine et à poitrail équestre dont le galop escalada l'Olympe, horribles, invulnérables, sublimes ; dieux et bêtes.

Bizarre coïncidence numérique, vingt-six bataillons allaient recevoir ces vingt-six escadrons. Derrière la crête du plateau, à l'ombre de la batterie masquée, l'infanterie anglaise, formée en treize carrés, deux bataillons par carré, et sur deux lignes, sept sur la première, six sur la seconde, la crosse à l'épaule, couchant en joue ce qui allait venir, calme, muette, immobile, attendait. Elle ne voyait pas les cuirassiers et les cuirassiers ne la voyaient pas. Elle écoutait monter cette marée d'hommes. Elle entendait le grossissement du bruit des trois mille chevaux, le frappement alternatif et symétrique des sabots au grand trot, le froissement des cuirasses, le cliquetis des sabres, et une sorte de grand souffle farouche. Il y eut un silence redoutable ; puis, subitement, une longue file de bras levés brandissant des sabres apparut au-dessus de la crête, et les casques, et les trompettes, et les étendards, et trois mille têtes à moustaches grises criant : Vive l'empereur ! Toute cette cavalerie déboucha sur le plateau, et ce fut comme l'entrée d'un tremblement de terre.

Tout à coup, chose tragique, à la gauche des Anglais, à notre droite, la tête de colonne des cuirassiers se cabra avec une clameur effroyable. Parvenus au point culminant de la crête, effrénés, tout à leur furie et à leur course d'extermination sur les carrés et les canons, les cuirassiers venaient d'apercevoir entre eux et les Anglais un fossé, une fosse. C'était le chemin creux d'Ohain.

L'instant fut épouvantable. Le ravin était là, inattendu, béant, à pic sous les pieds des chevaux, profond de deux toises entre son double talus ; le second rang y poussa le premier, et le troisième y poussa le second ; les chevaux se dressaient, se rejetaient en arrière, tombaient sur la croupe, glissaient les quatre pieds en l'air, pilant et bouleversant les cavaliers, aucun moyen de reculer, toute la colonne n'était plus qu'un projectile, la force acquise pour écraser les Anglais écrasa les Français, le ravin inexorable ne pouvait se rendre que comblé, cavaliers et chevaux y roulèrent pêle-mêle se broyant les uns les autres, ne faisant qu'une chair dans ce gouffre, et, quand cette fosse fut pleine d'hommes vivants, on marcha dessus et le reste passa. Presque un tiers de la brigade Dubois croula dans cet abîme.

Ceci commença la perte de la bataille.

Une tradition locale, qui exagère évidemment, dit que deux mille chevaux et quinze cents hommes furent ensevelis dans le chemin creux d'Ohain. Ce chiffre vraisemblablement comprend tous les autres cadavres qu'on jeta dans ce ravin le lendemain du combat.

Notons en passant que c'était cette brigade Dubois, si funestement éprouvée, qui, une heure auparavant, chargeant à part, avait enlevé le drapeau du bataillon de Lunebourg.

Napoléon, avant d'ordonner cette charge des cuirassiers de Milhaud, avait scruté le terrain, mais n'avait pu voir ce chemin creux qui ne faisait même pas une ride à la surface du plateau. Averti, pourtant, et mis en éveil par la petite chapelle blanche qui en marque l'angle sur la chaussée de Nivelles, il avait fait, probablement sur l'éventualité d'un obstacle, une question au guide Lacoste. Le guide avait répondu non. On pourrait presque dire que de ce signe de tête d'un paysan est sortie la catastrophe de Napoléon.

D'autres fatalités encore devaient surgir.

Était-il possible que Napoléon gagnât cette bataille ? Nous répondons non. Pourquoi ? A cause de Wellington ? à cause de Blücher ? Non. A cause de Dieu.

Bonaparte vainqueur à Waterloo, ceci n'était plus dans la loi du dix-neuvième siècle. Une autre série de faits se préparait, où Napoléon n'avait plus de place. La mauvaise volonté des événements s'était annoncée de longue date.

Il était temps que cet homme vaste tombât.

L'excessive pesanteur de cet homme dans la destinée humaine troublait l'équilibre. Cet individu comptait à lui seul plus que le groupe universel. Ces pléthores de toute la vitalité humaine concentrée dans une seule tête, le monde montant au cerveau d'un homme, cela serait mortel à la civilisation, si cela durait. Le 'moment était venu pour l'incorruptible équité suprême d'aviser. Probablement les principes et les éléments d'où dépendent les gravitations régulières dans l'ordre moral comme dans l'ordre matériel, se plaignaient. Le sang qui fume, le trop-plein des cimetières, les mères en larmes, ce sont des plaidoyers redoutables. Il y a, quand la terre souffre d'une surcharge, de mystérieux gémissements de l'ombre, que l'abîme entend.

Napoléon avait été dénoncé dans l'infini, et sa chute était décidée.

Il gênait Dieu.

Waterloo n'est point une bataille ; c'est le changement de front de l'univers.

X.

LE PLATEAU DE MONT SAINT-JEAN.

En même temps que le ravin, la batterie s'était démasquée.

Soixante canons et les treize carrés foudroyèrent les cuirassiers à bout portant. L'intrépide général Delord fit le salut militaire à la batterie anglaise.

Toute l'artillerie volante[1] anglaise était rentrée au galop dans les carrés. Les cuirassiers n'eurent pas même un temps d'arrêt. Le désastre du chemin creux les avaient décimés, mais non découragés. C'étaient de ces hommes qui, diminués de nombre, grandissent de cœur.

La colonne Wathier seule avait souffert du désastre ; la colonne Delord, que Ney avait fait obliquer à gauche, comme s'il pressentait l'embûche, était arrivée entière.

Les cuirassiers se ruèrent sur les carrés anglais.

Ventre à terre,[2] brides lâchées, sabre aux dents, pistolets au poing, telle fut l'attaque.

Il y a des moments dans les batailles où l'âme durcit l'homme jusqu'à changer le soldat en statue, et où toute

cette chair se fait granit. Les bataillons anglais, éperdument assaillis, ne bougèrent pas.

Alors ce fut effrayant.

Toutes les faces des carrés anglais furent attaquées à la
fois. Un tournoiement frénétique les enveloppa. Cette
froide infanterie demeura impassible. Le premier rang,
genou en terre, recevait les cuirassiers sur les bayonnettes,
le second rang les fusillait; derrière le second rang, les
canonniers chargeaient les pièces, le front du carré s'ouvrait, laissait passer une éruption de mitraille, et se
refermait. Les cuirassiers répondaient par l'écrasement.
Leurs grands chevaux se cabraient, enjambaient les rangs,
sautaient par-dessus les bayonnettes et tombaient, gigantesques, au milieu de ces quatre murs vivants. Les boulets
faisaient des trouées dans les cuirassiers, les cuirassiers
faisaient des brèches dans les carrés. Des files d'hommes
disparaissaient broyées sous les chevaux. Les bayonnettes
s'enfonçaient dans les ventres de ces centaures. De là une
difformité de blessures qu'on n'a pas vue peut-être ailleurs.
Les carrés, rongés par cette cavalerie forcenée, se rétrécis-
saient sans broncher. Inépuisables en mitraille, ils faisaient explosion au milieu des assaillants. La figure de ce
combat était monstrueuse. Ces carrés n'étaient plus des
bataillons, c'étaient des cratères; ces cuirassiers n'étaient
plus une cavalerie, c'était une tempête. Chaque carré
était un volcan attaqué par un nuage; la lave combattait
la foudre.

Le carré extrême de droite, le plus exposé de tous, étant
en l'air,[1] fut presque anéanti dès les premiers chocs. Il
était formé du 75e régiment de highlanders. Le joueur de
cornemuse au centre, pendant qu'on s'exterminait autour
de lui, baissant dans une inattention profonde son œil
mélancolique plein du reflet des forêts et des lacs, assis
sur un tambour, son pibroch[2] sous le bras, jouait les airs

de la montagne. Ces Écossais mouraient en pensant au Ben Lothian,[1] comme les Grecs en se souvenant d'Argos. Le sabre d'un cuirassier, abattant le pibroch et le bras qui le portait, fit cesser le chant en tuant le chanteur.

Les cuirassiers, relativement peu nombreux, amoindris par la catastrophe du ravin, avaient là contre eux presque toute l'armée anglaise, mais ils se multipliaient, chaque homme valant dix. Cependant quelques bataillons hanovriens plièrent. Wellington le vit, et songea à sa cavalerie. Si Napoléon, en ce moment-là même, eût songé à son infanterie, il eût gagné la bataille. Cet oubli fut sa grande faute fatale.

Tout à coup les cuirassiers assaillants se sentirent assaillis. La cavalerie anglaise était sur leur dos. Devant eux les carrés, derrière eux Somerset; Somerset, c'étaient les quatorze cents dragons-gardes. Somerset avait à sa droite Dornberg avec les chevau-légers allemands, et à sa gauche Trip avec les carabiniers belges; les cuirassiers, attaqués en flanc et tête, en avant et ne arrière, par l'infanterie et par la cavalerie, durent faire face de tous les côtés. Que leur importait? ils étaient tourbillon. La bravoure devint inexprimable.

En outre, ils avaient derrière eux la batterie toujours tonnante. Il fallait cela pour que ces hommes fussent blessés dans le dos. Une de leurs cuirasses, trouée à l'omoplate gauche d'un biscaïen, est dans la collection du musée de Waterloo.

Pour de tels Français, il ne fallait pas moins que de tels Anglais.

Ce ne fut plus une mêlée, ce fut une ombre, une furie, un vertigineux emportement d'âmes et de courages, un ouragan d'épées éclairs. En un instant les quatorze cents dragons-gardes ne furent plus que huit cents; Fuller, leur lieutenant-colonel, tomba mort. Ney accourut avec les lanciers

et les chasseurs [1] de Lefebvre-Desnouettes. Le plateau de
Mont-Saint-Jean fut pris, repris, pris encore. Les cuirassiers quittaient la cavalerie pour retourner à l'infanterie,
ou, pour mieux dire, toute cette cohue formidable se col-
letait sans que l'un lâchât l'autre. Les carrés tenaient
toujours. Il y eut douze assauts. Ney eut quatre chevaux tués sous lui. La moitié des cuirassiers resta sur le
le plateau. Cette lutte dura deux heures.

L'armée anglaise en fut profondément ébranlée. Nul
doute que, s'ils n'eussent été affaiblis dans leur premier
choc par le désastre du chemin creux, les cuirassiers
n'eussent culbuté le centre et décidé la victoire. Cette
cavalerie extraordinaire pétrifia Clinton qui avait vu
Talavera et Badajoz.[2] Wellington, aux trois quarts
vaincu, admirait héroïquement. Il disait à demi-voix :
Sublime !

Les cuirassiers anéantirent sept carrés sur treize, prirent
ou enclouèrent soixante pièces de canon, et enlevèrent aux
régiments anglais six drapeaux, que trois cuirassiers et trois
chasseurs de la garde allèrent porter à l'empereur devant
la ferme de la Belle-Alliance.

La situation de Wellington avait empiré. Cette étrange
bataille était comme un duel entre deux blessés acharnés
qui, chacun de leur côté, tout en combattant et en se résis-
tant toujours, perdent tout leur sang. Lequel des deux
tombera le premier ?

La lutte du plateau continuait.

Jusqu'où sont allés les cuirassiers ? personne ne saurait
le dire. Ce qui est certain, c'est que, le lendemain de la
bataille un cuirassier et son cheval furent trouvés morts
dans la charpente de la bascule du pesage [3] des voitures à
Mont-Saint-Jean, au point même où s'entrecoupent et se
rencontrent les quatres routes de Nivelles, de Genappe, de
La Hulpe et de Bruxelles. Ce cavalier avait percé les

lignes anglaises. Un des hommes qui ont relevé ce cadavre vit encore à Mont-Saint-Jean. Il se nomme Dehaze. Il avait alors dix-huit ans.

Wellington se sentait pencher. La crise était proche.

Les cuirassiers n'avaient point réussi, en ce sens que le centre n'était pas enfoncé. Tout le monde ayant le plateau, personne ne l'avait, et en somme il restait pour la grande part aux Anglais. Wellington avait le village et la plaine culminante ; Ney n'avait que la crête et la pente. Des deux côtés on semblait enraciné dans ce sol funèbre.

Mais l'affaiblissement des Anglais paraissait irrémédiable. L'hémorragie de cette armée était horrible. Kempt, à l'aile gauche, réclamait du renfort. — *Il n'y en a pas,* répondait Wellington, *qu'il se fasse tuer !* — Presque à la même minute, rapprochement singulier qui peint l'épuisement des deux armées, Ney demandait de l'infanterie à Napoléon, et Napoléon s'écriait : *De l'infanterie ! où veut-il que j'en prenne ? Veut-il que j'en fasse ?*

Pourtant l'armée anglaise était la plus malade. Les poussées furieuses de ces grands escadrons à cuirasses de fer et à poitrines d'acier avaient broyé l'infanterie. Quelques hommes autour d'un drapeau marquaient la place d'un régiment, tel bataillon n'était plus commandé que par un capitaine ou par un lieutenant ; la division Alten, déjà si maltraitée à la Haie-Sainte, était presque détruite ; les intrépides Belges de la brigade Van Kluze jonchaient les seigles le long de la route de Nivelles ; il ne restait presque rien de ces grenadiers hollandais qui, en 1811, mêlés en Espagne à nos rangs, combattaient Wellington, et qui, en 1815, ralliés aux Anglais, combattaient Napoléon. La perte en officiers était considérable. Lord Uxbridge, qui le lendemain fit enterrer sa jambe, avait le genou fracassé. Si, du côté des Français, dans cette lutte des cuirassiers, Delord, Lhéritier, Colbert, Dnop, Travers et Blancard étaient hors de combat, du côté des Anglais, Alten était blessé, Barne était blessé, Delancey était tué, Van Meeren était tué, Ompteda était tué, tout l'état-major de Wellington était décimé, et l'Angleterre avait le pire partage dans ce sanglant équilibre. Le 2e régiment des gardes à pied avait perdu cinq lieutenants-colonels, quatre capitaines et trois enseignes ; le premier bataillon du 30e d'infanterie avait perdu vingt-quatre officiers et cent douze soldats ; le 79e montagnards avait vingt-quatre officiers blessés, dix-huit officiers morts, quatre cent cinquante soldats tués. Les hussards hanovriens de Cumberland, un régiment tout entier, ayant à sa tête son colonel Hacke, qui devait plus tard être jugé et cassé, avaient tourné bride devant la mêlée et étaient en fuite dans la forêt de Soignes, semant la déroute jusqu'à Bruxelles. Les charrois,[1] les prolonges,[2] les bagages, les fourgons[3] pleins de blessés, voyant les Français gagner du terrain et s'approcher de la forêt, s'y précipitaient ; les Hollandais, sabrés par la cavalerie française, criaient : Alarme ! De Vert-Coucou jusqu'à Groenendael, sur une longueur de près de deux lieues dans la direction de Bruxelles, il y avait, au dire des témoins qui existent encore, un encombrement de fuyards. Cette panique fut telle qu'elle gagna le prince de Condé à Malines et Louis XVIII à Gand. A l'exception de la faible réserve échelonnée derrière l'ambulance établie dans la ferme de Mont-Saint-Jean et des brigades Vivian et Vandeleur qui flanquaient l'aile gauche, Wellington n'avait plus de cavalerie. Nombre de batteries gisaient démontées. Ces faits sont avoués par Siborne ; et Pringle, exagérant le désastre, va jusqu'à dire que l'armée anglo-hollandaise était réduite à trente-quatre mille hommes. Le duc-de-fer[4] demeurait calme, mais ses lèvres avaient blêmi. Le commissaire autrichien Vincent, le commissaire espagnol Alava, présents à la bataille dans l'état-major anglais, croyaient le duc perdu. A cinq heures, Wellington tira sa montre, et on l'entendit murmurer ce mot sombre : *Blücher, ou la nuit !*

Ce fut vers ce moment-là qu'une ligne lointaine de bayonnettes étincela sur les hauteurs du côté de Frischemont.

Ici est la péripétie de ce drame géant.

XI.

MAUVAIS GUIDE A NAPOLÉON, BON GUIDE A BULOW.

On connaît la poignante méprise de Napoléon ; Grouchy espéré, Blücher survenant ; la mort au lieu de la vie.

La destinée a de ces tournants ; on s'attendait au trône du monde ; on aperçoit Sainte-Hélène.

Si le petit pâtre, qui servait de guide à Bülow, lieutenant de Blücher, lui eût conseillé de déboucher de la forêt au-dessus de Frischemont plutôt qu'au-dessous de Plancenoit, la forme du dix-neuvième siècle eût peut-être été différente. Napoléon eût gagné la bataille de Waterloo. Par tout autre chemin qu'au-dessous de Plancenoit, l'armée prussienne aboutissait à un ravin infranchissable à l'artillerie, et Bülow n'arrivait pas.

Or, une heure de retard, c'est le général prussien Muffling qui le déclare, et Blücher n'aurait plus trouvé Wellington debout ; "la bataille était perdue."

Il était temps, on le voit, que Bülow arrivât. Il avait du reste été fort retardé. Il avait bivouaqué à Dion-le-Mont et était parti dès l'aube. Mais les chemins étaient impraticables et ses divisions s'étaient embourbées. Les ornières venaient au moyeu des canons. En outre, il avait fallu passer la Dyle sur l'étroit pont de Wavre ; la rue menant au pont avait été incendiée par les Français ; les caissons et les fourgons de l'artillerie, ne pouvant passer entre deux rangs de maisons en feu, avaient dû attendre que

l'incendie fût éteint.   Il était midi que l'avant-garde de
Bülow n'avait pu encore atteindre Chapelle-Saint-Lambert.

L'action, commencée deux heures plus tôt, eût été finie
à quatre heures, et Blücher serait tombé sur la bataille
gagnée par Napoléon.   Tels sont ces immenses hasards,
proportionnés à un infini qui nous échappe.

Dès midi, l'empereur, le premier, avec sa longue-vue,
avait aperçu à l'extrême horizon quelque chose qui avait
fixé son attention.   Il avait dit : — Je vois là-bas un nuage
qui me paraît être des troupes.   Puis il avait demandé au
duc de Dalmatie : — Soult, que voyez-vous vers Chapelle-
Saint-Lambert ? — Le maréchal braquant sa lunette avait
répondu : — Quatre ou cinq mille hommes, sire.   Évidemment Grouchy. — Cependant cela restait immobile dans la
brume.   Toutes les lunettes de l'état-major avaient étudié
" le nuage " signalé par l'empereur.   Quelques-uns avaient
dit : Ce sont des colonnes qui font halte.   La plupart
avaient dit : Ce sont des arbres.   La vérité est que le
nuage ne remuait pas.   L'empereur avait détaché en reconnaissance vers ce point obscur la division de cavalerie
légère de Domon.

Bülow en effet n'avait pas bougé.   Son avant-garde était
très faible, et ne pouvait rien.   Il devait attendre le gros
du corps d'armée et il avait l'ordre de se concentrer avant
d'entrer en ligne ; mais à cinq heures, voyant le péril de
Wellington, Blücher ordonna à Bülow d'attaquer, et dit ce
mot remarquable : "Il faut donner de l'air à l'armée
anglaise."

Peu après, les divisions Losthin, Hiller, Hacke et Rys-
sel se déployaient devant le corps de Lobau, la cavalerie
du prince Guillaume de Prusse débouchait du bois de
Paris, Plancenoit était en flammes, et les boulets prussiens
commençaient à pleuvoir jusque dans les rangs de la garde
en réserve derrière Napoléon.

XII.

LA GARDE.

On sait le reste; l'irruption d'une troisième armée, la bataille disloquée, quatre-vingt-six bouches à feu tonnant tout à coup, Pirch 1ᵉʳ survenant avec Bülow, la cavalerie de Zieten menée par Blücher en personne, les Français refoulés, Marcognet balayé du plateau d'Ohain, Durutte délogé de Papelotte, Donzelot et Quiot reculant, Lobau pris en écharpe,[1] une nouvelle bataille se précipitant à la nuit tombante sur nos régiments démantelés, toute la ligne anglaise reprenant l'offensive et poussée en avant, la gigantesque trouée faite dans l'armée française, la mitraille anglaise et la mitraille prussienne s'entr'aidant, l'extermination, le désastre de front, le désastre en flanc, la garde entrant en ligne sous cet épouvantable écroulement.

Comme elle sentait qu'elle allait mourir, elle cria : Vive l'empereur ! L'histoire n'a rien de plus émouvant que cette agonie éclatant en acclamations.

Le ciel avait été couvert toute la journée. Tout à coup, en ce moment-là même, il était huit heures du soir, les nuages de l'horizon s'écartèrent et laissèrent passer, à travers les ormes de la route de Nivelles, la grande rougeur sinistre du soleil qui se couchait. On l'avait vu se lever à Austerlitz.

Chaque bataillon de la garde, pour ce dénouement, était commandé par un général. Friant, Michel, Roguet, Mallet, Harlet, Poret de Morvan, étaient là. Quand les hauts bonnets[2] des grenadiers de la garde avec la large plaque à l'aigle apparurent, symétriques, alignés, tranquilles, dans la brume de cette mêlée, l'ennemi sentit le respect de la France; on crut voir vingt victoires entrer sur le champ de bataille, ailes déployées, et ceux qui étaient vainqueurs, s'estimant vaincus, reculèrent ; mais Wellington cria : *Debout, gardes, et visez juste !* Le régiment rouge des gardes anglaises, couché derrière les haies, se leva, une nuée de mitraille cribla le drapeau tricolore frissonnant autour de nos aigles, tous se ruèrent et le suprême carnage commença. La garde impériale sentit dans l'ombre l'armée lâchant pied autour d'elle, et le vaste ébranlement de la déroute, elle entendit le sauve-qui-peut ! qui avait remplacé le vive l'empereur ! et, avec la fuite derrière elle, elle continua d'avancer, de plus en plus foudroyée et mourant davantage à chaque pas qu'elle faisait. Il n'y eut point d'hésitants ni de timides. Le soldat dans cette troupe était aussi héros que le général. Pas un homme ne manqua au suicide.

Ney, éperdu, grand de toute la hauteur de la mort acceptée, s'offrait à tous les coups dans cette tourmente. Il eut là son cinquième cheval tué sous lui. En sueur, la flamme aux yeux, l'écume aux lèvres, l'uniforme déboutonné, une de ses épaulettes à demi coupée par le coup de sabre d'un horse-guard, sa plaque de grand-aigle bosselée par une balle, sanglant, fangeux, magnifique, une épée cassée à la main, il disait : *Venez voir comment meurt un maréchal de France sur le champ de bataille !* Mais en vain ; il ne mourut pas. Il était hagard et indigné. Il jetait à Drouet d'Erlon cette question : *Est-ce que tu ne te fais pas tuer, toi ?* Il criait au milieu de toute cette artillerie écrasant une poignée d'hommes : — *Il n'y a donc rien pour moi ! Oh ! je voudrais que tous ces boulets anglais m'entrassent dans le ventre !* — Tu étais réservé à des balles françaises, infortuné !

XIII.

LA CATASTROPHE.

La déroute derrière la garde fut lugubre.

L'armée plia brusquement de tous les côtés à la fois, de Hougomont, de la Haie-Sainte, de Papelotte, de Plancenoit. Le cri : Trahison ! fut suivi du cri : Sauve-qui-peut ! Une armée qui se débande, c'est un dégel. Tout fléchit, se fêle, craque, flotte, roule, tombe, se heurte, se hâte, se précipite. Désagrégation inouïe. Ney emprunte un cheval, saute dessus, et, sans chapeau, sans cravate, sans épée, se met en travers de la chaussée de Bruxelles, arrêtant à la fois les Anglais et les Français. Il tâche de retenir l'armée, il la rappelle, il l'insulte, il se cramponne à la déroute. Il est débordé. Les soldats le fuient, en criant : *Vive le maréchal Ney!* Deux régiments de Durutte vont et viennent effarés et comme ballottés entre le sabre des uhlans et la fusillade des brigades de Kempt, de Best, de Pack et de Rylandt ; la pire des mêlées, c'est la déroute ; les amis s'entre-tuent pour fuir ; les escadrons et les bataillons se brisent et se dispersent les uns contre les autres, énorme écume de la bataille. Lobau à une extrémité comme Reille à l'autre sont roulés dans le flot. En vain Napoléon fait des murailles avec ce qui lui reste de la garde ; en vain il dépense à un dernier effort ses escadrons de service. Quiot recule devant Vivian, Kellermann devant Vandeleur, Lobau devant Bülow, Morand devant Pirch, Domon et Subervic devant le prince Guillaume de Prusse. Guyot, qui a mené à la charge les escadrons de l'empereur, tombe sous les pieds des dragons anglais. Napoléon court au galop le long des fuyards, les harangue, presse, menace, supplie. Toutes les bouches qui criaient le matin vive l'empereur ! restent béantes ; c'est à peine si on le connaît. La cavalerie prussienne, fraîche venue, s'élance, vole, sabre, taille, hache, tue, extermine.   Les attelages se ruent, les canons se sauvent ; les soldats du train détellent les caissons et en prennent les chevaux pour s'échapper ; des fourgons culbutés les quatre roues en l'air entravent la route et sont des occasions de massacre.   On s'écrase, on se foule, on marche sur les morts et sur les vivants.   Les bras sont éperdus.   Une multitude vertigineuse emplit les routes, les sentiers, les ponts, les plaines, les collines, les vallées, les bois, encombrés par cette évasion de quarante mille hommes.   Cris, désespoir, sacs et fusils jetés dans les seigles, passages frayés à coups d'épée, plus de camarades, plus d'officiers, plus de généraux, une inexprimable épouvante.   Zieten sabrant la France à son aise.   Les lions devenus chevreuils.   Telle fut cette fuite.

À Genappe, on essaya de se retourner, de faire front, d'enrayer. Lobau rallia trois cents hommes. On barricada l'entrée du village, mais à la première volée de la mitraille prussienne, tout se remit à fuir, et Lobau fut pris. On voit encore aujourd'hui cette volée de mitraille empreinte sur le vieux pignon d'une masure en brique à droite de la route, quelques minutes avant d'entrer à Genappe. Les Prussiens s'élancèrent dans Genappe, furieux sans doute d'être si peu vainqueurs. La poursuite fut monstrueuse. Blücher ordonna l'extermination. Roguet avait donné ce lugubre exemple de menacer de mort tout grenadier français qui lui amènerait un prisonnier prussien. Blücher dépassa Roguet. Le général de la jeune garde, Duhesme, acculé sur la porte d'une auberge de Genappe, rendit son épée à un hussard de la mort[1] qui prit l'épée et tua le prisonnier. La victoire s'acheva par l'assassinat des vaincus. Punissons, puisque nous sommes l'histoire : le vieux Blücher se déshonora. Cette férocité mit le comble au désastre. La déroute désespérée traversa Genappe, traversa les Quatre-

Bras, traversa Gosselies, traversa Frasnes, traversa Charle-
roi, traversa Thuin, et ne s'arrêta qu'à la frontière. Hélas !
et qui donc fuyait de la sorte ? la grande armée.‾

Ce vertige, cette terreur, cette chute en ruine de la plus
haute bravoure qui ait jamais étonné l'histoire, est-ce que
cela est sans cause ? Non. L'ombre d'une droite énorme
se projette sur Waterloo. C'est la journée du destin. La
force au-dessus de l'homme a donné ce jour-là. De là, le
pli épouvanté des têtes ; de là, toutes ces grandes âmes
rendant leur épée. Ceux qui avaient vaincu l'Europe sont
tombés terrassés, n'ayant plus rien à dire ni à faire, sentant
dans l'ombre une présence terrible. *Hoc erat in fatis.*[1] Ce
jour-là, la perspective du genre humain a changé. Waterloo, c'est le gond du dix-neuvième siècle. La disparition du
grand homme était nécessaire à l'avènement du grand siècle.
Quelqu'un à qui on ne réplique pas s'en est chargé. La panique des héros s'explique. Dans la bataille de Waterloo, il
y a plus que du nuage, il y a du météore. Dieu a passé.

A la nuit tombante, dans un champ près de Genappe,
Bernard et Bertrand saisirent par un pan de sa redingote
et arrêtèrent un homme hagard, pensif, sinistre, qui,
entraîné jusque-là par le courant de la déroute, venait de
mettre pied à terre, avait passé sous son bras la bride de
son cheval, et, l'œil égaré, s'en retournait seul vers Waterloo. C'était Napoléon, essayant encore d'aller en avant,
immense somnambule de ce rêve écroulé.

XIV–XIX.

[Après la bataille et la déroute les voleurs rôdent parmi les morts
et les blessés et les dépouillent. L'un de ces maraudeurs, Thénardier,
a volé la montre, la bague et la bourse d'un officier, le baron Pontmercy, grièvement blessé, qui reprend ses sens et croit avoir été aidé
par le maraudeur. Il déclare lui devoir la vie et lui demande son nom ;
puis il est emporté par une patrouille tandis que Thénardier s'enfuit
avec son butin.]

LIVRES DEUXIÈME ET TROISIÈME.

LE VAISSEAU L'ORION. — ACCOMPLISSEMENT DE LA PROMESSE FAITE À LA MORTE.

———

[Jean Valjean, repris, est condamné à mort; le roi commue la peine en celle des travaux forcés à perpétuité. Il réussit à s'échapper du bagne en effectuant le sauvetage d'un marin à bord du vaisseau de guerre l'*Orion*, et se rend à Montfermeil, où se trouve Cosette, la fille de Fantine, que les Thénardier traitent avec la dernière brutalité. Il la délivre et l'emmène avec lui à Paris.]

I.

MAÎTRE GORBEAU.

Il y a quarante ans, le promeneur solitaire qui s'aventu-
rait dans les pays perdus de la Salpêtrière[1] et qui montait
par le boulevard jusque vers la barrière d'Italie,[2] arrivait à
des endroits où l'on eût pu dire que Paris disparaissait.
Ce n'était pas la solitude, il y avait des passants; ce
n'était pas la campagne, il y avait des maisons et des rues;
ce n'était pas une ville, les rues avaient des ornières comme
les grandes routes et l'herbe y poussait; ce n'était pas un
village, les maisons étaient trop hautes. Qu'était-ce donc?
C'était un lieu habité où il n'y avait personne, c'était un
lieu désert où il y avait quelqu'un; c'était un boulevard de
la grande ville, une rue de Paris, plus farouche la nuit
qu'une forêt, plus morne le jour qu'un cimetière.

C'était le vieux quartier du Marché-aux-Chevaux.

Ce promeneur, s'il se risquait au delà des quatre murs
caducs de ce Marché-aux-Chevaux, s'il consentait même à
dépasser la rue du Petit-Banquier, après avoir laissé à sa
droite un courtil[3] gardé par de hautes murailles, puis un
pré où se dressaient des meules de tan pareilles à des
huttes de castors gigantesques, puis un enclos encombré de
bois de charpente avec des tas de souches, de sciures et de
copeaux au haut desquels aboyait un gros chien, puis un
long mur bas tout en ruine avec une petite porte noire et
en deuil, chargée de mousses qui s'emplissaient de fleurs au

printemps, puis, au plus désert, une affreuse bâtisse décré-
pite sur laquelle on lisait en grosses lettres : DÉFENCE
D'AFFICHER, ce promeneur hasardeux atteignait l'angle
de la rue des Vignes-Saint-Marcel, latitudes peu connues.
Là, près d'une usine et entre deux murs de jardins, on
voyait en ce temps-là une masure qui, au premier coup
d'œil, semblait petite comme une chaumière et qui en
réalité était grande comme une cathédrale. Elle se présentait sur la voie publique de côté, par le pignon ; de là, son
exiguïté apparente. Presque toute la maison était cachée.
On n'en apercevait que la porte et une fenêtre.

Cette masure n'avait qu'un étage.

II.

NID POUR HIBOU ET FAUVETTE.

CE fut devant cette masure Gorbeau que Jean Valjean
s'arrêta. Comme les oiseaux fauves, il avait choisi ce lieu
désert pour y faire son nid.

Il fouilla dans son gilet, y prit une sorte de passepartout,
ouvrit la porte, entra, puis la referma avec soin et monta
l'escalier, portant toujours Cosette.

Au haut de l'escalier il tira de sa poche une autre clef
avec laquelle il ouvrit une autre porte. La chambre où il
entra et qu'il referma sur-le-champ était une espèce de
galetas assez spacieux, meublé d'un matelas posé à terre,
d'une table et de quelques chaises. Un poêle allumé et
dont on voyait la braise était dans un coin. Le réverbère
du boulevard éclairait vaguement cet intérieur pauvre. Au
fond il y avait un cabinet avec un lit de sangle. Jean
Valjean porta l'enfant sur ce lit et l'y déposa sans qu'elle
s'éveillât.

Il battit le briquet et alluma une chandelle ; tout cel
était préparé d'avance sur la table ; et, comme il l'avai

fait la veille, il se mit à considérer Cosette d'un regard plein d'extase, où l'expression de la bonté et de l'attendrissement allait presque jusqu'à l'égarement. La petite fille, avec cette confiance tranquille qui n'appartient qu'à l'extrême force et qu'à l'extrême faiblesse, s'était endormie sans savoir avec qui elle était, et continuait de dormir sans savoir où elle était.

Jean Valjean se courba et baisa la main de cette enfant.

Neuf mois auparavant il baisait la main de la mère qui, elle aussi, venait de s'endormir.

Le même sentiment douloureux, religieux, poignant, lui remplissait le cœur.

Il s'agenouilla près du lit de Cosette.

Il faisait grand jour que l'enfant dormait encore. Un rayon pâle du soleil de décembre traversait la croisée du galetas et traînait sur le plafond de longues filandres d'ombre et de lumière. Tout à coup une charrette de carrier,[1] lourdement chargée, qui passait sur la chaussée du boulevard, ébranla la baraque comme un roulement d'orage et la fit trembler du haut en bas.

— Oui! madame! cria Cosette réveillée en sursaut, voilà! voilà!

Et elle se jeta à bas du lit, les paupières encore à demi fermées par la pesanteur du sommeil, étendant le bras vers l'angle du mur.

— Ah! mon Dieu! mon balai! dit-elle.

Elle ouvrit tout à fait les yeux et vit le visage souriant de Jean Valjean.

— Ah! tiens, c'est vrai! dit l'enfant. Bonjour, monsieur.

Les enfants acceptent tout de suite et familièrement la joie et le bonheur, étant eux-mêmes naturellement bonheur et joie.

Cosette aperçut Catherine[2] au pied de son lit, et s'en empara, et, tout en jouant, elle faisait cent questions à

Jean Valjean. — Où elle était ?   Si c'était grand, Paris ?
Si madame Thénardier était bien loin ?   Si elle ne reviendrait pas ? etc., etc.   Tout à coup elle s'écria : — Comme
c'est joli ici !

C'était un affreux taudis ; mais elle se sentait libre.

— Faut-il que je balaye ? reprit-elle enfin.

— Joue, dit Jean Valjean.

La journée se passa ainsi.   Cosette, sans s'inquiéter de
rien comprendre, était inexprimablement heureuse entre
cette poupée et ce bonhomme.

III.

DEUX MALHEURS MÊLÉS FONT DU BONHEUR.

Le lendemain au point du jour, Jean Valjean était encore
près du lit de Cosette.   Il attendit là, immobile, et il la
regarda se réveiller.

Quelque chose de nouveau lui entrait dans l'âme.

Jean Valjean n'avait jamais rien aimé.   Depuis vingt-cinq ans il était seul au monde.   Il n'avait jamais été père,
amant, mari, ami.   Au bagne il était mauvais, sombre,
chaste, ignorant et farouche.   Le cœur de ce vieux forçat
était plein de virginités.[1]   Sa sœur et les enfants de sa
sœur ne lui avaient laissé qu'un souvenir vague et lointain
qui avait fini par s'évanouir presque entièrement.   Il avait
fait tous ses efforts pour les retrouver, et, n'ayant pu les
retrouver, il les avait oubliés.   La nature humaine est
ainsi faite.   Les autres émotions tendres de sa jeunesse,
s'il en avait eu, étaient tombées dans un abîme.

Quand il vit Cosette, quand il l'eut prise, emportée et
délivrée, il sentit se remuer ses entrailles.   Tout ce qu'il
y avait de passionné et d'affectueux en lui s'éveilla et se
précipita vers cet enfant.   Il allait près du lit où elle dormait, et il tremblait de joie ; il éprouvait des étreintes

comme une mère et il ne savait ce que c'était : car c'est une chose bien obscure et bien douce que ce grand et étrange mouvement d'un cœur qui se met à aimer.

Pauvre vieux cœur tout neuf !

Seulement, comme il avait cinquante-cinq ans et que Cosette en avait huit, tout ce qu'il aurait pu avoir d'amour dans toute sa vie se fondit en une sorte de lueur ineffable.

C'était la deuxième apparition blanche qu'il rencontrait. L'évêque avait fait lever à son horizon l'aube de la vertu ; Cosette y faisait lever l'aube de l'amour.

Les premiers jours s'écoulèrent dans cet éblouissement. De son côté, Cosette, elle aussi, devenait autre, à son insu, pauvre petit être ! Elle était si petite quand sa mère l'avait quittée qu'elle ne s'en souvenait plus. Comme tous les enfants, pareils aux jeunes pousses de la vigne qui s'accrochent à tout, elle avait essayé d'aimer. Elle n'y avait pu réussir. Tous l'avaient repoussée, les Thénardier, leurs enfants, d'autres enfants. Elle avait aimé le chien, qui était mort, après quoi rien n'avait voulu d'elle, ni personne. Chose lugubre à dire, à huit ans elle avait le cœur froid. Ce n'était pas sa faute, ce n'était point la faculté d'aimer qui lui manquait; hélas ! c'était la possibilité. Aussi, dès le premier jour, tout ce qui sentait et songeait en elle se mit à aimer ce bonhomme. Elle éprouvait ce qu'elle n'avait jamais ressenti, une sensation d'épanouissement.

Le bonhommme ne lui faisait même plus l'effet d'être vieux, ni d'être pauvre. Elle trouvait Jean Valjean beau, de même qu'elle trouvait le taudis joli.

Ce sont là des effets d'aurore, d'enfance, de jeunesse, de joie. La nouveauté de la terre et de la vie y est pour quelque chose. Rien n'est charmant comme le reflet colorant du bonheur sur le grenier. Nous avons tous ainsi dans notre passé un galetas bleu.[1]

La nature, cinquante ans d'intervalle, avaient mis une séparation profonde entre Jean Valjean et Cosette; cette séparation, la destinée la combla. La destinée unit brusquement et fiança avec son irrésistible puissance ces deux existences déracinées, différentes par l'âge, semblables par le deuil. L'une, en effet, complétait l'autre. L'instinct de Cosette cherchait un père comme l'instinct de Jean Valjean cherchait un enfant. Se rencontrer, ce fut se trouver. Au moment mystérieux où leurs deux mains se touchèrent, elles se soudèrent. Quand ces deux âmes s'aperçurent, elles se reconnurent comme étant le besoin l'une de l'autre et s'embrassèrent étroitement.

En prenant les mots dans leur sens le plus compréhensif et le plus absolu, on pourrait dire que, séparés de tout par des murs de tombe, Jean Valjean était le Veuf comme Cosette était l'Orpheline. Cette situation fit que Jean Valjean devint d'une façon céleste le père de Cosette.

Et, en vérité, l'impression mystérieuse produite à Cosette, au fond du bois de Chelles, par la main de Jean Valjean saisissant la sienne dans l'obscurité, n'était pas une illusion, mais une réalité. L'entrée de cet homme dans la destinée de cet enfant avait été l'arrivée de Dieu.

Du reste, Jean Valjean avait bien choisi son asile. Il était là dans une sécurité qui pouvait sembler entière.

La chambre à cabinet qu'il occupait avec Cosette était celle dont la fenêtre donnait sur le boulevard. Cette fenêtre étant unique dans la maison, aucun regard de voisins n'était à craindre, pas plus de côté qu'en face.

Le rez-de-chaussée du numéro 50-52, espèce d'appentis délabré, servait de remise à des maraîchers, et n'avait aucune communication avec le premier. Il en était séparé par le plancher qui n'avait ni trappes ni escalier et qui était comme le diaphragme de la masure. Le premier étage contenait, comme nous l'avons dit, plusieurs chambres et quelques greniers, dont un seulement était occupé par une vieille femme qui faisait le ménage de Jean Valjean. Tout le reste était inhabité.

C'était cette vieille femme, ornée du nom de *principale locataire* et en réalité chargée des fonctions de portière, qui lui avait loué ce logis dans la journée de Noël. Il s'était donné à elle pour un rentier ruiné par les bons d'Espagne,[1] qui allait venir demeurer là avec sa petite fille. Il avait payé six mois d'avance et chargé la vieille de meubler la chambre et le cabinet comme on a vu. C'était cette bonne femme qui avait allumé le poêle et tout préparé le soir de leur arrivée.

Les semaines se succédèrent. Ces deux êtres menaient dans ce taudis misérable une existence heureuse.

Dès l'aube Cosette riait, jasait, chantait. Les enfants ont leur chant du matin comme les oiseaux.

Il arrivait quelquefois que Jean Valjean lui prenait sa petite main rouge et crevassée d'engelures et la baisait. La pauvre enfant, accoutumée à être battue, ne savait ce que cela voulait dire, et s'en allait toute honteuse.

Par moments elle devenait sérieuse et elle considérait sa petite robe noire. Cosette n'était plus en guenilles, elle était en deuil. Elle sortait de la misère et elle entrait dans la vie.

Jean Valjean s'était mis à lui enseigner à lire. Parfois, tout en faisant épeler l'enfant, il songeait que c'était avec l'idée de faire le mal qu'il avait appris à lire au bagne. Cette idée avait tourné à montrer à lire à un enfant. Alors le vieux galérien souriait du sourire pensif des anges.

Il sentait là une préméditation d'en haut, une volonté de quelqu'un qui n'est pas l'homme, et il se perdait dans

sa rêverie.   Les bonnes pensées ont leurs abîmes comme
les mauvaises.

Apprendre à lire à Cosette, et la laisser jouer, c'était à
peu près là toute la vie de Jean Valjean.   Et puis il lui
parlait de sa mère et il la faisait prier.

Elle l'appelait : *père*, et ne lui savait pas d'autre nom.

Il passait des heures à la contempler habillant et dés-
habillant sa poupée, et à l'écouter gazouiller.   La vie lui
paraissait désormais pleine d'intérêt, les hommes lui semblaient bons et justes, il ne reprochait dans sa pensée plus
rien à personne, il n'apercevait aucune raison de ne pas
vieillir très vieux maintenant que cette enfant l'aimait.
Il se voyait tout un avenir éclairé par Cosette comme
par une charmante lumière.   Les meilleurs ne sont pas
exempts d'une pensée égoïste.   Par moments, il songeait
avec une sorte de joie qu'elle serait laide.

Ceci n'est qu'une opinion personnelle ; mais, pour dire
notre pensée tout entière, au point où en était ·Jean Valjean quand il se mit à aimer Cosette, il ne nous est pas
prouvé qu'il n'ait pas eu besoin de ce ravitaillement pour
persévérer dans le bien.   Il venait de voir sous de nouveaux aspects la méchanceté des hommes et la misère de
la société, aspects incomplets et qui ne montraient fatalement qu'un côté du vrai, le sort de la femme résumé dans
Fantine, l'autorité publique personnifiée dans Javert ; il
était retourné au bagne, cette fois pour avoir bien fait ; de
nouvelles amertumes l'avaient abreuvé ; le dégoût et la
lassitude le reprenaient ; le souvenir même de l'évêque
touchait peut-être à quelque moment d'éclipse, sauf à
reparaître plus tard lumineux et triomphant ; mais enfin
ce souvenir sacré s'affaiblissait.   Qui sait si Jean Valjean
n'était pas à la veille de se décourager et de retomber ?   Il
aima, et il redevint fort.   Hélas ! il n'était guère moins
chancelant que Cosette.   Il la protégea et elle l'affermit.

Grâce à lui, elle put marcher dans la vie ; grâce à elle, il put continuer dans la vertu. Il fut le soutien de cet enfant et cet enfant fut son point d'appui. O mystère insondable et divin des équilibres de la destinée !

IV.

LES REMARQUES DE LA PRINCIPALE LOCATAIRE.

JEAN VALJEAN avait la prudence de ne sortir jamais le jour. Tous les soirs au crépuscule, il se promenait une heure ou deux, quelquefois seul, souvent avec Cosette, cherchant les contre-allées [1] des boulevards les plus solitaires, et entrant dans les églises à la tombée de la nuit. Il allait volontiers à Saint-Médard [2] qui est l'église la plus proche. Quand il n'emmenait pas Cosette, elle restait avec la vieille femme, mais c'était la joie de l'enfant de sortir avec le bonhomme. Elle préférait une heure avec lui même aux tête-à-tête ravissants de Catherine. Il marchait en la tenant par la main et en lui disant des choses douces.

Il se trouva que Cosette était très gaie.

La vieille faisait le ménage et la cuisine et allait aux provisions.

Ils vivaient sobrement, ayant toujours un peu de feu, mais comme des gens très gênés. Jean Valjean n'avait rien changé au mobilier du premier jour ; seulement il avait fait remplacer par une porte pleine la porte vitrée du cabinet de Cosette.

Il avait toujours sa redingote jaune, sa culotte noire et son vieux chapeau. Dans la rue on le prenait pour un pauvre. Il arrivait quelquefois que des bonnes femmes se retournaient et lui donnaient un sou. Jean Valjean recevait le sou et saluait profondément. Il arrivait aussi parfois qu'il rencontrait quelque misérable demandant la charité, alors il regardait derrière lui si

personne ne le voyait, s'approchait furtivement du malheureux, lui mettait dans la main une pièce de monnaie,
souvent une pièce d'argent, et s'éloignait rapidement. Cela
avait ses inconvénients. On commençait à le connaître
dans le quartier sous le nom du *mendiant qui fait l'aumône*.

La vieille *principale locataire*, créature rechignée, toute
pétrie vis-à-vis du prochain de l'attention des envieux,
examinait beaucoup Jean Valjean sans qu'il s'en doutât.
Elle était un peu sourde, ce qui la rendait bavarde. Il
lui restait de son passé deux dents, l'une en haut, l'autre
en bas, qu'elle cognait toujours l'une contre l'autre. Elle
avait fait des questions à Cosette qui, ne sachant rien,
n'avait pu rien dire, sinon qu'elle venait de Montfermeil.
Un matin, cette guetteuse aperçut Jean Valjean qui
entrait, d'un air qui sembla à la commère particulier,
dans un des compartiments inhabités de la masure. Elle
le suivit du pas d'une vieille chatte, et put l'observer, sans
en être vue, par la fente de la porte qui était tout contre.
Jean Valjean, pour plus de précaution sans doute, tournait
le dos à cette porte. La vieille le vit fouiller dans sa poche,
et y prendre un étui, des ciseaux et du fil, puis il se mit à
découdre la doublure d'un pan de sa redingote et il tira de
l'ouverture un morceau de papier jaunâtre qu'il déplia. La
vieille reconnut avec épouvante que c'était un billet de
mille francs. C'était le second ou le troisième qu'elle voyait
depuis qu'elle était au monde. Elle s'enfuit très effrayée.

Un moment après Jean Valjean l'aborda et la pria
d'aller changer ce billet de mille francs, ajoutant que
c'était le semestre de sa rente qu'il avait touché la veille.
— Où? pensa la vieille. Il n'est sorti qu'à six heures
du soir, et la caisse du gouvernement n'est certainement
pas ouverte à cette heure-là. — La vieille alla changer le
billet et fit ses conjectures. Ce billet de mille francs
commenté et multiplié, produisit une foule de conversa-

tions effarées parmi les commères de la rue des Vignes-Saint-Marcel.

Les jours suivants, il arriva que Jean Valjean, en manches de veste, scia du bois dans le corridor. La vieille était dans la chambre et faisait le ménage. Elle était seule, Cosette était occupée à admirer le bois qu'on sciait, la vieille vit la redingote accrochée à un clou, et la scruta. La doublure avait été recousue. La bonne femme la palpa attentivement, et crut sentir dans les pans et dans les entournures des épaisseurs de papier. D'autres billets de mille francs, sans doute!

Elle remarqua en outre qu'il y avait toutes sortes de choses dans les poches. Non-seulement les aiguilles, les ciseaux et le fil qu'elle avait vus, mais un gros porte-feuille, un très grand couteau, et, détail suspect, plusieurs perruques de couleurs variées. Chaque poche de cette redingote avait l'air d'être une façon d'en-cas [1] pour des événements imprévus.

Les habitants de la masure atteignirent ainsi les derniers jours de l'hiver.

V.

UNE PIÈCE DE CINQ FRANCS QUI TOMBE A TERRE FAIT DU BRUIT.

Il y avait près de Saint-Médard un pauvre qui s'accroupissait sur la margelle d'un puits banal condamné, et auquel Jean Valjean faisait volontiers la charité. Il ne passait guère devant cette homme sans lui donner quelques sous. Parfois il lui parlait. Les envieux de ce mendiant disaient qu'il était *de la police.* C'était un vieux bedeau de soixante-quinze ans qui marmottait continuellement des oraisons.

Un soir que Jean Valjean passait par là, il n'avait pas Cosette avec lui, il aperçut le mendiant à sa place ordinaire sous le réverbère qu'on venait d'allumer. Cet homme, selon son habitude, semblait prier et était tout courbé. Jean Valjean alla à lui et lui mit dans la main son aumône accoutumée. Le mendiant leva brusquement les yeux, regarda fixement Jean Valjean, puis baissa rapidement la tête. Ce mouvement fut comme un éclair, Jean Valjean eut un tressaillement. Il lui sembla qu'il venait d'entrevoir, à la lueur du réverbère non le visage placide et béat du vieux bedeau, mais une figure effrayante et connue. Il eut l'impression qu'on aurait en se trouvant tout à coup dans l'ombre face à face avec un tigre. Il recula terrifié et pétrifié, n'osant ni respirer, ni parler, ni rester, ni fuir, considérant le mendiant qui avait baissé sa tête couverte d'une loque et paraissait ne plus savoir qu'il était là. Dans ce moment étrange, un instinct, peut-être l'instinct mystérieux de la conservation, fit que Jean Valjean ne prononça pas une parole. Le mendiant avait la même taille, les mêmes guenilles, la même apparence que tous les jours. —Bah! . . . dit Jean Valjean, je suis fou! je rêve! impossible! —Et il rentra profondément troublé.

C'est à peine s'il osait s'avouer à lui-même que cette figure qu'il avait cru voir était la figure de Javert.

La nuit, en y réfléchissant, il regretta de n'avoir pas questionné l'homme pour le forcer à lever la tête une seconde fois.

Le lendemain, à la nuit tombante, il y retourna. Le mendiant était à sa place. —Bonjour, bonhomme, dit résolûment Jean Valjean, en lui donnant un sou. Le mendiant leva la tête et répondit d'une voix dolente: —Merci, mon bon monsieur. — C'était bien le vieux bedeau.

Jean Valjean se sentit pleinement rassuré. Il se mit à rire. — Où diable ai-je été voir là Javert? pensa-t-il. Ah çà, est-ce que je vais avoir la berlue[1] à présent? —Il n'y songea plus.

Quelques jours après, il pouvait être huit heures du soir, il était dans sa chambre et il faisait épeler Cosette à haute voix, il entendit ouvrir, puis refermer la porte de la masure. Cela lui parut singulier. La vieille, qui seule habitait avec lui la maison, se couchait toujours à la nuit pour ne point user de chandelle. Jean Valjean fit signe à Cosette de se taire. Il entendit qu'on montait l'escalier. A la rigueur, ce pouvait être la vieille, qui avait pu se trouver malade et aller chez l'apothicaire. Jean Valjean écouta.

Le pas était lourd et sonnait comme le pas d'un homme; mais la vieille portait de gros souliers, et rien ne ressemble au pas d'un homme comme le pas d'une vieille femme. Cependant Jean Valjean souffla sa chandelle.

Il avait envoyé Cosette au lit en lui disant tout bas: —Couche-toi bien doucement; et pendant qu'il la baisait au front, les pas s'étaient arrêtés.

Jean Valjean demeura en silence, immobile, le dos tourné à la porte, assis sur sa chaise dont il n'avait pas bougé, retenant son souffle dans l'obscurité.

Au bout d'un temps assez long, n'entendant plus rien, il se retourna sans faire de bruit, et, comme il levait les yeux vers la porte de sa chambre, il vit une lumière par le trou de la serrure. Cette lumière faisait une sorte d'étoile sinistre dans le noir de la porte et du mur. Il y avait évidemment là quelqu'un qui tenait une chandelle à la main et qui écoutait.

Quelques minutes s'écoulèrent, et la lumière s'en alla. Seulement il n'entendit aucun bruit de pas, ce qui semblait indiquer que celui qui était venu écouter à la porte avait ôté ses souliers.

Jean Valjean se jeta tout habillé sur son lit et ne put fermer l'œil de la nuit.

Au point de jour, comme il s'assoupissait de fatigue, il fut réveillé par le grincement d'une porte qui s'ouvrait à

quelque mansarde du fond du corridor, puis il entendit le
même pas d'homme qui avait monté l'escalier la veille.
Le pas s'approchait. Il se jeta à bas du lit et appliqua
son œil au trou de la serrure, lequel était assez grand,
espérant voir au passage l'être quelconque qui s'était introduit la nuit dans la masure et qui avait écouté à sa porte.
C'était un homme, en effet, qui passa, cette fois sans
s'arrêter, devant la chambre de Jean Valjean. Le corridor
était encore trop obscur pour qu'on pût distinguer son
visage; mais quand l'homme arriva à l'escalier, un rayon
de la lumière du dehors le fit saillir comme une silhouette,
et Jean Valjean le vit de dos complétement. L'homme
était de haute taille, vêtu d'une redingote longue, avec un
gourdin sous son bras. C'était l'encolure formidable de
Javert.

Jean Valjean aurait pu essayer de le revoir par sa
fenêtre sur le boulevard. Mais il eût fallu ouvrir cette
fenêtre; il n'osa pas.

Il était évident que cet homme était entré avec une clef,
et comme chez lui. Qui lui avait donné cette clef? qu'est-
ce que cela voulait dire?

A sept heures du matin, quand la vieille vint faire le
ménage, Jean Valjean lui jeta un coup d'œil pénétrant,
mais il ne l'interrogea pas. La bonne femme était comme
à l'ordinaire.

Tout en balayant elle lui dit:

— Monsieur a peut-être entendu quelqu'un qui entrait
cette nuit?

A cet âge et sur ce boulevard, huit heures du soir, c'est
la nuit la plus noire.

— A propos, c'est vrai, répondit-il de l'accent le plus
naturel. Qui était-ce donc?

— C'est un nouveau locataire, dit la vieille, qu'il y a
dans la maison.

—Et qui s'appelle ?

—Je ne sais plus trop.   Dumont ou Daumont. Un nom comme cela.

—Et qu'est-ce qu'il est, ce monsieur Dumont?

La vieille le considéra avec ses petits yeux de fouine et répondit :

—Un rentier comme vous.

Elle n'avait peut-être aucune intention. Jean Valjean crut lui en démêler une.

Quand la vieille fut partie, il fit un rouleau d'une centaine de francs qu'il avait dans une armoire et le mit dans sa poche. Quelque précaution qu'il prît dans cette opération pour qu'on ne l'entendît pas remuer de l'argent, un pièce de cent sous lui échappa des mains et roula bruyamment sur le carreau.

A la brune, il descendit et regarda avec attention de tous les côtés du boulevard. Il n'y vit personne. Le boulevard semblait absolument désert. Il est vrai qu'on peut s'y cacher derrière les arbres.

Il remonta.

—Viens, dit-il à Cosette.

Il la prit par la main et ils sortirent tous deux.

LIVRE CINQUIÈME. — A CHASSE NOIRE MEUTE MUETTE.

I–IV.

[A peine arrivé dans la rue Jean Valjean s'aperçoit qu'il est poursuivi par le formidable Javert à la tête d'une escouade de police. Il s'enfuit de l'autre côté de la Seine, portant Cosette, et se trouve enfin cerné dans un cul-de-sac.[1]]

V.

QUI SERAIT IMPOSSIBLE AVEC L'ÉCLAIRAGE AU GAZ.

En ce moment un bruit sourd et cadencé commença à se faire entendre à quelque distance. Jean Valjean risqua un peu son regard en dehors du coin de la rue. Sept ou huit soldats disposés en peloton venaient de déboucher dans la rue Polonceau. Il voyait briller les bayonnettes. Cela venait vers lui.

Ces soldats, en tête desquels il distinguait la haute stature de Javert, s'avançaient lentement et avec précaution. Ils s'arrêtaient fréquemment. Il était visible qu'ils exploraient tous les recoins des murs et toutes les embrasures de portes et d'allées.

C'était, et ici la conjecture ne pouvait se tromper, quelque patrouille que Javert avait rencontrée et qu'il avait requise.

Les deux acolytes de Javert marchaient dans leurs rangs.

Du pas dont ils marchaient et avec les stations qu'ils faisaient, il leur fallait environ un quart d'heure pour arriver à l'endroit où se trouvait Jean Valjean. Ce fut un instant affreux. Quelques minutes séparaient Jean Valjean de cet épouvantable précipice qui s'ouvrait devant lui pour la troisième fois. Et le bagne maintenant n'était plus seulement le bagne, c'était Cosette perdue à jamais; c'est-à-dire une vie qui ressemblait au dedans d'une tombe.

Il n'y avait plus qu'une chose possible.

Jean Valjean avait cela de particulier qu'on pouvait dire qu'il portait deux besaces; [1] dans l'une il avait les pensées d'un saint, dans l'autre les redoutables talents d'un forçat. Il fouillait dans l'une ou dans l'autre, selon l'occasion.

Entre autres ressources, grâce à ses nombreuses évasions du bagne de Toulon, il était, on s'en souvient, passé maître dans cet art incroyable de s'élever, sans échelles, sans crampons, par la seule force musculaire, en s'appuyant de la nuque, des épaules, des hanches et des genoux, en s'aidant à peine des rares reliefs de la pierre, dans l'angle droit d'un mur, au besoin jusqu'à la hauteur d'un sixième étage.

Jean Valjean mesura des yeux la muraille au-dessus de laquelle il voyait le tilleul. Elle avait environ dix-huit pieds de haut. L'angle qu'elle faisait avec le pignon du grand bâtiment était rempli, dans sa partie inférieure, d'un massif de maçonnerie de forme triangulaire.

Ce massif avait environ cinq pieds de haut. Du sommet de ce massif l'espace à franchir pour arrive sur le mur n'était guère que de quatorze pieds.

Le mur était surmonté d'une pierre plate sans chevron.[1]

La difficulté était Cosette. Cosette, elle, ne savait pas escalader un mur. L'abandonner? Jean Valjean n'y songeait pas. L'emporter était impossible. Toutes les forces d'un homme lui sont nécessaires pour mener à bien ces étranges ascensions. Le moindre fardeau dérangerait son centre de gravité et le précipiterait.

Il aurait fallu une corde. Jean Valjean n'en avait pas. Où trouver une corde à minuit, rue Polonceau? Certes, en cet instant-là, si Jean Valjean avait eu un royaume, il l'eût donné pour une corde.[2]

Toutes les situations extrêmes ont leurs éclairs qui tantôt nous aveuglent, tantôt nous illuminent.

Le regard désespéré de Jean Valjean rencontra la potence du réverbère du cul-de-sac Genrot.

A cette époque, il n'y avait point de becs de gaz dans les rues de Paris. A la nuit tombante on y allumait des réverbères placés de distance en distance, lesquels montaient et descendaient au moyen d'une corde qui traversait la rue de part en part et qui s'adjustait dans la rainure d'une potence. Le tourniquet où se dévidait cette corde était scellé au-dessous de la lanterne dans une petite armoire de fer dont l'allumeur avait la clef, et la corde elle-même était protégée par un étui de métal.

Jean Valjean, avec l'énergie d'une lutte suprême, franchit la rue d'un bond, entra dans le cul-de-sac, fit sauter le pêne de la petite armoire avec la pointe de son couteau, et un instant après il était revenu près de Cosette. Il avait une corde. Ils vont vite en besogne, ces sombres trouveurs d'expédients, aux prises avec la fatalité.

Les réverbères n'avaient pas été allumés cette nuit-là. La lanterne du cul-de-sac Genrot se trouvait donc naturellement éteinte comme les autres ; et l'on pouvait passer à côté sans même remarquer qu'elle n'était plus à sa place.

Cependant l'heure, le lieu, l'obscurité, la préoccupation de Jean Valjean, ses gestes singuliers, ses allées et venues, tout cela commençait à inquiéter Cosette. Tout autre enfant qu'elle aurait depuis longtemps jeté les hauts cris. Elle se borna à tirer Jean Valjean par le pan de sa redingote. On entendait toujours de plus en plus distinctement le bruit de la patrouille qui approchait.

—Père, dit-elle tout bas, j'ai peur. Qu'est-ce qui vient donc là ?

—Chut ! répondit le malheureux homme, c'est la Thénardier.

Cosette tressaillit. Il ajouta :

—Ne dis rien. Laisse-moi faire. Si tu cries, si tu pleures, la Thénardier te guette. Elle vient pour te ravoir.

Alors, sans se hâter, mais sans s'y prendre à deux fois pour rien, avec une précision ferme et brève, d'autant plus remarquable en pareil moment que la patrouille et Javert pouvaient survenir d'un instant à l'autre, il défit sa cravate, la passa autour du corps de Cosette sous les aisselles, en ayant soin qu'elle ne pût blesser l'enfant, rattacha cette cravate à un bout de la corde au moyen de ce nœud que les gens de mer appellent nœud d'hirondelle,[1] prit l'autre bout de cette corde dans ses dents, ôta ses souliers et ses bas, qu'il jeta par-dessus la muraille, monta sur le massif de maçonnerie et commença à s'élever dans l'angle du mur et du pignon avec autant de solidité et de certitude que s'il eût eu des échelons sous les talons et sous les coudes. Une demi-minute ne s'était pas écoulée qu'il était à genoux sur le mur.

Cosette le considérait avec stupeur, sans dire une parole. La recommandation de Jean Valjean et le nom de la Thénardier l'avaient glacée.

Tout à coup elle entendit la voix de Jean Valjean qui lui criait, tout en restant très basse :

— Adosse-toi au mur.

Elle obéit.

— Ne dis pas un mot et n'aie pas peur, reprit Jean Valjean.

Et elle se sentit enlever de terre.

Avant qu'elle eût le temps de se reconnaître, elle était au haut de la muraille.

Jean Valjean la saisit, la mit sur son dos, lui prit ses deux petites mains dans sa main gauche, se coucha à plat ventre et rampa sur le haut du mur jusqu'au pan coupé. Comme il l'avait deviné, il y avait là une bâtisse dont le toit partait du haut de la clôture en bois et descendait fort près de terre, selon un plan assez doucement incliné, en effleurant le tilleul. Circonstance heureuse, car la muraille était beaucoup plus haute de ce côté que du côté de la rue. Jean Valjean n'apercevait le sol au-dessous de lui que très profondément.

Il venait d'arriver au plan incliné du toit et n'avait pas encore lâché la crête de la muraille lorsqu'un hourvari

violent annonça l'arrivée de la patrouille.   On entendit la
voix tonnante de Javert:

—Fouillez le cul-de-sac !   La rue Droit-Mur est gardée,
la petite rue Picpus aussi.   Je réponds qu'il est dans le
cul-de-sac !

Les soldats se précipitèrent dans le cul-de-sac Genrot.

Jean Valjean se laissa glisser le long du toit, tout en
soutenant Cosette, atteignit le tilleul et sauta à terre.
Soit terreur, soit courage, Cosette n'avait pas soufflé.   Elle
avait les mains un peu écorchées.

VI.

COMMENCEMENT D'UNE ÉNIGME.

JEAN VALJEAN se trouvait dans une espèce de jardin
fort vaste et d'un aspect singulier; un de ces jardins
tristes qui semblent faits pour être regardés l'hiver et la
nuit.   Ce jardin était d'une forme oblongue avec une allée
de grands peupliers au fond, des futaies assez hautes dans
les coins et un espace sans ombre au milieu, où l'on distinguait un très grand arbre isolé, puis quelques arbres
fruitiers tordus et hérissés comme de grosses broussailles,
des carrés de légumes, une melonnière dont les cloches [1]
brillaient à la lune, et un vieux puisard.   Il y avait çà et
là des bancs de pierre qui semblaient noirs de mousse.
Les allées, toutes droites, étaient bordées de petits arbustes
sombres.   L'herbe en envahissait la moitié et une moisissure verte couvrait le reste.

Jean Valjean avait à côté de lui la bâtisse dont le toit
lui avait servi pour descendre, un tas de fagots, et derrière
les fagots, tout contre le mur, une statue de pierre dont la
face mutilée n'était plus qu'un masque informe qui apparaissait vaguement dans l'obscurité.

La bâtisse était une sorte de ruine où l'on distinguait des chambres démantelées dont une, tout encombrée, semblait servir de hangar.

Le grand bâtiment de la rue Droit-Mur, qui faisait retour[1] sur la petite rue Picpus, développait sur ce jardin deux façades en équerre. Ces façades du dedans étaient plus tragiques encore que celle du dehors. Toutes les fenêtres étaient grillées. On n'y entrevoyait aucune lumière. Aux étages supérieurs il y avait des hottes[2] comme aux prisons. L'une de ces façades projetait sur l'autre son ombre, qui retombait sur le jardin comme un immense drap noir.

On n'apercevait pas d'autre maison. Le fond du jardin se perdait dans la brume et dans la nuit. Cependant on y distinguait confusément des murailles qui s'entrecoupaient comme s'il y avait d'autres cultures au delà, et les toits bas de la rue Polonceau.

On ne pouvait rien se figurer de plus farouche et de plus solitaire que ce jardin. Il n'y avait personne, ce qui était tout simple à cause de l'heure; mais il ne semblait pas que cet endroit fût fait pour que quelqu'un y marchât, même en plein midi.

Le premier soin de Jean Valjean avait été de retrouver ses souliers et de se rechausser, puis d'entrer dans le hangar avec Cosette. Celui qui s'évade ne se croit jamais assez caché. L'enfant, songeant toujours à la Thénardier, partageait son instinct de se blottir le plus possible.

Cosette tremblait et se serrait contre lui. On entendait le bruit tumultueux de la patrouille qui fouillait le cul-de-sac et la rue, les coups de crosses contre les pierres, les appels de Javert aux mouchards[3] qu'il avait postés, et ses imprécations mêlées de paroles qu'on ne distinguait point.

Au bout d'un quart d'heure, il sembla que cette espèce de grondement orageux commençait à s'éloigner. Jean Valjean ne respirait pas.

Il avait posé doucement sa main sur la bouche de Cosette.

Au reste la solitude où il se trouvait était si étrangement calme que cet effroyable tapage, si furieux et si proche, n'y jetait même pas l'ombre d'un trouble. Il semblait que ces murs fussent bâtis avec ces pierres sourdes dont parle l'Écriture.

Tout à coup au milieu de ce calme profond, un nouveau bruit s'éleva; un bruit céleste, divin, ineffable, aussi ravissant que l'autre était horrible. C'était un hymne qui sortait des ténèbres, un éblouissement de prière et d'harmonie dans l'obscur et effrayant silence de la nuit; des voix de femmes, mais des voix composées à la fois de l'accent pur des vierges et de l'accent naïf des enfants, de ces voix qui ne sont pas de la terre et qui ressemblent à celles que les nouveau-nés entendent encore et que les moribonds entendent déjà. Ce chant venait du sombre édifice qui dominait le jardin. Au moment où le vacarme des démons s'éloignait, on eût dit un chœur d'anges qui s'approchait dans l'ombre.

Cosette et Jean Valjean tombèrent à genoux.

Il ne savaient pas ce que c'était, ils ne savaient pas où ils étaient, mais ils sentaient tous deux, l'homme et l'enfant, le pénitent et l'innocent, qu'il fallait qu'ils fussent à genoux.

Ces voix avaient cela d'étrange qu'elles n'empêchaient pas que le bâtiment ne parût désert. C'était comme un chant surnaturel dans une demeure inhabitée.

Pendant que ces voix chantaient, Jean Valjean ne songeait plus à rien. Il ne voyait plus la nuit, il voyait un ciel bleu. Il lui semblait sentir s'ouvrir ces ailes que nous avons tous au dedans de nous.

Le chant s'éteignit. Il avait peut-être duré longtemps. Jean Valjean n'aurait pu le dire. Les heures de l'extase ne sont jamais qu'une minute.

Tout était retombé dans le silence. Plus rien dans la rue, plus rien dans le jardin. Ce qui menaçait, ce qui rassurait, tout s'était évanoui. Le vent froissait dans la crête du mur quelques herbes sèches qui faisaient un petit bruit doux et lugubre.

VII–X.

[Jean Valjean et Cosette se trouvent être dans le jardin attenant au couvent du Petit-Picpus.[1] Fauchelevent, à qui Valjean avait sauvé la vie et qu'il avait placé comme jardinier dans cet établissement, est tout étonné de rencontrer "le père Madeleine" dans le jardin; il n'hésite pas, cependant, à le faire entrer chez lui.]

LIVRE HUITIÈME. — LES CIMETIÈRES PRENNENT CE QU'ON LEUR DONNE.

I.

OÙ IL EST TRAITÉ DE LA MANIÈRE D'ENTRER AU COUVENT.

C'est dans cette maison que Jean Valjean était, comme l'avait dit Fauchelevent, "tombé du ciel."

Il avait franchi le mur du jardin qui faisait l'angle de la rue Polonceau. Cet hymne des anges qu'il avait entendu au milieu de la nuit, c'étaient les religieuses chantant matines.

Une fois Cosette couchée, Jean Valjean et Fauchelevent avaient soupé d'un verre de vin et d'un morceau de fromage devant un bon fagot flambant ; puis, le seul lit qu'il y eût dans la baraque étant occupé par Cosette, ils s'étaient jetés chacun sur une botte de paille.

Avant de fermer les yeux, Jean Valjean avait dit : — Il faut désormais que je reste ici. — Cette parole avait trotté toute la nuit dans la tête de Fauchelevent.

A vrai dire, ni l'un ni l'autre n'avaient dormi.

Jean Valjean, se sentant découvert et Javert sur sa piste, comprenait que lui et Cosette étaient perdus s'ils rentraient dans Paris. Puisque le nouveau coup de vent qui venait de souffler sur lui l'avait échoué dans ce cloître, Jean Valjean n'avait plus qu'une pensée, y rester. Or, pour un malheureux dans sa position, ce couvent était à la fois le lieu le plus dangereux et le plus sûr ; le plus dangereux, car, aucun homme ne pouvant y pénétrer, si on l'y découvrait, c'était un flagrant délit, et Jean Valjean ne faisait qu'un pas du couvent à la prison ; le plus sûr, car si l'on parvenait à s'y faire accepter et à y demeurer, qui viendrait vous chercher là ? Habiter un lieu impossible, c'était le salut.

De son côté, Fauchelevent se creusait la cervelle. Il commençait par se déclarer qu'il n'y comprenait rien. Comment M. Madeleine se trouvait-il là, avec les murs qu'il y avait ? Des murs de cloître ne s'enjambent pas. Comment s'y trouvait-il avec un enfant ? On n'escalade pas une muraille à pic avec un enfant dans ses bras. Qu'était-ce que cet enfant ? d'où venaient-ils tous les deux ? Depuis que Fauchelevent était dans le couvent, il n'avait plus entendu parler de Montreuil-sur-Mer, et il ne savait rien de ce qui s'était passé. Le père Madeleine avait cet air qui décourage les questions ; et d'ailleurs Fauchelevent se disait : On ne questionne pas un saint. M. Madeleine avait conservé pour lui tout son prestige. Seulement, de quelques mots échappés à Jean Valjean, le jardinier crut pouvoir conclure que M. Madeleine avait probablement fait faillite par la dureté des temps, et qu'il était poursuivi par ses créanciers ; ou bien qu'il était compromis dans une affaire politique et qu'il se cachait ; ce qui ne déplut point à Fauchelevent, lequel, comme beaucoup de nos paysans du Nord, avait un vieux fond bonapartiste. Se cachant, M. Madeleine avait pris le couvent pour asile, et il était simple qu'il voulût y rester. Mais l'inexplicable, où Fauchelevent revenait toujours et où il se cassait la tête, c'était que M. Madeleine fût là, et qu'il y fût avec cette petite. Fauchelevent les voyait, les touchait, leur parlait, et n'y croyait pas. L'incompréhensible venait de faire son entrée dans la cahute [1] de Fauchelevent. Fauchelevent était à tâtons dans les conjectures, et ne voyait plus rien

de clair sinon ceci : M. Madeleine m'a sauvé la vie.   Cette
certitude unique suffisait et le détermina.   Il se dit à
part lui : C'est mon tour.   Il ajouta dans sa conscience :
M. Madeleine n'a pas tant délibéré quand il s'est agi de se
fourrer sous la voiture pour m'en tirer.   Il décida qu'il
sauverait M. Madeleine.

[Heureusement les religieuses complotent d'ensevelir une des sœurs,
qui vient de mourir, sous l'autel au lieu de la laisser transporter dans
le cimetière prochain.   C'est Fauchelevent qui doit se charger de
l'inhumation et du renvoi de la bière au cimetière.   Jean Valjean, qui
veut s'établir dans le couvent avec Cosette, pour échapper aux pour-
suites de Javert, aura d'abord à en sortir.   C'est dans la bière, censée
contenir le corps de la religieuse, qu'il se cachera.   Immédiatement
après l'inhumation Fauchelevent le déterrera et le ramènera au couvent, où il sera connu sous le nom d'Ultime Fauchelevent.   Le plan
réussit; Valjean, enterré, puis déterré, est reçu aide-jardinier et
Cosette entre au couvent comme interne.   Plusieurs années de paix
et de bonheur s'écoulent ainsi.   Cosette grandit.]

TROISIÈME PARTIE

MARIUS.

—◦◦✕◦◦—

LIVRE PREMIER. — PARIS ÉTUDIÉ DANS SON ATOME.

———

I.

PARVULUS.

Paris a un enfant et la forêt a un oiseau; l'oiseau s'appelle le moineau; l'enfant s'appelle le gamin.[1]

Ce petit être est joyeux. Il ne mange pas tous les jours et il va au spectacle, si bon lui semble, tous les soirs. Il n'a pas de chemise sur le corps, pas de souliers aux pieds, pas de toit sur la tête; il est comme les mouches du ciel qui n'ont rien de tout cela. Il a de sept à treize ans, vit par bandes, bat le pavé,[2] loge en plein air, porte un vieux pantalon de son père qui lui descend plus bas que les talons, un vieux chapeau de quelque autre père qui lui descend plus bas que les oreilles, une seule bretelle en lisière jaune, court, guette, quête, perd le temps, culotte des pipes, jure, hante le cabaret, connaît des voleurs, parle argot, chante des chansons, et n'a rien de mauvais dans le cœur. C'est qu'il a dans l'âme une perle, l'innocence; et les perles ne se dissolvent pas dans la boue. Tant que l'homme est enfant, Dieu veut qu'il soit innocent.

Si l'on demandait à l'énorme ville : Qu'est-ce que c'est que cela ? elle répondrait : C'est mon petit.

II.

QUELQUES-UNS DE SES SIGNES PARTICULIERS.

Le gamin de Paris, c'est le nain de la géante.

N'exagérons point, ce chérubin du ruisseau a quelquefois une chemise, mais alors il n'en a qu'une ; il a quelquefois des souliers, mais alors ils n'ont point de semelles ; il a quelquefois un logis, et il l'aime, car il y trouve sa mère ; mais il préfère la rue, parce qu'il y trouve la liberté. Il a ses jeux à lui, ses malices à lui, dont la haine des bourgeois fait le fond ; ses métaphores à lui, ses métiers à lui, — amener des fiacres, baisser les marchepieds des voitures, établir des péages d'un côté de la rue à l'autre dans les grosses pluies, crier les discours prononcés par l'autorité en faveur du peuple français ; il a sa monnaie à lui, qui se compose de tous les petits morceaux de cuivre façonné qu'on peut trouver sur la voie publique. Cette curieuse monnaie, qui prend le nom de *loques*, a un cours invariable et fort bien réglé dans cette petite bohème d'enfants.

Enfin il a sa faune à lui, qu'il observe studieusement dans des coins.

III.

IL EST AGRÉABLE.

Cet être braille, raille, gouaille, bataille, a des chiffons comme un bambin et des guenilles comme un philosophe, pêche dans l'égoût, chasse dans le cloaque, extrait la gaieté de l'immondice, fouaille de sa verve les carrefours, ricane et mord, siffle et chante, acclame et engueule, trouve sans chercher, sait ce qu'il ignore, est spartiate jusqu'à la filouterie,[1] est fou jusqu'à la sagesse, est lyrique jusqu'à l'ordure, s'accroupirait sur l'Olympe, se vautre dans le fumier et en sort couvert d'étoiles. Le gamin de Paris, c'est Rabelais [2] petit.

Il n'est pas content de sa culotte, s'il n'y a point de gousset de montre.

Il s'étonne peu, s'effraye encore moins, chansonne les superstitions, dégonfle les exagérations, blague les mystères, tire la langue aux revenants, dépoétise les échasses, introduit la caricature dans les grossissements épiques. Ce n'est pas qu'il soit prosaïque; loin de là; mais il remplace la vision solennelle par la fantasmagorie farce.

IV–XII.

[Amplification du sujet, le gamin.]

XIII.

LE PETIT GAVROCHE.

Huit ou neuf ans environ après les événements racontés dans la deuxième partie de cette histoire, on remarquait sur le boulevard du Temple [3] et dans les régions du Château-d'Eau [4] un petit garçon de onze à douze ans qui eût assez correctement réalisé cet idéal du gamin ébauché plus haut, si avec le rire de son âge sur les lèvres, il n'eût pas eu le cœur absolument sombre et vide. Cet enfant était bien affublé d'un pantalon d'homme, mais il ne le tenait pas de son père, et d'une camisole de femme, mais il ne la tenait pas de sa mère. Des gens quelconques l'avaient habillé de chiffons par charité. Pourtant il avait un père et une mère. Mais son père ne songeait point à lui et sa mère ne l'aimait point. C'était un de ces enfants, dignes de pitié entre tous, qui ont père et mère et qui sont orphelins.

Cet enfant ne se sentait jamais si bien que dans la rue. Le pavé était moins dur que le cœur de sa mère.

Ses parents l'avaient jeté dans la vie d'un coup de pied.

Il avait tout bonnement pris sa volée.

C'était un garçon bruyant, blême, leste, éveillé, goguenard, à l'air vivace et maladif. Il allait, venait, chantait, jouait, grattait les ruisseaux, volait un peu, mais comme les chats et les passereaux, gaiement, riait quand on l'appelait galopin, se fâchait quand on l'appelait voyou.[1] Il n'avait pas de gîte, pas de pain, pas de feu, pas d'amour ; mais il était joyeux parce qu'il était libre.

Quand ces pauvres êtres sont des hommes, presque toujours la meule de l'ordre social les rencontre et les broie, mais tant qu'ils sont enfants, ils échappent, étant petits. Le moindre trou les sauve.

Pourtant, si abandonné que fût cet enfant, il arrivait parfois, tous les deux ou trois mois, qu'il disait : Tiens, je vais voir maman ! Alors il quittait le boulevard, le Cirque,[2] la porte Saint-Martin, descendait aux quais, passait les ponts, gagnait les faubourgs, atteignait la Salpêtrière, et arrivait où ? Précisément à ce double numéro 50-52 que le lecteur connaît, à la masure Gorbeau.

A cette époque, la masure 50-52, habituellement déserte et éternellement décorée de l'écriteau: "Chambres à louer," se trouvait, chose rare, habitée par plusieurs individus qui, du reste, comme cela est toujours à Paris, n'avaient aucun lien ni aucun rapport entre eux. Tous appartenaient à cette classe indigente qui commence à partir du dernier petit bourgeois gêné et qui se prolonge de misère en misère dans les bas-fonds de la société jusqu'à ces deux êtres auxquels toutes les choses matérielles de la civilisation viennent aboutir, l'égoutier qui balaye la boue et le chiffonnier qui ramasse les guenilles.

La "principale locataire" du temps de Jean Valjean était morte et avait été remplacée par une toute pareille. Je ne sais quel philosophe a dit: On ne manque jamais de vieilles femmes.

Cette nouvelle vieille s'appelait madame Burgon, et n'avait rien de remarquable dans sa vie qu'une dynastie de trois perroquets, lesquels avaient successivement régné sur son âme.

Les plus misérables entre ceux qui habitaient la masure étaient une famille de quatre personnes, le père, la mère et deux filles déjà assez grandes, tous les quatre logés dans le même galetas, une de ces cellules dont nous avons déjà parlé.

Cette famille n'offrait au premier abord rien de très particulier que son extrême dénûment; le père, en louant la chambre, avait dit s'appeler Jondrette. Quelque temps après son emménagement, qui avait singulièrement ressemblé, pour emprunter l'expression mémorable de la principale locataire, à *l'entrée de rien du tout*, ce Jondrette avait dit à cette femme qui, comme sa devancière, était en même temps portière et balayait l'escalier:—Mère une telle,[1] si quelqu'un venait par hasard demander un Polonais, ou un Italien, ou peut-être un Espagnol, ce serait moi.

Cette famille était la famille du joyeux va-nu-pieds. Il y arrivait et il y trouvait la détresse, et, ce qui est plus triste, aucun sourire, le froid dans l'âtre et le froid dans les cœurs. Quand il entrait, on lui demandait:—D'où viens-tu? Il répondait:—De la rue. Quand il s'en allait, on lui demandait:—Où vas-tu? Il répondait:—Dans la rue. Sa mère lui disait: Qu'est-ce que tu viens faire ici?

Cet enfant vivait dans cette absence d'affection comme ces herbes pâles qui viennent dans les caves. Il ne souffrait pas d'être ainsi et n'en voulait à personne. Il ne savait pas au juste comment devaient être un père et une mère.

Du reste, sa mère aimait ses sœurs.

Nous avons oublié de dire que sur le boulevard du Temple on nommait cet enfant le petit Gavroche. Pourquoi s'appelait-il Gavroche?

Probablement parce que son père s'appelait Jondrette.

Casser le fil semble être l'instinct de certaines familles misérables.

La chambre que les Jondrette hâbitaient dans la masure Gorbeau était la dernière au bout du corridor. La cellule d'à côté était occupée par un jeune homme très pauvre qu'on nommait Monsieur Marius.

Disons ce que c'était que M. Marius.

I.

QUATRE–VINGT–DIX ANS ET TRENTE–DEUX DENTS.

Rue Boucherat, rue de Normandie et rue de Saintonge, il existe encore quelques anciens habitants qui ont gardé le souvenir d'un bonhomme appelé M. Gillenormand, et qui en parlent avec complaisance. Ce bonhomme était vieux quand ils étaient jeunes.

M. Gillenormand, lequel était on ne peut plus vivant en 1831, était un de ces hommes devenus curieux à voir uniquement à cause qu'ils ont longtemps vécu, et qui sont étranges parce qu'ils ont jadis ressemblé à tout le monde et que maintenant ils ne ressemblent plus à personne. C'était un vieillard particulier, et véritablement l'homme d'un autre âge, le vrai bourgeois complet et un peu hautain du dix-huitième siècle, portant sa bonne vieille bourgeoisie de l'air dont les marquis portaient leur marquisat. Il avait dépassé quatre-vingt-dix ans, marchait droit, parlait haut, voyait clair, buvait sec, mangeait, dormait et ronflait. Il avait ses trente-deux dents. Ils ne mettait de lunettes que pour lire.

II.

TEL MAÎTRE, TEL LOGIS.

[Il demeurait au Marais, rue des Filles-du-Calvaire, n° 6. La maison était à lui. Il occupait un vieil et vaste appartement au premier, entre la rue et des jardins.]

Le vêtement de M. Gillenormand n'était pas l'habit Louis XV, ni même l'habit Louis XVI; c'était le costume des incroyables du Directoire.¹ Il s'était cru tout jeune jusque-là et avait suivi les modes. Son habit était en drap léger, avec de spacieux revers, une longue queue de morue et de larges boutons d'acier. Avec cela, la culotte courte et les souliers à boucles. Il mettait toujours les mains dans ses goussets. Il disait avec autorité: *La révolution française est un tas de chenapans.*

IV.

ASPIRANT CENTENAIRE.

M. Gillenormand adorait les Bourbons et avait en horreur 1789; il racontait sans cesse de quelle façon il s'était sauvé·dans la Terreur, et comment il lui avait fallu bien de la gaieté et bien de l'esprit pour ne pas avoir la tête coupée. Si quelque jeune homme s'avisait de faire devant lui l'éloge de la République, il devenait bleu et s'irritait à s'évanouir. Quelquefois il faisait allusion à son âge de quatre-vingt-dix ans, et disait: *J'espère bien que je ne verrai pas deux fois quatre-vingt-treize.* D'autres fois, il signifiait aux gens qu'il entendait vivre cent ans.

VI.

SA FAMILLE.

Il avait eu deux femmes; de la première une fille qui était restée fille, et de la seconde une autre fille, morte vers l'âge de trente ans, laquelle avait épousé un soldat de fortune qui avait servi dans les armées de la République et de l'Empire, avait eu la croix à Austerlitz et avait été fait colonel à Waterloo. *C'est la honte de ma famille,* disait le vieux bourgeois. Il prenait force tabac et avait une grâce particulière à chiffonner son jabot de dentelles d'un revers de main. Il croyait fort peu en Dieu.

VIII.

LES DEUX NE FONT PAS LA PAIRE.

QUANT aux deux filles de M. Gillenormand, nous venons d'en parler. Elles étaient nées à dix ans d'intervalle. Dans leur jeunesse, elles s'étaient fort peu ressemblé, et, par le caractère comme par le visage, avaient été aussi peu sœurs que possible. La cadette était une charmante âme tournée vers tout ce qui est lumière, occupée de fleurs, de vers et de musique, envolée dans des espaces glorieux, enthousiaste, éthérée, fiancée dès l'enfance dans l'idéal à une vague figure héroïque. L'aînée avait aussi sa chimère; elle voyait dans l'azur un fournisseur,[1] quelque bon gros munitionnaire[2] bien riche, un mari splendidement bête, un million fait homme, ou bien un préfet; les réceptions de la préfecture, un huissier d'antichambre chaîne au cou, les bals officiels, les harangues de la mairie, être "madame la préfète," cela tourbillonnait dans son imagination. Les deux sœurs s'égaraient ainsi, chacune dans son rêve, à l'époque où elles étaient jeunes filles. Toutes deux avaient des ailes, l'une comme un ange, l'autre comme une oie.

Aucune ambition ne se réalise pleinement, ici-bas du moins. Aucun paradis ne devient terrestre à l'époque où nous sommes. La cadette avait épousé l'homme de ses songes, mais elle était morte. L'aînée ne s'était pas mariée.

Elle tenait la maison de son père. M. Gillenormand avait près de lui sa fille comme on a vu que monseigneur Bienvenu avait auprès de lui sa sœur. Ces ménages d'un vieillard et d'une vieille fille ne sont point rares et ont l'aspect toujours touchant de deux faiblesses qui s'appuient l'une sur l'autre.

Il y avait en outre dans la maison, entre cette vieille fille et ce vieillard, un enfant, un petit garçon toujours tremblant et muet devant M. Gillenormand. M. Gillenormand ne parlait jamais à cet enfant que d'une voix sévère et quelquefois la canne levée :—*Ici ! monsieur !*— *Maroufle, polisson, approchez !—Répondez, drôle ! — Que je vous voie, vaurien !* etc., etc. Il l'idolâtrait.

C'était son petit-fils.

LIVRE TROISIÈME. — LE GRAND-PÈRE ET LE PETIT-FILS.

[Le père de Marius est le colonel Pontmercy, officier de Napoléon, détesté par M. Gillenormand. Le colonel, grièvement blessé à Waterloo, a été ramené à la vie, par accident, par Thénardier, occupé à dévaliser morts et blessés et à achever ceux-ci. Le colonel croit qu'il lui doit la vie. Revenu en France, il trouve sa femme morte et veut avoir son fils près de lui, mais M. Gillenormand ayant annoncé que si l'enfant rejoint son père il perdra l'héritage de l'aïeul, le colonel consent à se séparer de son fils.]

L'ENFANT, qui s'appelait Marius, savait qu'il avait un père, mais rien de plus. Personne ne lui en ouvrait la bouche. Cependant, dans le monde où son grand-père le menait, les chuchotements, les demi-mots, les clins d'yeux, s'étaient fait jour à la longue dans l'esprit du petit; il avait fini par comprendre quelque chose, et comme il prenait naturellement, par une sorte d'infiltration et de pénétration lente, les idées et les opinions qui étaient, pour ainsi dire, son milieu respirable, il en vint peu à peu à ne songer à son père qu'avec honte et le cœur serré.

Pendant qu'il grandissait ainsi, tous les deux ou trois mois le colonel s'échappait, venait furtivement à Paris, comme un repris de justice qui rompt son ban,[1] et allait se poster à Saint-Sulpice, à l'heure où la tante Gillenormand menait Marius à la messe. Là, tremblant que la tante ne se retournât, caché derrière un pilier, immobile, n'osant respirer, il regardait son enfant. Ce balafré avait peur de cette vieille fille.

De là même était venue sa liaison avec le curé de Vernon, M. l'abbé Mabeuf.

Ce digne prêtre était frère d'un marguillier de Saint-Sulpice, lequel avait plusieurs fois remarqué cet homme contemplant son enfant, et la cicatrice qu'il avait sur la joue, et la grosse larme qu'il avait dans les yeux. Cet homme, qui avait si bien l'air d'un homme et qui pleurait comme une femme, avait frappé le marguillier. Cette figure lui était restée dans l'esprit. Un jour, étant allé à Vernon voir son frère, il rencontra sur le pont le colonel Pontmercy et reconnut l'homme de Saint-Sulpice. Le marguillier en parla au curé, et tous deux, sous un prétexte quelconque, firent une visite au colonel. Cette visite en amena d'autres. Le colonel, d'abord très fermé, finit par s'ouvrir, et le curé et le marguillier arrivèrent à savoir toute l'histoire, et comment Pontmercy sacrifiait son bonheur à l'avenir de son enfant. Cela fit que le curé le prit en vénération et en tendresse, et le colonel, de son côté, prit en affection le curé. D'ailleurs, quand d'aventure ils sont sincères et bons tous les deux, rien ne se pénètre et ne s'amalgame plus aisément qu'un vieux prêtre et un vieux soldat. Au fond, c'est le même homme. L'un s'est dévoué pour la patrie d'en bas, l'autre pour la patrie d'en haut ; pas d'autre différence.

Deux fois par an, au 1er janvier et à la Saint-Georges,[1] Marius écrivait à son père des lettres de devoir que sa tante dictait, et qu'on eût dit copiées dans quelque formulaire ; c'était tout ce que tolérait M. Gillenormand ; et le père répondait des lettres fort tendres que l'aïeul fourrait dans sa poche sans les lire.

Marius Pontmercy fit, comme tous les enfants, des études quelconques. Quand il sortit des mains de la tante Gillenormand, son grand-père le confia à un digne professeur de la plus pure innocence classique. Ce jeune âme qui s'ouvrait passa d'une prude à un cuistre. Marius eut ses années de collège, puis il entra à l'école de droit. Il était royaliste, fanatique et austère. Il aimait peu son grand-père dont la gaieté et le cynisme le froissaient, et il était sombre à l'endroit de son père.

C'était, du reste, un garçon ardent et froid, noble, généreux, fier, religieux, exalté; digne jusqu'à la dureté, pur jusqu'à la sauvagerie.

—◦◦◦—

LIVRES QUATRIÈME ET CINQUIÈME.

———

[Après la mort de son père il apprend par hasard combien celui-ci l'a aimé. Il étudie son histoire, devient très fier de lui, et sommé par son grand-père d'oublier à jamais le colonel baron Pontmercy ou de quitter le toit Gillenormand, Marius quitte la maison de son grand-père. Se trouvant alors très pauvre il va se loger dans la masure Gorbeau et travaille dans la librairie.]

LIVRE SIXIÈME. — LA CONJONCTION DE DEUX ÉTOILES.

I.

LE SOBRIQUET: MODE DE TRANSFORMATION DES NOMS DE FAMILLE.

MARIUS, à cette époque, était un beau jeune homme de moyenne taille avec d'épais cheveux noirs, un front haut et intelligent, les narines ouvertes et passionnées, l'air sincère et calme, et sur tout son visage je ne sais quoi qui était hautain, pensif et innocent. Ses façons étaient réservées, froides, polies, peu ouvertes. Comme sa bouche était charmante, ses lèvres les plus vermeilles et ses dents les plus blanches du monde, son sourire corrigeait ce que toute sa physionomie avait de sévère.

Depuis plus d'un an, Marius remarquait dans une allée déserte du Luxembourg,[1] l'allée qui longe le parapet de la Pépinière, un homme et une toute jeune fille presque toujours assis côte à côte sur le même banc à l'extrémité la plus solitaire de l'allée, du côté de la rue de l'Ouest. Chaque fois que ce hasard qui se mêle aux promenades des gens dont l'œil est retourné en dedans,[2] amenait Marius dans cette allée, et c'était presque tous les jours, il y retrouvait ce couple. L'homme pouvait avoir une soixantaine d'années ; il paraissait triste et sérieux ; toute sa personne offrait cet aspect robuste et fatigué des gens de guerre retirés du service. S'il avait eu une décoration, Marius eût dit : C'est un ancien officier. Il avait l'air bon, mais inabordable, et il n'arrêtait jamais son regard sur le regard de personne. Il portait un pantalon bleu, une redingote bleue et un chapeau à bords larges qui paraissaient toujours neufs, une cravate noire et une chemise de quaker, c'est-à-dire éclatante de blancheur, mais de grosse toile. Il avait les cheveux très blancs.

La première fois que la jeune fille qui l'accompagnait vint s'asseoir avec lui sur le banc qu'ils semblaient avoir adopté, c'était une façon de fille de treize à quatorze ans, maigre, au point d'en être presque laide, gauche, insignifiante, et qui promettait peut-être d'avoir d'assez beaux yeux. Seulement ils étaient toujours levés avec une sorte d'assurance déplaisante. Elle avait cette mise à la fois vieille et enfantine des pensionnaires de couvent ; une robe mal coupée de gros mérinos noir. Ils avaient l'air du père et de la fille.

Marius examina pendant deux ou trois jours cet homme vieux qui n'était pas encore un vieillard et cette petite fille qui n'était pas encore une personne, puis il n'y fit plus aucune attention. Eux de leur côté semblaient ne pas même le voir. Ils causaient entre eux d'un air paisible et indifférent. La fille jasait sans cesse, et gaiement. Le vieux homme parlait peu, et, par instants, il attachait sur elle des yeux remplis d'une ineffable paternité.

Marius avait pris l'habitude machinale de se promener dans cette allée. Il les y retrouvait invariablement.

Voici comment la chose se passait :

Marius arrivait le plus volontiers par le bout de l'allée opposé à leur banc, il marchait toute la longueur de l'allée, passait devant eux, puis s'en retournait jusqu'à l'extrémité par où il était venu, et recommençait. Il faisait ce va-et-vient cinq ou six fois dans sa promenade, et cette promenade cinq ou six fois par semaine sans qu'ils en fussent arrivés, ces gens et lui, à échanger un salut. Ce personnage et cette jeune fille, quoiqu'ils parussent et peut-être parce qu'ils paraissaient éviter les regards, avaient naturellement quelque peu éveillé l'attention des cinq ou six étudiants qui se promenaient de temps en temps le long de la Pépinière ; les studieux après leur cours, les autres après leur partie de billard. Un de ces derniers les avait observés quelque temps, mais trouvant la fille laide, il s'en était bien vite et soigneusement écarté. Il s'était enfui comme un Parthe en leur décochant un sobriquet. Frappé uniquement de la robe de la petite et des cheveux du vieux, il avait appelé la fille *mademoiselle Lanoire* et le père *monsieur Leblanc,* si bien que, personne ne les connaissant d'ailleurs, en l'absence du nom, le surnom avait fait loi. Les étudiants disaient : — Ah ! monsieur Leblanc est à son banc ! et Marius, comme les autres, avait trouvé commode d'appeler ce monsieur inconnu M. Leblanc.

Nous ferons comme eux, et nous dirons M. Leblanc pour la facilité de ce récit.

Marius les vit ainsi presque tous les jours à la même heure pendant la première année. Il trouvait l'homme à son gré, mais la fille assez maussade.

II.

LUX FACTA EST.

La seconde année, précisément au point de cette histoire où le lecteur est parvenu, il arriva que cette habitude du Luxembourg s'interrompit, sans que Marius sût trop pourquoi lui-même, et qu'il fut près de six mois sans mettre les pieds dans son allée. Un jour enfin il y retourna ; c'était par une sereine matinée d'été. Marius était joyeux comme on l'est quand il fait beau. Il lui semblait qu'il **avait** dans le cœur tous les chants d'oiseaux qu'il entendait et tous les morceaux de ciel bleu qu'il voyait à travers les arbres.

Il alla droit "à son allée," et quand il fut au bout, il aperçut toujours sur le même banc, ce couple connu. Seulement, quand il approcha, c'était bien le même homme; mais il lui parut que ce n'était plus la même fille. La personne qu'il voyait maintenant était une grande et belle créature ayant toutes les formes les plus charmantes de la femme à ce moment précis où elles se combinent encore avec toutes les grâces les plus naïves de l'enfant ; moment fugitif et pur que peuvent seuls traduire ces deux mots : quinze ans. C'étaient d'admirables cheveux châtains nuancés de veines dorées, un front qui semblait fait de marbre, des joues qui semblaient faites d'une feuille de rose, un incarnat pâle, une blancheur émue, une bouche exquise d'où le sourire sortait comme une clarté et la parole comme une musique, une tête que Raphaël[1] eût donnée à Marie posée sur un cou que Jean Goujon[2] eût donné à Vénus. Et, afin que rien ne manquât à cette ravissante figure, le nez n'était pas beau, il était joli; ni droit ni courbé, ni italien ni grec ; c'était le nez parisien; c'est-à-dire quelque chose de spirituel, de fin, d'irrégulier et de pur, qui désespère les peintres et qui charme les poètes.

Quand Marius passa près d'elle, il ne put voir ses yeux qui étaient constamment baissés. Il ne vit que ses longs cils châtains pénétrés d'ombre et de pudeur.

Cela n'empêchait pas la belle enfant de rire tout en écoutant l'homme à cheveux blancs qui lui parlait, et rien n'était ravissant comme ce frais sourire avec des yeux baissés.

Dans le premier moment, Marius pensa que c'était une autre fille du même homme, une sœur sans doute de la première. Mais quand l'invariable habitude de la promenade le ramena pour la seconde fois près du banc, et qu'il l'eut examinée avec attention, il reconnut que c'était la même. En six mois, la petite fille était devenue jeune fille ; voilà tout. Rien n'est plus fréquent que ce phénomène. Il y a un instant où les filles s'épanouissent en un clin d'œil et deviennent des roses tout à coup.

Celle-ci n'avait pas seulement grandi, elle s'était idéalisée. Comme trois jours en avril suffisent à de certains arbres pour se couvrir de fleurs, six mois lui avaient suffi pour se vêtir de beauté. Son avril à elle était venu.

On voit quelquefois des gens qui, pauvres et mesquins, semblent se réveiller, passent subitement de l'indigence au faste, font des dépenses de toutes sortes, et deviennent tout à coup éclatants, prodigues et magnifiques. Cela tient à une rente empochée;[1] il y a eu une échéance hier. La jeune fille avait touché son semestre.[2]

Et puis ce n'était plus la pensionnaire avec son chapeau de peluche, sa robe de mérinos, ses souliers d'écolier et ses mains rouges ; le goût lui était venu avec la beauté ; c'était une personne bien mise avec une sorte d'élégance simple et riche et sans manière. Elle avait une robe de damas noir, un camail de même étoffe et un chapeau de crêpe blanc. Ses gants blancs montraient la finesse de sa main qui jouait avec le manche d'une ombrelle en ivoire chinois, et son brodequin de soie dessinait la petitesse de son pied. Quand on passait près d'elle, toute sa toilette exhalait un parfum jeune et pénétrant.

Quant à l'homme, il était toujours le même.

La seconde fois que Marius arriva près d'elle, la jeune fille leva les paupières. Ses yeux étaient d'un bleu céleste et profond, mais dans cet azur voilé il n'y avait encore que le regard d'un enfant. Elle regarda Marius avec indifférence, comme elle eût regardé le marmot qui courait sous les sycomores, ou le vase de marbre qui faisait de l'ombre sur le banc; et Marius de son côté continua sa promenade en pensant à autre chose.

Il passa encore quatre ou cinq fois près du banc où était la jeune fille, mais sans même tourner les yeux vers elle.

Les jours suivant il revint comme à l'ordinaire au Luxembourg; comme à l'ordinaire il y trouva "le père et la fille"; mais il n'y fit plus attention. Il ne songea pas plus à cette fille quand elle fut belle qu'il n'y songeait lorsqu'elle était laide. Il passait fort près du banc où elle était, parce que c'était son habitude.

III.

EFFET DE PRINTEMPS.

Un jour, l'air était tiède, le Luxembourg était inondé d'ombre et de soleil, le ciel était pur comme si les anges l'eussent lavé le matin, les passereaux poussaient de petits cris dans les profondeurs des marronniers. Marius avait ouvert toute son âme à la nature, il ne pensait à rien, il vivait et il respirait, il passa près de ce banc, la jeune fille leva les yeux sur lui, leurs deux regards se rencontrèrent.

Qu'y avait-il cette fois dans le regard de la jeune fille? Marius n'eût pu le dire. Il n'y avait rien et il y avait tout. Ce fut un étrange éclair.

Elle baissa les yeux, et il continua son chemin.

Ce qu'il venait de voir, ce n'était pas l'œil ingénu et simple d'un enfant, c'était un gouffre mystérieux qui s'était entr'ouvert, puis brusquement refermé.

Il y a un jour où toute jeune fille regarde ainsi. Malheur à qui se trouve là!

Ce premier regard d'une âme qui ne se connaît pas encore est comme l'aube dans le ciel. C'est l'éveil de quelque chose de rayonnant et d'inconnu. Rien ne sau-

rait rendre le charme dangereux de cette lueur inattendue
qui éclaire vaguement tout à coup d'adorables ténèbres et
qui se compose de toute l'innocence du présent et de toute
la passion de l'avenir. C'est une sorte de tendresse indé-
cise qui se révèle au hasard et qui attend. C'est un piège
que l'innocence tend à son insu et où elle prend des cœurs
sans le vouloir et sans le savoir.

Il est rare qu'une rêverie profonde ne naisse pas de ce
regard là où il tombe. Toutes les puretés et toutes les
candeurs se rencontrent dans ce rayon céleste et fatal qui,
plus que les œillades les mieux travaillées des coquettes, a
le pouvoir magique de faire subitement éclore au fond
d'une âme cette fleur sombre, pleine de parfums et de
poisons, qu'on appelle l'amour.

Le soir, en rentrant dans son galetas, Marius jeta les
yeux sur son vêtement, et s'aperçut pour la première fois
qu'il avait la malpropreté, l'inconvenance et la stupidité
inouïe d'aller se promener au Luxembourg avec ses habits
" de tous les jours," c'est-à-dire avec un chapeau cassé près
de la ganse, de grosses bottes de roulier, un pantalon noir
blanc aux genoux et un habit noir pâle aux coudes.

IV.

COMMENCEMENT D'UNE GRANDE MALADIE.

LE lendemain, à l'heure accoutumée, Marius tira de son
armoire son habit neuf, son pantalon neuf, son chapeau
neuf et ses bottes neuves; il se revêtit de cette panoplie
complète, mit des gants, luxe prodigieux, et s'en alla au
Luxembourg.

Chemin faisant, il rencontra Courfeyrac,[1] et feignit de
ne pas le voir. Courfeyrac en rentrant chez lui dit à ses
amis :

—Je viens de rencontrer le chapeau neuf et l'habit neuf de Marius et Marius dedans. Il allait sans doute passer un examen. Il avait l'air tout bête.

Arrivé au Luxembourg, Marius fit le tour du bassin et considéra les cygnes, puis il demeura longtemps en contemplation devant une statue qui avait la tête toute noire de moisissure et à laquelle une hanche manquait.

En débouchant dans l'allée, il aperçut, à l'autre bout "sur leur banc" M. Leblanc et la jeune fille. Il boutonna son habit jusqu'en haut, le tendit sur son torse pour qu'il ne fît pas de plis, examina avec une certaine complaisance les reflets lustrés de son pantalon et marcha sur le banc. Il y avait de l'attaque dans cette marche et certainement une velléité de conquête. Je dis donc : il marcha sur le banc, comme je dirais : Annibal marcha sur Rome.

A mesure qu'il approchait, son pas se ralentissait de plus en plus. Parvenu à une certaine distance du banc, bien avant d'être à la fin de l'allée, il s'arrêta, et il ne put savoir lui-même comment il se fit qu'il rebroussa chemin. Il ne se dit même point qu'il n'allait pas jusqu'au bout. Ce fut à peine si la jeune fille put l'apercevoir de loin et voir le bel air qu'il avait dans ses habits neufs. Cependant il se tenait très droit, pour avoir bonne mine dans le cas où quelqu'un qui serait derrière lui le regarderait.

Il atteignit le bout opposé, puis revint, et cette fois il s'approcha un peu plus près du banc. Il parvint même jusqu'à une distance de trois intervalles d'arbres, mais là il sentit je ne sais quelle impossibilité d'aller plus loin, et il hésita. Il avait cru voir le visage de la jeune fille se pencher vers lui. Cependant il fit un effort viril et violent, dompta l'hésitation et continua d'aller en avant. Quelques secondes après, il passait devant le banc, droit et ferme, rouge jusqu'aux oreilles, sans oser jeter un regard à droite ni à gauche, la main dans son habit comme un homme d'état. Au moment où il passa—sous le canon de la place—il éprouva un affreux battement de cœur. Elle avait comme la veille sa robe de damas et son chapeau de crêpe. Il entendit une voix ineffable qui devait être "sa voix." Elle causait tranquillement. Elle était bien jolie. Il le sentait, quoiqu'il n'essayât pas de la voir.

Il dépassa le banc, alla jusqu'à l'extrémité de l'allée qui était tout proche, puis revint sur ses pas et passa encore devant la belle fille. Cette fois il était très pâle. Du reste, il n'éprouvait rien que de fort désagréable. Il s'éloigna du banc et de la jeune fille, et, tout en lui tournant le dos, il se figurait qu'elle le regardait, et cela le faisait trébucher.

Il n'essaya plus de s'approcher du banc, il s'arrêta vers la moitié de l'allée, et là, chose qu'il ne faisait jamais, il s'assit, jetant des regards de côté, et songeant dans les profondeurs les plus indistinctes de son esprit qu'après tout, il était difficile que les personnes dont il admirait le chapeau blanc et la robe noire fussent absolument insensibles à son pantalon lustré et à son habit neuf.

Au bout d'un quart d'heure, il se leva, comme s'il allait recommencer à marcher vers ce banc qu'une auréole entourait. Cependant il restait debout et immobile. Pour la première fois depuis quinze mois il se dit que ce monsieur qui s'asseyait là tous les jours avec sa fille, l'avait sans doute remarqué de son côté et trouvait probablement son assiduité étrange.

Pour la première fois aussi il sentit quelque irrévérence à désigner cet inconnu, même dans le secret de sa pensée, par le sobriquet de M. Leblanc.

Il demeura ainsi quelques minutes la tête baissée et faisant des dessins sur le sable avec une baguette qu'il avait à la main.

Puis il se tourna brusquement du côté opposé au banc, à M. Leblanc et à sa fille, et s'en revint chez lui.

Ce jour-là, il oublia d'aller dîner. A huit heures du soir, il s'en aperçut, et comme il était trop tard pour descendre rue Saint-Jacques, tiens! dit-il, et il mangea un morceau de pain.

Il ne se coucha qu'après avoir brossé son habit et l'avoir plié avec soin.

V–VI.

[Continuation des promenades au Luxembourg.]

VII.

AVENTURES DE LA LETTRE *U* LIVRÉE AUX CONJECTURES.

L'ISOLEMENT, le détachement de tout, la fierté, l'indépendance, le goût de la nature, l'absence d'activité quotidienne et matérielle, la vie en soi, l'extase bienveillante devant toute la création, avaient préparé Marius à cette possession qu'on nomme la passion. Son culte pour son père était devenu peu à peu une religion, et, comme toute religion, s'était retiré au fond de l'âme. Il fallait quelque chose sur le premier plan. L'amour vint.

Tout un grand mois s'écoula, pendant lequel Marius alla tous les jours au Luxembourg. L'heure venue, rien ne pouvait le retenir. Marius vivait dans les ravissements. Il est certain que la jeune fille le regardait.

Il avait fini par s'enhardir, et il s'approchait du banc. Cependant il ne passait plus devant, obéissant à la fois à l'instinct de timidité et à l'instinct de prudence des amoureux. Il jugeait utile de ne point attirer "l'attention du père." Il combinait ses stations derrière les arbres et les piédestaux des statues avec un machiavélisme profond, de façon à se faire voir le plus possible à la jeune fille et à se

laisser voir le moins possible du vieux monsieur. Quelquefois, pendant des demi-heures entières, il restait immobile à l'ombre d'un Léonidas ou d'un Spartacus quelconque,
tenant à la main un livre au-dessus duquel ses yeux,
doucement levés, allaient chercher la belle fille, et elle, de
son côté, détournait avec un vague sourire son charmant
profil vers lui.   Tout en causant le plus naturellement et
le plus tranquillement du monde avec l'homme à cheveux
blancs, elle appuyait sur Marius toutes les rêveries d'un
œil virginal et passionné.   Antique et immémorial manège
qu'Ève savait dès le premier jour du monde et que toute
femme sait dès le premier jour de la vie ! Sa bouche
donnait la réplique à l'un et son regard donnait la réplique
à l'autre.

Il faut croire pourtant que M. Leblanc finissait par
s'apercevoir de quelque chose, car souvent, lorsque Marius
arrivait, il se levait et se mettait à marcher. Il avait
quitté leur place accoutumée et avait adopté, à l'autre
extrémité de l'allée, le banc voisin du Gladiateur, comme
pour voir si Marius les y suivrait. Marius ne comprit
point, et fit cette faute. "Le père" commença à devenir
inexact, et n'amena plus "sa fille" tous les jours. Quelquefois il venait seul. Alors Marius ne restait pas.
Autre faute.

Marius ne prenait point garde à ces symptômes. De la
phase de timidité il avait passé, progrès naturel et fatal, à
la phase d'aveuglement. Son amour croissait. Il en
rêvait toutes les nuits. Et puis il lui était arrivé un
bonheur inespéré, huile sur le feu, redoublement de
ténèbres sur ses yeux. Un soir, à la brune, il avait
trouvé sur le banc que " M. Leblanc et sa fille " venaient
de quitter, un mouchoir, un mouchoir tout simple et sans
broderie, mais blanc, fin, et qui lui parut exhaler des
senteurs ineffables. Il s'en empara avec transport. Ce

mouchoir était marqué des lettres *U. F.;* Marius ne savait
rien de cette belle enfant, ni sa famille, ni son nom, ni sa
demeure; ces deux lettres étaient la première chose d'elle
qu'il saisissait, adorables initiales sur lesquelles il commença tout de suite à construire son échafaudage. *U.* était
évidemment le prénom.   Ursule! pensa-t-il, quel délicieux
nom!   Il baisa le mouchoir, l'aspira, le mit sur son cœur,
sur sa chair, pendant le jour, et la nuit sous ses lèvres pour
s'endormir.

— J'y sens toute son âme! s'écriait-il.

Ce mouchoir était au vieux monsieur qui l'avait tout
bonnement laissé tomber de sa poche.

Les jours qui suivirent la trouvaille, il ne se montra
plus au Luxembourg que baisant le mouchoir et l'appuyant
sur son cœur.   La belle enfant n'y comprenait rien et le
lui marquait par des signes imperceptibles.

— O pudeur! disait Marius.

[Marius ayant suivi le vieillard et la jeune fille jusque chez eux,
ceux-ci déménagent brusquement et il perd leur trace.]

LIVRE SEPTIÈME.

[Description de certains bandits, amis de Jondrette.]

I.

MARIUS, CHERCHANT UNE FILLE EN CHAPEAU, RENCONTRE UN HOMME EN CASQUETTE.

L'ÉTÉ passa, puis l'automne; l'hiver vint. Ni **M.** Leblanc ni la jeune fille n'avaient remis les pieds au Luxembourg. Marius n'avait plus qu'une pensée, revoir ce doux et adorable visage. Il cherchait toujours, il cherchait partout; il ne trouvait rien. Ce n'était plus Marius le rêveur enthousiaste, l'homme résolu, ardent et ferme, le hardi provocateur de la destinée, le cerveau qui échafaudait avenir sur avenir, le jeune esprit encombré de plans, de projets, de fiertés, d'idées et de volontés; c'était un chien perdu. Il tomba dans une tristesse noire. C'état fini. Le travail le rebutait, la promenade le fatiguait, la solitude l'ennuyait; la vaste nature, si remplie autrefois de formes, de clartés, de voix, de conseils, de perspectives, d'horizons, d'enseignements, était maintenant vide devant lui. Il lui semblait que tout avait disparu.

Il pensait toujours, car il ne pouvait faire autrement; mais il ne se plaisait plus dans ses pensées. A tout ce qu'elles lui proposaient tout bas sans cesse, il répondait dans l'ombre : A quoi bon ?

Il se faisait cent reproches. Pourquoi l'ai-je suivie? J'étais si heureux rien que de la voir! Elle me regardait; est-ce que ce n'était pas immense? Elle avait l'air de m'aimer. Est-ce que ce n'était pas tout? J'ai voulu avoir quoi? Il n'y a rien après cela. J'ai été absurde. C'est ma faute, etc., etc.

Il se remit à vivre de plus en plus seul, accablé, tout à son angoisse intérieure, allant et venant dans sa douleur comme le loup dans le piège, quêtant partout l'absente, abruti d'amour.

Une fois, il avait fait une rencontre qui lui avait produit un effet singulier. Il avait croisé dans les petites rues qui avoisinent le boulevard des Invalides un homme vêtu comme un ouvrier et coiffé d'une casquette à longue visière qui laissait passer des mèches de cheveux très blancs. Marius fut frappé de la beauté de ces cheveux blancs et considéra cet homme qui marchait à pas lents et comme absorbé dans une méditation douloureuse. Chose étrange, il lui parut reconnaître M. Leblanc. C'étaient les mêmes cheveux, le même profil, autant que la casquette le laissait voir, la même allure, seulement plus triste. Mais pourquoi ces habits d'ouvrier? qu'est-ce que cela voulait dire? que signifiait ce déguisement? Marius fut très étonné. Quand il revint à lui, son premier mouvement fut de se mettre à suivre cet homme; qui sait s'il ne tenait point enfin la trace qu'il cherchait? En tout cas, il fallait revoir l'homme de près et éclaircir l'énigme. Mais il s'avisa de cette idée trop tard, l'homme n'était déjà plus là. Il avait pris quelque petite rue latérale et Marius ne put le retrouver. Cette rencontre le préoccupa quelques jours, puis s'effaça. — Après tout, se dit-il, ce n'est probablement qu'une ressemblance.

[Marius reçoit de Jondrette, son voisin, une supplique et découvre que ce voisin a pour industrie d'exploiter la charité des personnes bienfaisantes. Jondrette a écrit, entre autres, *au Monsieur bienfaisant de l'Eglise Saint-Jacques-du-Haut-Pas*, une lettre signée P. Fabantou, artiste dramatique. Il a fait porter la lettre par sa fille aînée qui, à son retour, annonce la visite du bénévole personnage. Marius, dont la mansarde n'est séparée de celle des Jondrette que par une mince cloison, suit la scène par un trou dans le haut de la cloison.]

— Tu es sûre, là, sûre qu'il vient ?

— Il est derrière mes talons, dit-elle.

L'homme se dressa.   Il y avait une sorte d'illumination sur son visage.

— Ma femme ! cria-t-il, tu entends.   Voilà le philanthrope.   Éteins le feu.

La mère stupéfaite ne bougea pas.

Le père, avec l'agilité d'un saltimbanque, saisit un pot égueulé[1] qui était sur la cheminée et jeta de l'eau sur les tisons.

Puis s'adressant à la fille aînée :

— Toi ! dépaille la chaise ![2]

Sa fille ne comprenait point.

Il empoigna la chaise et d'un coup de talon il en fit une chaise dépaillée.   Sa jambe passa au travers.

Tout en retirant la jambe, il demanda à sa fille :

— Fait-il froid ?

— Très froid.   Il neige.

Le père se tourna vers la cadette qui était sur le grabat près de la fenêtre et lui cria d'une voix tonnante :

— Vite ! à bas du lit, fainéante ! tu ne feras donc jamais rien ! casse un carreau !

La petite se jeta à bas du lit en frissonnant.

— Casse un carreau ! reprit-il.

L'enfant demeura interdite.

— M'entends-tu ? répéta le père, je te dis de casser un carreau !

L'enfant, avec une sorte d'obéissance terrifiée, se dressa sur la pointe du pied, et donna un coup de poing dans un carreau.   La vitre se brisa et tomba à grand bruit.

— Bien, dit le père.

Il était grave et brusque. Son regard parcourait rapidement tous les recoins du galetas.

On eût dit un général qui fait les derniers préparatifs au moment où la bataille va commencer.

La mère, qui n'avait pas dit un mot, se souleva et demanda d'une voix lente et sourde et dont les paroles semblaient sortir comme figées :

— Chéri, qu'est-ce que tu veux faire ?

— Mets-toi au lit, répondit l'homme.

L'intonation n'admettait pas de délibération. La mère obéit et se jeta lourdement sur un des grabats.

Cependant on entendait un sanglot dans un coin

— Qu'est-ce que c'est ? cria le père.

La fille cadette, sans sortir de l'ombre où elle s'était blottie, montra son poing ensanglanté. En brisant la vitre, elle s'était blessée ; elle s'en était allée près du grabat de sa mère, et elle pleurait silencieusement.

Ce fut le tour de la mère de se dresser et de crier :

— Tu vois bien ! les bêtises que tu fais ! en cassant ton carreau, elle s'est coupée !

— Tant mieux ! dit l'homme, c'était prévu.

— Comment ? tant mieux ! reprit la femme.

— Paix ! répliqua le père, je supprime la liberté de la presse.

Puis, déchirant la chemise de femme qu'il avait sur le corps, il fit un lambeau de toile dont il enveloppa vivement le poignet sanglant de la petite.

Cela fait, son œil s'abaissa sur la chemise déchirée avec satisfaction.

— Et la chemise aussi, dit-il. Tout cela a bon air.

Une bise glacée sifflait à la vitre et entrait dans la chambre. La brume du dehors y pénétrait et s'y dilatait comme une ouate blanche vaguement démêlée par des doigts invisibles. A travers le carreau cassé, on voyait tomber la neige. Le froid promis la veille par le soleil de la Chandeleur[1] était en effet venu.

Le père promena un coup d'œil autour de lui comme pour s'assurer qu'il n'avait rien oublié. Il prit une vieille pelle et répandit de la cendre sur les tisons mouillés de façon à les cacher complètement.

Puis se relevant et s'adossant à la cheminée :

— Maintenant, dit-il, nous pouvons recevoir le philanthrope.

VIII.

LE RAYON DANS LE BOUGE.

LA grande fille s'approcha et posa sa main sur celle de son père.

— Tâte comme j'ai froid, dit-elle.

— Bah ! répondit le père, j'ai bien plus froid que cela.

La mère cria impétueusement :

— Tu as toujours tout mieux que les autres, toi ! même le mal.

— A bas ! dit l'homme.

La mère, regardée d'une certaine façon, se tut.

Il y eut dans le bouge un moment de silence. La fille aînée décrottait d'un air insouciant le bas de sa mante, la jeune sœur continuait de sangloter ; la mère lui avait pris la tête dans ses deux mains et la couvrait de baisers en lui disant tout bas :

— Mon trésor, je t'en prie, ce ne sera rien, ne pleure pas, tu vas fâcher ton père.

— Non ! cria le père, au contraire ! sanglote ! sanglote ! cela fait bien.

Puis revenant à l'aînée :

— Ah çà, mais ! il n'arrive pas ! s'il allait ne pas venir !
j'aurais éteint mon feu, défoncé ma chaise, déchiré ma
chemise et cassé mon carreau pour rien.

— Et blessé la petite ! murmura la mère.

— Savez-vous, reprit le père, qu'il fait un froid de chien
dans ce galetas du diable ! Si cet homme ne venait pas !
Oh ! voilà ! il se fait attendre ! il se dit : Eh bien ! ils
m'attendront ! ils sont là pour cela ! — Mais qu'est-ce qu'il
fait donc, ton mufle de monsieur bienfaisant[1] ? viendra-t-il ?
L'animal a peut-être oublié l'adresse ! gageons que cette
vieille bête...

En ce moment on frappa un léger coup à la porte,
l'homme s'y précipita et l'ouvrit, en s'écriant avec des
salutations profondes et des sourires d'adoration :

— Entrez, monsieur ! daignez entrer, mon respectable
bienfaiteur, ainsi que votre charmante demoiselle.

Un homme d'un âge mûr et une jeune fille parurent sur
le seuil du galetas.

Marius n'avait pas quitté sa place. Ce qu'il éprouva en
ce moment échappe à la langue humaine.

C'était Elle.

Quiconque a aimé sait tous les sens rayonnants que con-
tiennent les quatre lettres de ce mot : Elle.

C'était bien elle. C'est à peine si Marius la distinguait
à travers la vapeur lumineuse qui s'était subitement répandue sur ses yeux. C'était ce doux être absent, cet astre
qui lui avait lui pendant six mois, c'était cette prunelle,
ce front, cette bouche, ce beau visage évanoui qui avait
fait la nuit en s'en allant. La vision s'était éclipsée, elle
reparaissait.

Elle reparaissait dans cette ombre, dans ce galetas, dans
ce bouge difforme, dans cette horreur !

Marius frémissait éperdument. Quoi ! c'était elle ! les
palpitations de son cœur lui troublaient la vue. Il se

sentait prêt à fondre en larmes ! Quoi ! il la revoyait
enfin après l'avoir cherchée si longtemps ! il lui semblait
qu'il avait perdu son âme et qu'il venait de la retrouver.

Elle était toujours la même, un peu pâle seulement ; sa
délicate figure s'encadrait dans un chapeau de velours
violet, sa taille se dérobait sous une pelisse de satin noir.
On entrevoyait sous sa longue robe son petit pied serré
dans un brodequin de soie.

Elle était toujours accompagnée de M. Leblanc.

Elle avait fait quelques pas dans la chambre et avait
déposé un assez gros paquet sur la table.

La Jondrette aînée s'était retirée derrière la porte et
regardait d'un œil sombre ce chapeau de velours, cette
mante de soie et ce charmant visage heureux.

IX–XI.

JONDRETTE PLEURE PRESQUE.

LE taudis était tellement obscur que les gens qui venaient
du dehors éprouvaient en y pénétrant un effet d'entrée de
cave.[1] Les deux nouveaux venus avancèrent donc avec
une certaine hésitation, distinguant à peine des formes
vagues autour d'eux, tandis qu'ils étaient parfaitement
vus et examinés par les yeux des habitants du galetas,
accoutumés à ce crépuscule.

M. Leblanc s'approcha avec son regard bon et triste, et
dit au père Jondrette :

—Monsieur, vous trouverez dans ce paquet des hardes
neuves, des bas, et des couvertures de laine.

—Notre angélique bienfaiteur nous comble, dit Jondrette
en s'inclinant jusqu'à terre.

Puis, se penchant à l'oreille de sa fille aînée, pendant
que les deux visiteurs examinaient cet intérieur lamentable, il ajouta bas et rapidement :

—Hein? qu'est-ce que je disais? des nippes! pas d'argent. Ils sont tous les mêmes! A propos, comment la lettre à cette vieille ganache¹ était-elle signée?

—Fabantou, répondit la fille.

—L'artiste dramatique, bon!

Bien en prit à Jondrette, car en ce moment-là même M. Leblanc se retournait vers lui, et lui disait de cet air de quelqu'un qui cherche le nom :

—Je vois que vous êtes bien à plaindre, monsieur ...

—Fabantou, répondit vivement Jondrette.

—M. Fabantou, oui, c'est cela. Je me rappelle.

—Artiste dramatique, monsieur, et qui a eu des succès.

Ici Jondrette crut évidemment le moment venu de s'emparer du "philanthrope." Il s'écria avec un son de voix qui tenait tout à la fois de la gloriole du bateleur dans les foires et de l'humilité du mendiant sur les grandes routes:

—Élève de Talma!² Je suis élève de Talma. La fortune m'a souri jadis. Hélas! maintenant c'est le tour du malheur. Voyez, mon bienfaiteur, pas de pain, pas de feu. Mes pauvres mômes³ n'ont pas de feu. Mon unique chaise dépaillée! Un carreau cassé! par le temps qu'il fait! Mon épouse au lit! malade!

—Pauvre femme! dit M. Leblanc.

—Mon enfant blessé! ajouta Jondrette.

L'enfant, distraite par l'arrivée des étrangers, s'était mise à contempler "la demoiselle" et avait cessé de sangloter.

—Pleure donc! braille donc! lui dit Jondrette bas.

En même temps il lui pinça sa main malade. Tout cela avec un talent d'escamoteur.

La petite jeta les hauts cris.

L'adorable jeune fille que Marius nommait dans son cœur "son Ursule" s'approcha vivement.

—Pauvre chère enfant ! dit-elle.

—Voyez, ma belle demoiselle, poursuivit Jondrette, son poignet ensanglanté !　C'est un accident qui est arrivé en travaillant sous une mécanique pour gagner six sous par jour.　On sera peut-être obligé de lui couper le bras !

—Vraiment ! dit le vieux monsieur alarmé.

La petite fille, prenant cette parole au sérieux, se remit à sangloter de plus belle.

—Hélas ! oui, mon bienfaiteur ! répondit le père.

Depuis quelques instants, Jondrette considérait "le philanthrope" d'une manière bizarre.　Tout en parlant, il semblait le scruter avec attention comme s'il cherchait à recueillir des souvenirs.　Tout à coup, profitant d'un moment où les nouveaux venus questionnaient avec intérêt la petite sur sa main blessée, il passa près de sa femme qui était dans son lit avec un air accablé et stupide, et lui dit vivement et très bas :

—Regarde donc cet homme-là !

Puis, se retournant vers M. Leblanc, et continuant sa lamentation :

—Voyez, monsieur ! je n'ai, moi, pour tout vêtement qu'une chemise de ma femme ! et toute déchirée ! au cœur de l'hiver.　Je ne puis sortir faute d'un habit.　Si j'avais le moindre habit, j'irais voir mademoiselle Mars[1] qui me connaît et qui m'aime beaucoup.　Ne demeure-t-elle pas toujours rue de la Tour-des-Dames ?　Savez-vous, monsieur ? nous avons joué ensemble en province.　J'ai partagé ses lauriers.　Célimène[2] viendrait à mon secours, monsieur !　Elmire[3] ferait l'aumône à Bélisaire ![4]　Mais non, rien !　Et pas un sou dans la maison !　Ma femme malade, pas un sou !　Ma fille dangereusement blessée, pas un sou !　Mon épouse a des étouffements.　C'est son âge, et puis le système nerveux s'en est mêlé.　Il lui faudrait des secours, et à ma fille aussi !　Mais le méde-

cin ! mais le pharmacien ! comment payer ? pas un liard !
Je m'agenouillerais devant un décime,[1] monsieur ! Voilà
où les arts sonts réduits ! Et savez-vous, ma charmante
demoiselle, et vous mon généreux protecteur, savez-vous,
vous qui respirez la vertu et la bonté, et qui parfumez
cette église où ma pauvre fille en venant faire sa prière
vous aperçoit tous les jours ! Eh bien, monsieur, mon
digne monsieur, savez-vous ce qui va se passer demain ?
Demain, c'est le 4 février, le jour fatal, le dernier délai
que m'a donné mon propriétaire ; si ce soir je ne l'ai pas
payé, demain ma fille aînée, moi, mon épouse avec sa
fièvre, mon enfant avec sa blessure, nous serons tous
quatre chassés d'ici et jetés dehors, dans la rue, sur le
boulevard, sans abri, sous la pluie, sur la neige. Voilà,
monsieur. Je dois quatre termes, une année ! c'est-à-dire
soixante francs.

Jondrette mentait. Quatre termes n'eussent fait que
quarante francs, et il n'en pouvait devoir quatre, puisqu'il n'y avait pas six ·mois que Marius en avait payé
deux.

M. Leblanc tira cinq francs de sa poche et les jeta sur la
table.

Jondrette eut le temps de grommeler à l'oreille de sa
grande fille :

—Gredin ! que veut-il que je fasse avec ses cinq francs ?
Cela ne paye pas ma chaise et mon carreau ! Faites donc
des frais ![2]

Cependant M. Leblanc avait quitté une grande redingote
brune qu'il portait par dessus sa redingote bleue et l'avait
jetée sur le dos de la chaise.

—Monsieur Fabantou, dit-il, je n'ai plus que ces cinq
francs sur moi, mais je vais reconduire ma fille à la maison
et je reviendrai ce soir, n'est-ce pas ce soir que vous devez
payer ? . . .

Le visage de Jondrette s'éclaira d'une expression étrange. Il répondit vivement :

— Oui, mon respectable monsieur. A huit heures je dois être chez mon propriétaire.

— Je serai ici à six heures, et je vous apporterai les soixante francs.

— Mon bienfaiteur ! cria Jondrette éperdu.

Et il ajouta tout bas : — Regarde-le bien, ma femme !

M. Leblanc avait reprit le bras de la belle jeune fille, et se tournant vers la porte :

— A ce soir, mes amis ! dit-il.

— Six heures ? fit Jondrette.

— Six heures précises.

En ce moment le pardessus resté sur la chaise frappa les yeux de la Jondrette aînée.

— Monsieur, dit-elle, vous oubliez votre redingote.

Jondrette dirigea vers sa fille un regard foudroyant accompagné d'un haussement d'épaules formidable.

M. Leblanc se retourna et répondit avec un sourire :

— Je ne l'oublie pas, je la laisse.

— O mon protecteur, dit Jondrette, mon auguste bienfaiteur, je fonds en larmes ! Souffrez que je vous reconduise jusqu'à votre fiacre.

— Si vous sortez, repartit M. Leblanc, mettez ce pardessus. Il fait vraiment très froid.

Jondrette ne se le fit pas dire deux fois. Il endossa vivement la redingote brune.

Et ils sortirent tous les trois, Jondrette précédant les deux étrangers.

Marius se laissa tomber sur une chaise, la tête et les deux coudes sur son lit, abîmé dans des pensées qu'il ne pouvait saisir et comme en proie à un vertige. Tout ce qui s'était passé depuis le matin, l'apparition de l'ange, sa disparition, une lueur d'espérance flottant dans un désespoir immense, voilà ce qui emplissait confusément son cerveau.

Tout à coup il fut violemment arraché à sa rêverie.

Il entendit la voix haute et dure de Jondrette prononcer ces paroles pleines du plus étrange intérêt pour lui :

— Je te dis que j'en suis sûr et que je l'ai reconnu !

De qui parlait Jondrette ? il avait reconnu qui ? M. Leblanc ? le père de son "Ursule"? Quoi ! est-ce que Jondrette le connaissait ? Marius allait-il avoir de cette façon brusque et inattendue tous les renseignements sans lesquels sa vie était obscure pour lui-même ? allait-il savoir enfin qui il aimait, qui était cette jeune fille ? qui était son père ? L'ombre si épaisse qui les couvrait était-elle au moment de s'éclaircir ? le voile allait-il se déchirer ? Ah ! ciel !

Il bondit, plutôt qu'il ne monta, sur la commode, et reprit sa place près de la petite lucarne de la cloison.

Il revoyait l'intérieur du bouge Jondrette.

XII–XVII.

[Marius apprend que Jondrette prépare un guet-apens terrible dont M. Leblanc et sa fille doivent être victimes. Il se rend chez le commissaire de police, y trouve l'inspecteur Javert, raconte ce qu'il a vu et entendu, et fait part de ses soupçons. L'inspecteur lui donne des pistolets avec ordre de surveiller, par le trou de la cloison, ce qui va se passer, et, au moment précis où il y aura commencement d'exécution, de tirer un coup de pistolet.]

XVIII.

LES DEUX CHAISES DE MARIUS SE FONT VIS-A-VIS.

Tout à coup la vibration lointaine et mélancolique d'une cloche ébranla les vitres. Six heures sonnaient à Saint-Médard.

Jondrette marqua chaque coup d'un hochement de tête. Le sixième sonné, il moucha la chandelle avec ses doigts.

Puis il se mit à marcher dans la chambre, écouta dans le corridor, marcha, écouta encore :

— Pourvu qu'il vienne ! grommela-t-il ; puis il revint à sa chaise.

Il se rasseyait à peine que la porte s'ouvrit.

La mère Jondrette l'avait ouverte et restait dans le corridor faisant une horrible grimace aimable qu'un des trous de la lanterne sourde éclairait d'en bas.

— Entrez, monsieur, dit-elle.

— Entrez, mon bienfaiteur, répéta Jondrette se levant précipitamment.

M. Leblanc parut.

Il avait un air de sérénité qui le faisait singulièrement vénérable.

Il posa sur la table quatre louis.

— Monsieur Fabantou, dit-il, voici pour votre loyer et vos premiers besoins. Nous verrons ensuite.

— Dieu vous le rende, mon généreux bienfaiteur ! dit Jondrette.

Et s'approchant rapidement de sa femme :

— Renvoie le fiacre !

Elle s'esquiva pendant que son mari prodiguait les saluts et offrait une chaise à M. Leblanc. Un instant après elle revint et lui dit bas à l'oreille :

— C'est fait.

La neige qui n'avait cessé de tomber depuis le matin était tellement épaisse qu'on n'avait point entendu le fiacre arriver ; et qu'on ne l'entendit pas s'en aller.

Cependant M. Leblanc s'était assis.

Jondrette avait pris possession de l'autre chaise en face de M. Leblanc.

Maintenant, pour se faire une idée de la scène qui va suivre, que le lecteur se figure dans son esprit la nuit glacée, les solitudes de la Salpêtrière couvertes de neige, et blanches au clair de lune comme d'immenses linceuls, la clarté de veilleuse des réverbères rougissant çà et là ces boulevards tragiques et les longues rangées des ormes noirs, pas un passant peut-être à un quart de lieue à la ronde, la masure Gorbeau à son plus haut point de silence, d'horreur et de nuit, dans cette masure, au milieu de ces solitudes, au milieu de cette ombre, le vaste galetas Jondrette éclairé d'une chandelle, et dans ce bouge deux hommes assis à une table, M. Leblanc tranquille, Jondrette souriant et effroyable, la Jondrette, la mère louve, dans un coin et, derrière la cloison, Marius, invisible, debout, ne perdant pas une parole, ne perdant pas un mouvement, l'œil au guet, le pistolet au poing.

Marius du reste n'éprouvait qu'une émotion d'horreur, mais aucune crainte. Il étreignait la crosse du pistolet et se sentait rassuré.—J'arrêterai ce misérable, quand je voudrai, pensait-il.

Il sentait la police quelque part par là en ambuscade, attendant le signal convenu et toute prête à étendre le bras.

Il espérait du reste que de cette violente rencontre de Jondrette et de M. Leblanc quelque lumière jaillirait sur tout ce qu'il avait intérêt à connaître.

XIX.

SE PRÉOCCUPER DES FONDS OBSCURS.

À PEINE assis, M. Leblanc tourna les yeux vers les grabats qui étaient vides.

—Comment va la pauvre petite blessée? demanda-t-il.

—Mal, répondit Jondrette avec un sourire navré et reconnaissant, très mal, mon digne monsieur. Sa sœur aînée l'a menée à la Bourbe[1] se faire panser. Vous allez les voir, elles vont rentrer tout à l'heure.

—Madame Fabantou me paraît mieux portante? reprit M. Leblanc en jetant les yeux sur le bizarre accoutrement de la Jondrette, qui, debout entre lui et la porte, comme si elle gardait déjà l'issue, le considérait dans une posture de menace et presque de combat.

—Elle est mourante, dit Jondrette. Mais que voulez-vous, monsieur! elle a tant de courage, cette femme-là! Ce n'est pas une femme, c'est un bœuf.

La Jondrette, touchée du compliment, se récria avec une minauderie de monstre flatté:

—Tu es toujours trop bon pour moi, monsieur Jondrette!

—Jondrette, dit M. Leblanc, je croyais que vous vous appeliez Fabantou?

—Fabantou dit Jondrette![1] reprit vivement le mari. Sobriquet d'artiste!

Et, jetant à sa femme un haussement d'épaules que M. Leblanc ne vit pas, il poursuivit avec une inflexion de voix emphatique et caressante:

—Ah! c'est que nous avons toujours fait bon ménage, cette pauvre chérie et moi! Qu'est-ce qu'il nous resterait, si nous n'avions pas cela? Nous sommes si malheureux, mon respectable monsieur! On a des bras, pas de travail! On a du cœur, pas d'ouvrage! Je ne sais pas comment le gouvernement arrange cela, mais, ma parole d'honneur, monsieur, je ne suis pas jacobin,[2] monsieur, je ne suis pas bousingot,[2] je ne lui veux pas de mal, mais si j'étais les ministres, ma parole la plus sacrée, cela irait autrement. Tenez, exemple, j'ai voulu faire apprendre le métier de cartonnage à mes filles. Vous me direz: Quoi! un métier? Oui! un métier! un simple métier! un gagne-pain! Quelle chute, mon bienfaiteur! Quelle dégradation quand on a été ce que nous étions! Hélas! il ne nous reste rien de notre temps de prospérité! Rien qu'une seule chose, un tableau auquel je tiens, mais dont je me déferai pourtant, car il faut vivre ! item, il faut vivre !

Pendant que Jondrette parlait, avec une sorte de désordre apparent qui n'ôtait rien à l'expression réfléchie et sagace de sa physionomie, Marius leva les yeux et aperçut au fond de la chambre quelqu'un qu'il n'avait pas encore vu. Un homme venait d'entrer, si doucement qu'on n'avait pas entendu tourner les gonds de la porte. Cet homme avait un gilet de tricot violet, usé, taché, coupé et faisant des bouches ouvertes[1] à tous ses plis, un large pantalon de velours de coton, des chaussons à sabots aux pieds, pas de chemise, le cou nu, les bras nus et tatoués, et le visage barbouillé de noir. Il s'était assis en silence et les bras croisés sur le lit le plus voisin, et comme il se tenait derrière la Jondrette, on ne le distinguait que confusément.

Cette espèce d'instinct magnétique qui avertit le regard fit que M. Leblanc se tourna presque en même temps que Marius. Il ne put se défendre d'un mouvement de surprise qui n'échappa point à Jondrette :

—Ah ! je vois ! s'écria Jondrette en se boutonnant d'un air de complaisance, vous regardez votre redingote ? Elle me va ! ma foi, elle me va !

—Qu'est-ce que c'est que cet homme ? dit M. Leblanc.

—Ça ? fit Jondrette, c'est un voisin. Ne faites pas attention.

Le voisin était d'un aspect singulier. Cependant les fabriques de produits chimiques abondent dans le faubourg Saint-Marceau. Beaucoup d'ouvriers d'usines peuvent avoir le visage noir. Toute la personne de M. Leblanc respirait d'ailleurs une confiance candide et intrépide.

Il reprit :

—Pardon, que me disiez-vous donc, monsieur Fabantou ?

—Je vous disais, monsieur et cher protecteur, repartit Jondrette en s'accoudant sur la table et en contemplant

M. Leblanc avec des yeux fixes et tendres assez semblables aux yeux d'un serpent boa, je vous disais que j'avais un tableau à vendre.

Un léger bruit se fit à la porte. Un second homme venait d'entrer et de s'asseoir sur le lit, derrière la Jondrette.

Il avait, comme le premier, les bras nus et un masque d'encre ou de suie.

Quoique cet homme se fût, à la lettre, glissé dans la chambre, il ne put faire que M. Leblanc ne l'aperçût.

—Ne prenez pas garde, dit Jondrette, ce sont des gens de la maison. Je disais donc qu'il me restait un tableau précieux . . . . Tenez, monsieur, voyez.

Il se leva, alla à la muraille en bas de laquelle était posé un panneau, et le retourna, tout en le laissant appuyé au mur. C'était quelque chose en effet, qui ressemblait à un tableau, et que la chandelle éclairait à peu près. Marius n'en pouvait rien distinguer, Jondrette étant placé entre le tableau et lui ; seulement il entrevoyait un barbouillage grossier et une espèce de personnage principal enluminé avec la crudité criarde des toiles foraines et des peintures de paravent.

—Qu'est-ce que c'est que cela? demanda M. Leblanc.

Jondrette s'exclama :

—Une peinture de maître, un tableau d'un grand prix, mon bienfaiteur ! J'y tiens comme à mes deux filles, il me rappelle des souvenirs ! mais je vous l'ai dit et je ne m'en dédis pas, je suis si malheureux que je m'en déferais.

Soit hasard, soit qu'il eût quelque commencement d'inquiétude, tout en examinant le tableau, le regard de M. Leblanc revint vers le fond de la chambre.

Il y avait maintenant quatre hommes, trois assis sur le lit, un debout près du chambranle de la porte, tous quatre bras nus, immobiles, le visage barbouillé de noir. Un de ceux qui étaient sur le lit s'appuyait au mur, les yeux fermés, et l'on eût dit qu'il dormait. Celui-là était vieux ; ses cheveux blancs sur son visage noir étaient horribles. Les deux autres semblaient jeunes ; l'un était barbu, l'autre chevelu. Aucun n'avait de souliers ; ceux qui n'avaient pas de chaussons étaient pied nus.

Jondrette remarqua que l'œil de M. Leblanc s'attachait à ces hommes.

—C'est des amis. Ça voisine, dit-il. C'est barbouillé parce que ça travaille dans le charbon. Ce sont des fumistes. Ne vous en occupez pas, mon bienfaiteur, mais achetez-moi mon tableau. Ayez pitié de ma misère. Je ne vous le vendrai pas cher. Combien l'estimez-vous ?

—Mais, dit M. Leblanc en regardant Jondrette entre les deux yeux et comme un homme qui se met sur ses gardes, c'est quelque enseigne de cabaret, cela vaut bien trois francs.

Jondrette répondit avec douceur :

—Avez-vous votre portefeuille là ? je me contenterais de mille écus.

M. Leblanc se leva debout, s'adossa à la muraille et promena rapidement son regard dans la chambre. Il avait Jondrette à sa gauche, du côté de la fenêtre, et la Jondrette et les quatre hommes à sa droite, du côté de la porte. Les quatre hommes ne bougeaient pas et n'avaient pas même l'air de le voir.

Jondrette s'était remis à parler d'un accent plaintif, avec la prunelle si vague et l'intonation si lamentable, que M. Leblanc pouvait croire que c'était tout simplement un homme devenu fou de misère qu'il avait devant les yeux.

Tout en parlant, Jondrette ne regardait pas M. Leblanc qui l'observait. L'œil de M. Leblanc était fixé sur Jondrette et l'œil de Jondrette sur la porte. L'attention haletante de Marius allait de l'un à l'autre. M. Leblanc paraissait se demander : Est-ce un idiot ? Jondrette répéta deux ou trois fois avec toutes sortes d'inflexions variées dans le genre traînant et suppliant : Je n'ai plus qu'à me jeter à la rivière ! j'ai descendu l'autre jour trois marches pour cela du côté du pont d'Austerlitz !

Tout à coup sa prunelle éteinte s'illumina d'un flamboiement hideux, ce petit homme se dressa et devint effrayant, il fit un pas vers M. Leblanc, et lui cria d'une voix tonnante :

—Il ne s'agit pas de tout cela ! me reconnaissez-vous ?

XX.

LE GUET-APENS.

La porte du galetas venait de s'ouvrir brusquement et laissait voir trois hommes en blouses de toile bleue, masqués de masques de papier noir. Le premier était maigre et avait une longue trique[1] ferrée ; le second, qui était une espèce de colosse, portait, par le milieu du manche et la cognée en bas, un merlin[2] à assommer les bœufs. Le troisième, homme aux épaules trapues, moins maigre que le premier, moins massif que le second tenait, à plein poing une énorme clef volée à quelque porte de prison.

Il paraît que c'était l'arrivée de ces hommes que Jondrette attendait. Un dialogue rapide s'engagea entre lui et l'homme à la trique, le maigre.

—Tout est-il prêt ? dit Jondrette.

—Oui, répondit l'homme maigre.

—Où donc est Montparnasse ?

—Le jeune premier[3] s'est arrêté pour causer avec ta fille.

—Laquelle ?

—L'aînée.

—Y a-t-il un fiacre en bas.

—Oui.

— La maringotte[1] est attelée ?

—Attelée.

—De deux bons chevaux ?

—Excellents.

—Elle attend où j'ai dit qu'elle attendît ?

—Oui.

—Bien, dit Jondrette.

M. Leblanc était très pâle. Il considérait tout dans le bouge autour de lui comme un homme qui comprend où il est tombé, et sa tête, tour à tour dirigée vers toutes les têtes qui l'entouraient, se mouvait sur son cou avec une lenteur attentive et étonnée, mais il n'y avait dans son air rien qui ressemblât à la peur. Il s'était fait de la table un retranchement improvisé ; et cet homme qui, le moment d'auparavant, n'avait l'air que d'un bon vieux homme, était devenu subitement une sorte d'athlète, et posait son poing robuste sur le dossier de sa chaise avec un geste redoutable et surprenant.

Ce vieillard, si ferme et si brave devant un tel danger, semblait être de ces natures qui sont courageuses comme elles sont bonnes, aisément et simplement. Le père d'une femme qu'on aime n'est jamais un étranger pour nous. Marius se sentit fier de cet inconnu.

Trois des hommes dont Jondrette avait dit : *Ce sont des fumistes*, avaient pris dans le tas de ferrailles, l'un une grande cisaille, l'autre une pince à faire des pesées,[2] le troisième un marteau, et s'étaient mis en travers de la porte sans prononcer une parole. Le vieux était resté sur son lit, et avait seulement ouvert les yeux. La Jondrette s'était assise à côté de lui.

Marius pensa qu'avant quelques secondes le moment d'intervenir serait arrivé, et il éleva sa main droite vers le plafond, dans la direction du corridor, prêt à lâcher son coup de pistolet.

Jondrette, son colloque avec l'homme à la trique terminé, se tourna de nouveau vers M. Leblanc et répéta sa question en l'accompagnant de ce rire bas, contenu et terrible qu'il avait :

—Vous ne me reconnaissez donc pas ?

M. Leblanc le regarda en face et répondit :

—Non.

Alors Jondrette vint jusqu'à la table. Il se pencha par-dessus la chandelle, croisant les bras, approchant sa mâchoire anguleuse et féroce du visage calme de M. Leblanc, et avançant le plus qu'il pouvait sans que M. Leblanc reculât, et, dans cette posture de bête fauve qui va mordre, il cria :

—Je ne m'appelle pas Fabantou, je ne m'appelle pas Jondrette, je me nomme Thénardier ! je suis l'aubergiste de Montfermeil ! entendez-vous ? Thénardier ! Maintenant me reconnaissez-vous ?

Une imperceptible rougeur passa sur le front de M. Leblanc, et il répondit sans que sa voix tremblât, ni s'élevât, avec sa placidité ordinaire :

—Pas davantage.

Marius n'entendit pas cette réponse. Qui l'eût vu en ce moment dans cette obscurité l'eût vu hagard, stupide et foudroyé. Au moment où Jondrette avait dit : *Je me nomme Thénardier*, Marius avait tremblé de tous ses membres et s'était appuyé au mur, comme s'il eût senti le froid d'une lame d'épée à travers son cœur. Puis son bras droit, prêt à lâcher le coup de signal, s'était abaissé lentement, et au moment où Jondrette avait répété : *Entendez-vous bien, Thénardier ?* les doigts défaillants de Marius avaient manqué laisser tomber le pistolet. Jondrette, en dévoilant qui il était, n'avait pas ému M. Leblanc, mais

il avait bouleversé Marius. Ce nom de Thénardier, que
M. Leblanc ne semblait pas connaître, Marius le connaissait. Qu'on se rappelle ce que ce nom était pour lui ! Ce
nom, il l'avait porté sur son cœur, écrit dans le testament
de son père ! il le portait au fond de sa pensée, au fond de
sa mémoire, dans cette recommandation sacrée : "Un
nommé Thénardier m'a sauvé la vie. Si mon fils le rencontre, il lui fera tout le bien qu'il pourra." Ce nom, on
s'en souvient, était une des piétés de son âme ; il le
mêlait au nom de son père dans son culte.

Il frémissait. Tout dépendait de lui. Il tenait dans sa
main à leur insu ces êtres qui s'agitaient là sous ses yeux.
S'il tirait le coup de pistolet, M. Leblanc était sauvé et
Thénardier était perdu ; s'il ne le tirait pas, M. Leblanc
était sacrifié, et, qui sait ? Thénardier échappait. Précipiter
l'un, ou laisser tomber l'autre ! remords des deux côtés.

Que faire ? que choisir ? manquer aux souvenirs les
plus impérieux, à tant d'engagements profonds pris avec
lui-même, au devoir le plus saint, au texte le plus vénéré !
manquer au testament de son père, ou laisser s'accomplir
un crime ? Il lui semblait d'un côté entendre "son Ursule"
le supplier pour son père, et de l'autre le colonel lui re-
commander Thénardier. Il se sentait fou. Ses genoux
se dérobaient sous lui. Et il n'avait pas même le temps
de délibérer, tant la scène qu'il avait sous les yeux se pré-
cipitait avec furie. C'était comme un tourbillon dont
il s'était cru maître et qui l'emportait. Il fut au moment
de s'évanouir.

Cependant Thénardier, nous ne le nommerons plus autrement désormais, se promenait de long en large devant la
table dans une sorte d'égarement et de triomphe frénétique.

Il prit à plein poing la chandelle et la posa sur la cheminée avec un frappement si violent que la mèche faillit
s'éteindre et que le suif éclaboussa le mur.

Puis il se tourna vers M. Leblanc, effroyable, et cracha ceci :

—Flambé ! fumé ! fricassé ! à la crapaudine ![1]

Et il se remit à marcher, en pleine explosion.

—Ah ! criait-il, je vous retrouve enfin, monsieur le philanthrope ! monsieur le millionnaire râpé ! monsieur le donneur de poupées ! vieux jocrisse ![2] Ah ! vous ne me reconnaissez pas ! non, ce n'est pas vous qui êtes venu à Montfermeil, à mon auberge, il y a huit ans, la nuit de Noël 1823 ! ce n'est pas vous qui avez emmené de chez moi l'enfant de la Fantine, l'Alouette ! ce n'est pas vous qui aviez un carrick[3] jaune ! non ! et un paquet plein de nippes à la main, comme ce matin chez moi ! Dis donc, ma femme ! c'est sa manie, à ce qu'il paraît, de porter dans les maisons des paquets pleins de bas de laine ! vieux charitable, va ! Est-ce que vous êtes bonnetier, monsieur le millionnaire ? vous donnez aux pauvres votre fonds de boutique, saint homme ! quel funambule ![4] Ah ! vous ne me reconnaissez pas ? Eh bien, je vous reconnais, moi ! je vous ai reconnu tout de suite dès que vous avez fourré votre mufle ici. Ah ! on va voir enfin que ce n'est pas tout roses d'aller comme cela dans les maisons des gens, sous prétexte que ce sont des auberges, avec des habits minables,[5] avec l'air d'un pauvre, qu'on lui aurait donné un sou, tromper les personnes, faire le généreux, leur prendre leur gagne-pain, et menacer dans les bois, et qu'on n'en est pas quitte pour rapporter après, quand les gens sont ruinés, une redingote trop large et deux méchantes couvertures d'hôpital, vieux gueux, voleur d'enfants !

Thénardier cessa. Il était essoufflé. Sa petite poitrine étroite haletait comme un soufflet de forge. Son œil était plein de cet ignoble bonheur d'une créature faible, cruelle et lâche qui peut enfin terrasser ce qu'elle a redouté et insulter ce qu'elle a flatté, joie d'un nain qui mettrait le talon sur la tête de Goliath, joie d'un chacal qui commence à déchirer un taureau malade, assez mort pour ne plus se défendre, assez vivant pour souffrir encore.

M. Leblanc ne l'interrompit pas, mais lui dit lorsqu'il s'interrompit :

—Je ne sais ce que vous voulez dire. Vous vous méprenez. Je suis un homme très pauvre et rien moins qu'un millionnaire. Je ne vous connais pas. Vous me prenez pour un autre.

—Ah! râla Thénardier, la bonne balançoire![1] Vous tenez à cette plaisanterie! Vous pataugez, mon vieux! Ah! vous ne vous souvenez pas? Vous ne voyez pas qui je suis?

—Pardon, monsieur, répondit M. Leblanc avec un accent de politesse qui avait en un pareil moment quelque chose d'étrange et de puissant, je vois que vous êtes un bandit.

Qui ne l'a remarqué, les êtres odieux ont leur susceptibilité, les monstres sont chatouilleux. A ce mot de bandit, la femme Thénardier se jeta à bas du lit, Thénardier saisit sa chaise comme s'il allait la briser dans ses mains. — Ne bouge pas, toi! cria-t-il à sa femme ; et, se tournant vers M. Leblanc :

—Bandit! oui, je sais que vous nous appelez comme cela, messieurs les gens riches! Tiens! c'est vrai, j'ai fait faillite, je me cache, je n'ai pas de pain, je n'ai pas le sou, je suis un bandit!

Ici Thénardier fit un pas vers les hommes qui étaient près de la porte et ajouta avec un frémissement :

—Quand je pense qu'il ose venir me parler comme à un savetier!

Puis s'adressant à M. Leblanc avec une recrudescence de frénésie :

—Et sachez encore ceci, monsieur le philanthrope! Je

ne suis pas un homme louche, moi ! Je ne suis pas un
homme dont on ne sait point le nom et qui vient enlever
des enfants dans les maisons ! Je suis un ancien soldat
français, je devrais être décoré ! J'étais à Waterloo, moi !
et j'ai sauvé dans la bataille un général appelé le comte
de je ne sais quoi. Il m'a dit son nom, mais sa chienne de
voix était si faible que je ne l'ai pas entendu. Je n'ai
entendu que *Merci.* J'aurais mieux aimé son nom que son
remerciement. Cela m'aurait aidé à retrouver. Ce tableau
que vous voyez, et qui a été peint par David à Bruqueselles,[1] savez-vous qui il représente ? Il représente moi.
David a voulu immortaliser ce fait d'armes. J'ai ce général sur mon dos, et je l'emporte à travers la mitraille.
Voilà l'histoire ! Il n'a même jamais rien fait pour moi,
ce général-là ; il ne valait pas mieux que les autres ! Je
ne lui en ai pas moins sauvé la vie au danger de la mienne,
et j'en ai les certificats plein mes poches ! Je suis un
soldat de Waterloo, mille noms de noms ! Et maintenant
que j'ai eu la bonté de vous dire tout ça, finissons, il me
faut de l'argent, il me faut beaucoup d'argent, il me faut
énormément d'argent, ou je vous extermine, tonnerre du
bon Dieu !

Marius avait repris quelque empire sur ses angoisses,
et écoutait. La dernière possibilité de doute venait de
s'évanouir. C'était bien le Thénardier du testament.
Marius frissonna à ce reproche d'ingratitude adressé à
son père et qu'il était sur le point de justifier si fatalement. Ses perplexités en redoublèrent.

Du reste il y avait dans toutes ces paroles de Thénardier,
dans l'accent, dans le geste, dans le regard qui faisait
jaillir des flammes de chaque mot, il y avait dans cette
explosion d'une mauvaise nature montrant tout, dans ce
mélange de fanfaronnade et d'abjection, d'orgueil et de
petitesse, de rage et de sottise, dans ce chaos de griefs réels

et de sentiments faux, dans cette impudeur d'un méchant homme savourant la volupté de la violence, dans cette nudité effrontée d'une âme laide, dans cette conflagration de toutes les souffrances combinées avec toutes les haines, quelque chose qui était hideux comme le mal et poignant comme le vrai.

Le tableau de maître, la peinture de David dont il avait proposé l'achat à M. Leblanc, n'était, le lecteur l'a deviné, autre chose que l'enseigne de sa gargote, peinte, on s'en souvient, par lui-même, seul débris qu'il eût conservé de son naufrage de Montfermeil.

Comme il avait cessé d'intercepter le rayon visuel de Marius, Marius maintenant pouvait considérer cette chose, et dans ce badigeonnage il reconnaissait réellement une bataille, un fond de fumée, et un homme qui en portait un autre. C'était le groupe de Thénardier et de Pontmercy ; le sergent sauveur, le colonel sauvé. Marius était comme ivre, ce tableau faisait en quelque sorte son père vivant ; ce n'était plus l'enseigne du cabaret de Montfermeil, c'était une résurrection, une tombe s'y entr'ouvrait, un fantôme s'y dressait. Marius entendait son cœur tinter à ses tempes, il avait le canon de Waterloo dans les oreilles, son père sanglant vaguement peint sur ce panneau sinistre l'effarait, et il lui semblait que cette silhouette informe le regardait fixement.

Quand Thénardier eut repris haleine, il attacha sur M. Leblanc ses prunelles sanglantes, et lui dit d'une voix basse et brève :

—Qu'as-tu à dire avant qu'on te mette en brindesingues ?[1]

M. Leblanc se taisait.

Au milieu de ce silence une voix éraillée lança du corridor ce sarcasme lugubre :

—S'il faut fendre du bois,[2] je suis là, moi !

C'était l'homme au merlin qui s'égayait.

En même temps une énorme face hérissée et terreuse parut à la porte avec un affreux rire qui montrait non des dents, mais des crocs.

C'était la face de l'homme au merlin.

—Pourquoi as-tu ôté ton masque ? lui cria Thénardier avec fureur.

—Pour rire, répliqua l'homme.

Depuis quelques instants, M. Leblanc semblait suivre et guetter tous les mouvements de Thénardier, qui, aveuglé et ébloui par sa propre rage, allait et venait dans le repaire avec la confiance de sentir la porte gardée, de tenir, armé, un homme désarmé, et d'être neuf contre un, en supposant que la Thénardier ne comptât que pour un homme.

Dans son apostrophe à l'homme au merlin, il tournait le dos à M. Leblanc.

M. Leblanc saisit ce moment, repoussa du pied la chaise, du poing la table, et d'un bond, avec une agilité prodigieuse, avant que Thénardier eût eu le temps de se retourner, il était à la fenêtre. L'ouvrir, escalader l'appui, l'enjamber, ce fut une seconde. Il était à moitié dehors quand six poings robustes le saisirent et le ramenèrent énergiquement dans le bouge. C'étaient les trois "fumistes" qui s'étaient élancés sur lui. En même temps, la Thénardier l'avait empoigné aux cheveux.

Au piétinement qui se fit, les autres bandits accoururent du corridor. Le vieux, qui était sur le lit et qui semblait pris de vin, descendit du grabat et arriva en chancelant, un marteau de cantonnier à la main.

Un des "fumistes" dont la chandelle éclairait le visage barbouillé et dans lequel Marius, malgré ce barbouillage, reconnut Panchaud, dit Printanier, dit Bigrenaille, levait au dessus de la tête de M. Leblanc une espèce d'assommoir

fait de deux pommes de plomb aux deux bouts d'une barre
de fer.

Marius ne put résister à ce spectacle. — Mon père, pensa-
t-il, pardonne-moi !

Et son doigt chercha la détente du pistolet.

Le coup allait partir lorsque la voix de Thénardier cria :

— Ne lui faites pas de mal !

Cette tentative désespérée de la victime, loin d'exas-
pérer Thénardier, l'avait calmé.

Il y avait deux hommes en lui, l'homme féroce et
l'homme adroit. Jusqu'à cet instant, dans le débordement
du triomphe, devant la proie abattue et ne bougeant pas,
l'homme féroce avait dominé ; quand la victime se débattit
et parut vouloir lutter, l'homme adroit reparut et prit le
dessus.

— Ne lui faites pas de mal ! répéta-t-il. Et, sans s'en
douter, pour premier succès, il arrêta le pistolet prêt à
partir et paralysa Marius pour lequel l'urgence disparut,
et qui, devant cette phase nouvelle, ne vit point d'inconvé-
nient à attendre encore.

Qui sait si quelque chance ne surgirait pas qui le dé-
livrerait de l'affreuse alternative de laisser périr le père
d'Ursule ou de perdre le sauveur du colonel ?

Une lutte herculéenne s'était engagée. D'un coup de
poing en plein torse M. Leblanc avait envoyé le vieux
rouler au milieu de la chambre, puis de deux revers de
main avait terrassé deux autres assaillants, et il en tenait
un sous chacun de ses genoux ; les misérables râlaient sous
cette pression comme sous une meule de granit ; mais les
quatre autres avaient saisi le redoutable vieillard aux deux
bras et à la nuque et le tenaient accroupi sur les deux
"fumistes" terrassés.

Ainsi, maître des uns et maîtrisé par les autres, écrasant
ceux d'en bas et étouffant sous ceux d'en haut, secouant

vainement tous les efforts qui s'entassaient sur lui, M. Leblanc disparaissait sous le groupe horrible des bandits comme un sanglier sous un monceau hurlant de dogues et de limiers.

Ils parvinrent à le renverser sur le lit le plus proche de la croisée et l'y tinrent en respect. La Thénardier ne lui avait pas lâché les cheveux.

—Toi, dit Thénardier, ne t'en mêle pas. Tu vas déchirer ton châle.

La Thénardier obéit, comme la louve obéit au loup, avec un grondement.

—Vous autres, reprit Thénardier, fouillez-le.

M. Leblanc semblait avoir renoncé à la résistance.

On le fouilla.

Il n'avait rien sur lui qu'une bourse en cuir qui contenait six francs, et son mouchoir.

Thénardier mit le mouchoir dans sa poche.

—Quoi! pas de portefeuille? demanda-t-il.

—Ni de montre, répondit un des "fumistes."

—C'est égal, murmura avec une voix de ventriloque l'homme masqué qui tenait la grosse clef, c'est un vieux rude.

Thénardier alla au coin de la porte et y prit un paquet de cordes qu'il leur jeta.

—Attachez-le au pied du lit, dit-il.

Et apercevant le vieux qui était resté étendu à travers la chambre du coup de poing de M. Leblanc et qui ne bougeait pas :

—Est-ce que Boulatruelle est mort? demanda-t-il.

—Non, répondit Bigrenaille, il est ivre.

—Balayez-le dans un coin, dit Thénardier.

Deux des "fumistes" poussèrent l'ivrogne avec le pied près du tas de ferrailles.

—Babet, pourquoi en as-tu amené tant? dit Thénardier bas à l'homme à la trique, c'était inutile.

— Que veux-tu? répliqua l'homme à la trique, ils ont tous voulu en être. La saison est mauvaise. Il ne se fait pas d'affaires.

Le grabat où M. Leblanc avait été renversé était une façon de lit d'hôpital porté sur quatre montants grossiers en bois à peine équarri.

M. Leblanc se laissa faire.

Les brigands le lièrent solidement, debout et les pieds posant à terre au montant du lit le plus éloigné de la fenêtre et le plus proche de la cheminée.

Quand le dernier nœud fut serré Thénardier prit une chaise et vint s'asseoir presque en face de M. Leblanc.

Thénardier ne se ressemblait plus ; en quelques instants sa physionomie avait passé de la violence effrénée à la douceur tranquille et rusée.

Marius avait peine à reconnaître dans ce sourire poli d'homme de bureau la bouche presque bestiale qui écumait le moment d'auparavant ; il considérait avec stupeur cette métamorphose fantastique et inquiétante, et il éprouvait ce qu'éprouverait un homme qui verrait un tigre se changer en un avoué.

—Monsieur . . . fit Thénardier.

Et écartant du geste les brigands qui avaient encore la main sur M. Leblanc :

—Éloignez-vous un peu, et laissez-moi causer avec monsieur.

Tous se retirèrent vers la porte.

Il reprit :

—Monsieur, vous avez eu tort d'essayer de sauter par la fenêtre. Vous auriez pu vous casser une jambe. Maintenant, si vous le permettez, nous allons causer tranquillement. Il faut d'abord que je vous communique une remarque que j'ai faite, c'est que vous n'avez pas encore poussé le moindre cri.

Thénardier avait raison, ce détail était réel, quoiqu'il eût échappé à Marius dans son trouble. M. Leblanc avait à peine prononcé quelques paroles sans hausser la voix, et, même dans sa lutte près de la fenêtre avec les six bandits, il avait gardé le plus profond et le plus singulier silence.

Thénardier poursuivit :

—Mon Dieu ! vous auriez un peu crié au voleur, que je ne l'aurais pas trouvé inconvenant. Mais enfin vous n'avez pas crié, c'est mieux, je vous en fais mon compliment, et je vais vous dire ce que j'en conclus : Mon cher monsieur, quand on crie, qu'est-ce qui vient ? la police. Et après la police ? la justice. Eh bien ! vous n'avez pas crié, c'est que vous ne vous souciez pas plus que nous de voir arriver la justice et la police. C'est que,—il y a longtemps que je m'en doute,—vous avez un intérêt quelconque à cacher quelque chose. De notre côté, nous avons le même intérêt. Donc nous pouvons nous entendre.

Tout en parlant ainsi, il semblait que Thénardier, la prunelle attachée sur M. Leblanc, cherchât à enfoncer les pointes aiguës qui sortaient de ses yeux jusque dans la conscience de son prisonnier. Du reste son langage, empreint d'une sorte d'insolence modérée et sournoise, était réservé et presque choisi, et dans ce misérable qui n'était tout à l'heure qu'un brigand, on sentait maintenant "l'homme qui a étudié pour être prêtre."

Le silence qu'avait gardé le prisonnier, cette précaution qui allait jusqu'à l'oubli même du soin de sa vie, cette résistance opposée au premier mouvement de la nature qui est de jeter un cri, tout cela, il faut le dire, depuis que la remarque en avait été faite, était importun à Marius, et l'étonnait péniblement.

L'observation si fondée de Thénardier obscurcissait encore pour Marius les épaisseurs mystérieuses sous lesquelles se dérobait cette figure grave et étrange à laquelle Courfeyrac avait jeté le sobriquet de monsieur Leblanc.

Mais quel qu'il fût, lié de cordes, entouré de bourreaux, à demi plongé, pour ainsi dire, dans une fosse qui s'enfonçait sous lui d'un degré à chaque instant, devant la fureur comme devant la douceur de Thénardier, cet homme demeurait impassible ; et Marius ne pouvait s'empêcher d'admirer en un pareil moment ce visage superbement mélancolique.

C'était évidemment une âme inaccessible à l'épouvante et ne sachant pas ce que c'est que d'être éperdue. C'était un de ces hommes qui dominent l'étonnement des situations désespérées. Si extrême que fût la crise, si inévitable que fût la catastrophe, il n'y avait rien là de l'agonie du noyé ouvrant sous l'eau des yeux horribles.

Thénardier se leva sans affectation, alla à la cheminée, déplaça le paravent qu'il appuya au grabat voisin, et démasqua ainsi le réchaud plein de braise ardente dans laquelle le prisonnier pouvait parfaitement voir le ciseau rougi à blanc et piqué çà et là de petites étoiles écarlates.

Puis Thénardier vint se rasseoir près de M. Leblanc.

— Je continue, dit-il. Nous pouvons nous entendre. Arrangeons ceci à l'amiable. Tenez, j'y mets du mien et je fais un sacrifice de mon côté. Il me faut simplement deux cent mille francs.

M. Leblanc ne souffla pas un mot.

Thénardier poursuivit :

Vous me direz : Mais je n'ai pas deux cent mille francs sur moi. Oh ! je ne suis pas exagéré. Je n'exige pas cela. Je ne vous demande qu'une chose. Ayez la bonté d'écrire ce que je vais vous dicter.

Ici Thénardier s'interrompit, puis il ajouta en appuyant sur les mots et en jetant un sourire du côté du réchaud :

— Je vous préviens que je n'admettrais pas que vous ne sachiez pas écrire.

Un grand inquisiteur eût pu envier ce sourire.

Thénardier poussa la table tout près de M. Leblanc, et prit l'encrier, une plume et une feuille de papier dans le tiroir qu'il laissa entr'ouvert et où luisait la longue lame du couteau.

Il posa la feuille de papier devant M. Leblanc.

—Écrivez, dit-il.

Le prisonnier parla enfin.

—Comment voulez-vous que j'écrive ? je suis attaché.

—C'est vrai, pardon ! fit Thénardier, vous avez bien raison.

Et se tournant vers Bigrenaille :

—Déliez le bras droit de monsieur.

Panchaud, dit Printanier, dit Bigrenaille, exécuta l'ordre de Thénardier.

Quand la main droite du prisonnier fut libre, Thénardier trempa la plume dans l'encre et la lui présenta.

—Remarquez bien, monsieur, que vous êtes en notre pouvoir, en notre discrétion, qu'aucune puissance humaine ne peut vous tirer d'ici, et que nous serions vraiment désolés d'être contraints d'en venir à des extrémités désagréables. Je ne sais ni votre nom, ni votre adresse, mais je vous préviens que vous resterez attaché jusqu'à ce que la personne chargée de porter la lettre que vous allez écrire soit revenue. Maintenant veuillez écrire.

—Quoi ? demanda le prisonnier.

—Je dicte.

M. Leblanc prit la plume.

Thénardier commença à dicter :

—"Ma fille . . . "

Le prisonnier tressaillit et leva les yeux sur Thénardier,

—Mettez " ma chère fille," dit Thénardier.

.   M. Leblanc obéit.

Thénardier continua:

—"Viens sur-le-champ . . .

Il s'interrompit.

—Vous la tutoyez, n'est-ce pas?

—Qui? demanda M. Leblanc.

—Parbleu! dit Thénardier, la petite, l'Alouette.

M. Leblanc répondit sans la moindre émotion apparente:

—Je ne sais ce que vous voulez dire.

—Allez toujours; fit Thénardier; et il se remit à dicter:

—"Viens sur-le-champ. J'ai absolument besoin de toi. La personne qui te remettra ce billet est chargée de t'amener près de moi. Je t'attends. Viens avec confiance."

M. Leblanc avait tout écrit.

Thénardier reprit:

—Ah! effacez *viens avec confiance;* cela pourrait faire supposer que la chose n'est pas toute simple et que la défiance est possible.

M. Leblanc ratura les trois mots.

—A présent, poursuivit Thénardier, signez. Comment vous appelez-vous?

Le prisonnier posa la plume et demanda:

—Pour qui est cette lettre?

—Vous le savez bien, répondit Thénardier, pour la petite. Je viens de vous le dire.

Il était évident que Thénardier évitait de nommer la jeune fille dont il était question. Il disait "l'Alouette," mais il ne prononçait pas le nom. Précaution d'habile homme gardant son secret devant ses complices. Dire le nom, c'eût été leur livrer toute "l'affaire," et leur en apprendre plus qu'ils n'avaient besoin d'en savoir.

Il reprit:

—Signez. Quel est votre nom?

— Urbain Fabre, dit le prisonnier.

Thénardier, avec le mouvement d'un chat, précipita sa main dans sa poche et en tira le mouchoir saisi sur M. Leblanc. Il en chercha la marque et l'approcha de la chandelle.

— *U. F.* C'est cela. Urbain Fabre. Eh bien, signez *U. F.*
Le prisonnier signa.

—Comme il faut les deux mains pour plier la lettre, donnez, je vais la plier.

Cela fait, Thénardier reprit :

—Mettez l'adresse. *Mademoiselle Fabre*, chez vous. Je sais que vous demeurez pas très loin d'ici, aux environs de Saint-Jacques-du-Haut-Pas, puisque c'est là que vous allez à la messe tous les jours, mais je ne sais pas dans quelle rue. Je vois que vous comprenez votre situation. Comme vous n'avez pas menti pour votre nom, vous ne mentirez pas pour votre adresse. Mettez-la vous-même.

Le prisonnier resta un moment pensif, puis il prit la plume et écrivit :

"Mademoiselle Fabre, chez M. Urbain Fabre, rue Saint-Dominique-d'Enfer, n° 17."

Thénardier saisit la lettre avec une sorte de convulsion fébrile.

—Ma femme ! cria-t-il.

La Thénardier accourut.

—Voici la lettre. Tu sais ce que tu as à faire. Un fiacre est en bas. Pars tout de suite, et reviens idem.

Et s'adressant à l'homme au merlin :

—Toi, puisque tu as ôté ton cache-nez, accompagne la bourgeoise. Tu monteras derrière le fiacre. Tu sais où tu as laissé la maringotte?

— Oui, dit l'homme.

Et, déposant son merlin dans un coin, il suivit la Thénardier.

Comme ils s'en allaient, Thénardier passa sa tête par la porte entre-bâillée et cria dans le corridor :

— Surtout ne perds pas la lettre ! songe que tu as deux cent mille francs sur toi.

Une minute ne s'était pas écoulée qu'on entendit le claquement d'un fouet qui décrut et s'éteignit rapidement.

— Bien ! grommela Thénardier. Ils vont bon train. De ce galop-là la bourgeoise sera de retour dans trois quarts d'heure.

Il approcha une chaise de la cheminée et s'assit en se croisant les bras et en présentant ses bottes boueuses au réchaud.

— J'ai froid aux pieds, dit-il.

Il ne restait plus dans le bouge avec Thénardier et le prisonnier que cinq bandits.

Ces hommes, à travers les masques ou la glu noire qui leur couvrait la face et en faisait, au choix de la peur, des charbonniers, des nègres ou des démons, avaient des airs engourdis et mornes, et l'on sentait qu'ils exécutaient un crime comme une besogne, tranquillement, sans colère et sans pitié, avec une sorte d'ennui. Ils étaient dans un coin entassés comme des brutes et se taisaient.

Thénardier se chauffait les pieds.

Le prisonnier était retombé dans sa taciturnité. Un calme sombre avait succédé au vacarme farouche qui remplissait le galetas quelques instants auparavant.

La chandelle, où un large champignon s'était formé[1] éclairait à peine l'immense taudis, le brasier s'était terni, et toutes ces têtes monstrueuses faisaient des ombres difformes sur les murs et au plafond.

On n'entendait d'autre bruit que la respiration paisible du vieillard ivre qui dormait.

Marius attendait, dans une anxiété que tout accroissait. L'énigme était plus impénétrable que jamais. Qu'était-ce

que cette " petite " que Thénardier avait aussi nommée
l'Alouette ? était-ce son " Ursule " ?   Le prisonnier n'avait
pas paru ému à ce mot, l'Alouette, et avait répondu le
plus naturellement du monde : Je ne sais ce que vous
voulez dire.   D'un autre côté, les deux lettres *U. F.*
étaient expliquées, c'était Urbain Fabre, et Ursule ne
s'appelait plus Ursule.   C'est là ce que Marius voyait le
plus clairement.

Une sorte de fascination affreuse le retenait cloué à la
place d'où il observait et dominait toute cette scène.   Il
était là, presque incapable de réflexion et de mouvement,
comme anéanti par de si abominables choses vues de près.
Il attendait, espérant quelque incident, n'importe quoi, ne
pouvant rassembler ses idées et ne sachant quel parti
prendre.

— Dans tous les cas, disait-il, si l'Alouette, c'est elle, je le
verrai bien, car la Thénardier va l'amener ici.   Alors tout
sera dit, je donnerai ma vie et mon sang s'il le faut, mais
je la délivrerai !   Rien ne m'arrêtera.

Près d'une demi-heure passa ainsi.   Thénardier paraissait absorbé par une méditation ténébreuse.   Le prisonnier
ne bougeait pas.   Cependant Marius croyait par intervalles
et depuis quelques instants entendre un petit bruit sourd
du côté du prisonnier.

Tout à coup Thénardier apostropha le prisonnier :

— Monsieur Fabre, tenez, autant que je vous dise tout
de suite.

Ces quelques mots semblaient commencer un éclair-
cissement.   Marius prêta l'oreille.   Thénardier continua :

— Mon épouse va revenir, ne vous impatientez pas.   Je
pense que l'Alouette est véritablement votre fille, et je
trouve tout simple que vous la gardiez.   Seulement,
écoutez un peu.   Avec votre lettre, ma femme ira la
trouver.   J'ai dit à ma femme de s'habiller, comme vous

avez vu, de façon que votre demoiselle la suive sans difficulté. Elles monteront toutes deux dans le fiacre avec
mon camarade derrière. Il y a quelque part en dehors
d'une barrière une maringotte attelée de deux très bons
chevaux. On y conduira votre demoiselle. Elle descendra
du fiacre. Mon camarade montera avec elle dans la maringotte, et ma femme reviendra ici nous dire : C'est fait.
Quant à votre demoiselle, on ne lui fera pas de mal; la
maringotte la mènera dans un endroit où elle sera tranquille, et dès que vous m'aurez donné les petits deux cent
mille francs, on vous la rendra. Si vous me faites arrêter,
mon camarade donnera le coup de pouce[1] à l'Alouette.
Voilà.

Le prisonnier n'articula pas une parole. Après une
pause, Thénardier poursuivit :

—C'est simple, comme vous voyez. Il n'y aura pas de
mal si vous ne voulez pas qu'il y ait du mal. Je vous
conte la chose. Je vous préviens pour que vous sachiez.

Il s'arrêta; le prisonnier ne rompit pas le silence, et
Thénardier reprit :

—Dès que mon épouse sera revenue et qu'elle m'aura
dit : L'Alouette est en route, nous vous lâcherons et vous
serez libre d'aller coucher chez vous. Vous voyez que
nous n'avions pas de mauvaises intentions.

Des images épouvantables passèrent devant la pensée
de Marius. Quoi ! cette jeune fille qu'on enlevait, on
n'allait pas la ramener ? un de ces monstres allait l'emporter dans l'ombre ? où ? . . . Et si c'était elle !

Et il était clair que c'était elle. Marius sentait les
battements de son cœur s'arrêter.

Que faire ? Tirer le coup de pistolet ? mettre aux mains
de la justice tous ces misérables ? Mais l'affreux homme
au·merlin n'en serait pas moins hors de toute atteinte
avec la jeune fille, et Marius songeait à ces mots de Thé-

nardier dont il entrevoyait la signification sanglante : *Si vous me faites arrêter, mon camarade donnera le coup de pouce à l'Alouette.*

Maintenant ce n'était pas seulement par le testament du colonel, c'était par son amour même, par le péril de celle qu'il aimait, qu'il se sentait retenu.

Cette effroyable situation, qui durait déjà depuis plus d'une heure, changeait d'aspect à chaque instant.

Marius eut la force de passer successivement en revue toutes les plus poignantes conjectures, cherchant une espérance et ne la trouvant pas.

Le tumulte de ses pensées contrastait avec le silence funèbre du repaire.

Au milieu de ce silence on entendit le bruit de la porte de l'escalier qui s'ouvrait, puis se fermait.

Le prisonnier fit un mouvement dans ses liens.

—Voici la bourgeoise, dit Thénardier.

Il achevait à peine qu'en effet la Thénardier se précipita dans la chambre, rouge, essoufflée, haletante, les yeux flambants, et cria en frappant de ses grosses mains sur ses deux cuisses à la fois :

—Fausse adresse !

Le bandit qu'elle avait emmené avec elle parut derrière elle et vint reprendre son merlin.

—Fausse adresse ? répéta Thénardier.

Elle reprit :

—Personne ! Rue Saint-Dominique, numéro dix-sept, pas de monsieur Urbain Fabre ! On ne sait pas ce que c'est !

Elle s'arrêta suffoquée, puis continua :

—Monsieur Thénardier ! ce vieux t'a fait poser ![1] tu es trop bon, vois-tu ! Moi, je te vous lui aurais coupé la margoulette[2] en quatre pour commencer ! et s'il avait fait le méchant, je l'aurais fait cuire tout vivant ! Il aurait bien fallu qu'il parle, et qu'il dise où est la fille, et qu'il dise où est le magot ! !¹ Voilà comment j'aurais mené cela, moi ! On a bien raison de dire que les hommes sont plus bêtes que les femmes ! Personne numéro dix-sept ! c'est une grande porte-cochère ! Pas de monsieur Fabre rue Saint-Dominique ! et ventre à terre, et pourboire au cocher, et tout ! J'ai parlé au portier et à la portière, qui est une belle forte femme, ils ne connaissent pas ça !

Marius respira.

Elle, Ursule ou l'Alouette, celle qu'il ne savait plus comment nommer, était sauvée.

Pendant que sa femme exaspérée vociférait, Thénardier s'était assis sur la table.

Il resta quelques instants sans prononcer une parole, balançant sa jambe droite qui pendait et considérant le réchaud d'un air de rêverie sauvage.

Enfin il dit au prisonnier avec une inflexion lente et singulièrement féroce :

— Une fausse adresse ? qu'est-ce que tu as donc espéré ?

— Gagner du temps ! cria le prisonnier d'une voix éclatante.

Et au même instant il secoua ses liens ; ils étaient coupés. Le prisonnier n'était plus attaché au lit que par une jambe.

Avant que les sept hommes eussent eu le temps de se reconnaître et de s'élancer, lui s'était penché sous la cheminée, avait étendu la main vers le réchaud, puis s'était redressé, et maintenant Thénardier, la Thénardier et les bandits, refoulés par le saisissement au fond du bouge, le regardaient avec stupeur élevant au-dessus de sa tête le ciseau rouge d'où tombait une lueur sinistre, presque libre et dans une attitude formidable.

L'enquête judiciaire, à laquelle le guet-apens de la masure Gorbeau donna lieu par la suite, a constaté qu'un gros sou,² coupé et travaillé d'une façon particulière, fut

trouvé dans le galetas, quand la police y fit une descente ;
ce gros sou était une de ces merveilles d'industrie que la
patience du bagne engendre dans les ténèbres et pour les
ténèbres, merveilles qui ne sont autre chose que des instru-
ments d'évasion.   Ces produits hideux et délicats d'un art
prodigieux sont dans la bijouterie ce que les métaphores
de l'argot sont dans la poésie.   Il y a des Benvenuto
Cellini[1] au bagne, de même que dans la langue il y a des
Villon.[2]   Le malheureux qui aspire à la délivrance trouve
moyen, quelquefois sans outils, avec un eustache,[3] avec un
vieux couteau, de scier un sou en deux lames minces, de
creuser ces deux lames sans toucher aux empreintes moné-
taires, et de pratiquer un pas de vis[4] sur la tranche du sou
de manière à faire adhérer les lames de nouveau.   Cela se
visse et se dévisse à volonté ; c'est une boîte.   Dans cette
boîte, on cache un ressort de montre, et ce ressort de montre bien manié coupe des manilles de calibre[5] et des
barreaux de fer.   On croit que ce malheureux forçat ne
possède qu'un sou ; point, il possède la liberté.   C'est un
gros sou de ce genre qui, dans des perquisitions de police
ultérieures, fut trouvé ouvert et en deux morceaux dans le
bouge sous le grabat près de la fenêtre.   On découvrit
également une petite scie en acier bleu qui pouvait se
cacher dans le gros sou.

Il est probable qu'au moment où les bandits fouillèrent
le prisonnier, il avait sur lui ce gros sou qu'il réussit à
cacher dans sa main, et qu'ensuite, ayant la main droite
libre, il le dévissa et se servit de la scie pour couper les
cordes qui l'attachaient, ce qui expliquerait le bruit léger
et les mouvements imperceptibles que Marius avait re-
marqués.

N'ayant pu se baisser, de peur de se trahir, il n'avait
point coupé les liens de sa jambe gauche.

Les bandits étaient revenus de leur première surprise.

—Sois tranquille, dit Bigrenaille à Thénardier. Il tient encore par une jambe, et il ne s'en ira pas. J'en réponds. C'est moi qui lui ai ficelé cette patte-là.

Cependant le prisonnier éleva la voix :

—Vous êtes des malheureux, mais ma vie ne vaut pas la peine d'être tant défendue. Quant à vous imaginer que vous me feriez parler, que vous me feriez écrire ce que je ne veux pas écrire, que vous me feriez dire ce que je ne veux pas dire . . .

Il releva la manche de son bras gauche et ajouta :

—Tenez.

En même temps il tendit son bras et posa sur la chair nue le ciseau ardent qu'il tenait dans sa main droite par le manche de bois.

On entendit le frémissement de la chair brûlée, l'odeur propre aux chambres de torture se répandit dans le taudis.

Marius chancela éperdu d'horreur, les brigands eux-mêmes eurent un frisson, le visage de l'étrange vieillard se contracta à peine, et tandis que le fer rouge s'enfonçait dans la plaie fumante, impassible et presque auguste, il attachait sur Thénardier son beau regard sans haine où la souffrance s'évanouissait dans une majesté sereine.

Chez les grandes et hautes natures, les révoltes de la chair et des sens en proie à la douleur physique font sortir l'âme et la font apparaître sur le front, de même que les rébellions de la soldatesque forcent le capitaine à se montrer.

—Misérables, dit-il, n'ayez pas plus peur de moi que je n'ai peur de vous !

Et arrachant le ciseau de la plaie, il le lança par la fenêtre qui était restée ouverte ; l'horrible outil embrasé disparut dans la nuit en tournoyant et alla tomber dans la nuit au loin et s'éteindre dans la neige.

Le prisonnier reprit :

— Faites de moi ce que vous voudrez.

Il était désarmé.

— Empoignez-le ! dit Thénardier.

Deux des brigands lui posèrent la main sur l'épaule, et l'homme masqué à voix de ventriloque se tint en face de lui, prêt à lui faire sauter le crâne d'un coup de clef au moindre mouvement.

En même temps Marius entendit au-dessous de lui, au bas de la cloison, mais tellement près qu'il ne pouvait voir ceux qui parlaient, ce colloque échangé à voix basse :

— Il n'y a plus qu'une chose à faire.

— L'escarper ![1]

— C'est cela.

C'étaient le mari et la femme qui tenaient conseil.

Thénardier marcha à pas lents vers la table, ouvrit le tiroir et y prit le couteau.

Marius tourmentait le pommeau du pistolet. Perplexité inouïe ! Depuis une heure il y avait deux voix dans sa conscience, l'une lui disait de respecter le testament de son père, l'autre lui criait de secourir le prisonnier. Ces deux voix continuaient sans interruption leur lutte qui le mettait à l'agonie. Il avait vaguement espéré jusqu'à ce moment trouver un moyen de concilier ces deux devoirs, mais rien de possible n'avait surgi.

Cependant le péril pressait, la dernière limite de l'attente était dépassée ; à quelques pas du prisonnier Thénardier songeait, le couteau à la main.

Marius égaré promenait ses yeux autour de lui, dernière ressource machinale du désespoir. Tout à coup, il tressaillit.

A ses pieds, sur la table, un vif rayon de pleine lune éclairait et semblait lui montrer une feuille de papier. Sur cette feuille il lut cette ligne écrite en grosses lettres le matin même par l'aînée des filles Thénardier :

— Les cognes sont la.[1]

Une idée, une clarté traversa l'esprit de Marius ; c'était le moyen qu'il cherchait, la solution de cet affreux problème qui le torturait, épargner l'assassin et sauver la victime.

Il s'agenouilla sur sa commode, étendit le bras, saisit la feuille de papier, détacha doucement un morceau de plâtre de la cloison, l'enveloppa dans le papier et jeta le tout par la crevasse au milieu du bouge.

Il était temps. Thénardier avait vaincu ses dernières craintes ou ses derniers scrupules et se dirigeait vers le prisonnier.

—Quelque chose qui tombe ! cria la Thénardier.

—Qu'est-ce ? dit le mari.

La femme s'était élancée et avait ramassé le plâtras enveloppé du papier. Elle le remit à son mari.

—Par où cela est-il venu ? demanda Thénardier.

—Pardié ! fit la femme, par où veux-tu que cela soit entré ? C'est venu par la fenêtre.

—Je l'ai vu passer, dit Bigrenaille.

Thénardier déplia rapidement le papier et l'approcha de la chandelle.

—C'est de l'écriture d'Éponine. Diable !

Il fit signe à sa femme, qui s'approcha vivement, et il lui montra la ligne écrite sur la feuille de papier, puis il ajouta d'une voix sourde :

—Vite ! l'échelle ! laissons le lard dans la souricière et fichons le camp ![2]

—Sans couper le cou à l'homme ? demanda la Thénardier.

—Nous n'avons pas le temps.

—Par où ? reprit Bigrenaille.

—Par la fenêtre, répondit Thénardier. Puisque Ponine a jeté la pierre par la fenêtre, c'est que la maison n'est pas cernée de ce côté-là.

Le masque à voix de ventriloque posa à terre sa grosse clef, éleva ses deux bras en l'air et ouvrit et ferma trois fois rapidement ses mains sans dire un mot.

Ce fut comme le signal du branle-bas dans un équipage.[1] Les brigands qui tenaient le prisonnier le lâchèrent ; en un clin d'œil l'échelle de corde fut déroulée hors de la fenêtre et attachée solidement au rebord par les deux crampons de fer.

Le prisonnier ne faisait pas attention à ce qui se passait autour de lui.   Il semblait rêver ou prier.

Sitôt l'échelle fixée, Thénardier cria :

— Viens ! la bourgeoise ![2]

Et il se précipita vers la croisée.

Mais comme il allait enjamber, Bigrenaille le saisit rudement au collet.

— Non pas, dis donc, vieux farceur ! après nous !

— Après nous ! hurlèrent les bandits.

— Vous êtes des enfants, dit Thénardier, nous perdons le temps.   Les railles [3] sont sur nos talons.

— Eh bien, dit un des bandits, tirons au sort à qui passera le premier.

Thénardier s'exclama :

— Êtes-vous fous ! êtes-vous toqués ! en voilà-t-il un tas de jobards ! perdre le temps, n'est-ce pas ? tirer au sort, n'est-ce pas ? au doigt mouillé ! à la courte-paille ![4] écrire nos noms ! les mettre dans un bonnet ! . . .

— Voulez-vous mon chapeau ? cria une voix du seuil de la porte.

Tous se retournèrent.   C'était Javert.

Il tenait son chapeau à la main, et le tendait en souriant.

XXI.

ON DEVRAIT TOUJOURS COMMENCER PAR ARRÊTER LES VICTIMES.

JAVERT, à la nuit tombante, avait aposté des hommes et s'était embusqué lui-même derrière les arbres de la rue de la Barrière-des-Gobelins, qui fait face à la masure Gorbeau, de l'autre côté du boulevard. Il avait commencé par ouvrir "sa poche"[1] pour y fourrer les deux jeunes filles chargées de surveiller les abords du bouge. Mais il n'avait "coffré"[2] qu'Azelma. Quant à l'Éponine, elle n'était pas à son poste, elle avait disparu, et il n'avait pu la saisir. Puis Javert s'était mis en arrêt, prêtant l'oreille au signal convenu. Les allées et venues du fiacre l'avait fort agité. Enfin, il s'était impatienté, et, *sûr qu'il y avait un nid là*, sûr d'être *en bonne fortune*, ayant reconnu plusieurs des bandits qui étaient entrés, il avait fini par se décider à monter sans attendre le coup de pistolet.

On se souvient qu'il avait le passe-partout de Marius.

Il était arrivé à point.

Les bandits effarés se jetèrent sur les armes qu'ils avaient abandonnées dans tous les coins au moment de s'évader. En moins d'une seconde, ces sept hommes épouvantables à voir, se groupèrent dans une posture de défense, l'un avec son merlin, l'autre avec sa clef, l'autre avec son assommoir, les autres avec les cisailles, les pinces et les marteaux, Thénardier son couteau au poing. La Thénardier saisit un énorme pavé qui était dans l'angle de la fenêtre et qui servait à ses filles de tabouret.

Javert remit son chapeau sur sa tête et fit deux pas dans la chambre, les bras croisés, la canne sous le bras, l'épée dans le fourreau.

— Halte là ! dit-il. Vous ne passerez pas par la fenêtre, vous passerez par la porte. C'est moins malsain. Vous êtes sept, nous sommes quinze. Ne nous colletons pas comme des auvergnats.[1] Soyons gentils.

Bigrenaille prit un pistolet qu'il tenait caché sous sa blouse et le mit dans la main de Thénardier en lui disant à l'oreille :

— C'est Javert. Je n'ose pas tirer sur cet homme-là. Oses-tu, toi ?

— Parbleu, répondit Thénardier.

— Eh bien, tire.

Thénardier prit le pistolet et ajusta Javert.

Javert, qui était à trois pas, le regarda fixement et se contenta de dire :

— Ne tire pas, va ! ton coup va rater.

Thénardier pressa la détente. Le coup rata.

— Quand je te le disais ! fit Javert.

Bigrenaille jeta son casse-tête[2] aux pieds de Javert.

— Tu es l'empereur des diables ! je me rends.

— Et vous ? demanda Javert aux autres bandits.

Ils répondirent :

— Nous aussi.

Javert repartit avec calme :

— C'est ça, c'est bon, je le disais, on est gentil.

— Je ne demande qu'une chose, reprit le Bigrenaille, c'est qu'on ne me refuse pas du tabac pendant que je serai au secret.

— Accordé, dit Javert.

Et se retournant et appelant derrière lui :

— Entrez maintenant !

Une escouade de sergents de ville, l'épée au poing, et d'agents armés de casse-tête et de gourdins se rua à l'appel de Javert. On garrotta les bandits.

Cette foule d'hommes à peine éclairés d'une chandelle emplissait d'ombre le repaire.

— Les poucettes à tous ! cria Javert.

— Approchez donc un peu ! cria une voix qui n'était pas une voix d'homme, mais dont personne n'eût pu dire : C'est une voix de femme.

La Thénardier s'était retranchée dans un des angles de la fenêtre, et c'était elle qui venait de pousser ce rugissement.

Les sergents de ville et les agents reculèrent.

Elle avait jeté son châle et gardé son chapeau ; son mari, accroupi derrière elle, disparaissait presque sous le châle tombé, et elle le couvrait de son corps, élevant le pavé des deux mains au-dessus de sa tête avec le balancement d'une géante qui va lancer un rocher.

— Gare ! cria-t-elle.

Tous se refoulèrent vers le corridor. Un large vide se fit au milieu du galetas.

La Thénardier jeta un regard aux bandits qui s'étaient laissé garroter et murmura d'un accent guttural et rauque :

— Les lâches !

Javert sourit et s'avança dans l'espace vide que la Thénardier couvait de ses deux prunelles.

— N'approche pas ! va-t'en ! cria-t-elle, ou je t'écroule !

— Quel grenadier ! fit Javert ; la mère, tu as de la barbe comme un homme, mais j'ai des griffes comme une femme.

Et il continua de s'avancer.

La Thénardier, échevelée et terrible, écarta les jambes, se cambra en arrière et jeta éperdument le pavé à la tête de Javert. Javert se courba, le pavé passa au-dessus de lui, heurta la muraille du fond dont il fit tomber un vaste plâtras et revint, en ricochant d'angle en angle à travers le bouge, heureusement presque vide, mourir sur les talons de Javert.

Au même instant Javert arriva au couple Thénardier. Une de ses larges mains s'abattit sur l'épaule de la femme et l'autre sur la tête du mari.

— Les poucettes ! cria-t-il.

Les hommes de police rentrèrent en foule, et en quelques secondes l'ordre de Javert fut exécuté.

La Thénardier, brisée, regarda ses mains garrottées et celles de son mari, se laissa tomber à terre et s'écria en pleurant :

— Mes filles !

— Elles sont à l'ombre,[1] dit Javert.

Cependant les agents avaient avisé l'ivrogne endormi derrière la porte et le secouaient.

Il s'éveilla en balbutiant :

— Est-ce fini, Jondrette ?

— Oui, répondit Javert.

Les six bandits garrottés étaient debout, du reste, ils avaient encore leurs mines de spectres ; trois barbouillés de noir, trois masqués.

— Gardez vos masques, dit Javert.

Et, les passant en revue avec le regard d'un Frédéric II à la parade de Potsdam, il dit au trois "fumistes" :

— Bonjour, Bigrenaille. Bonjour, Brujon. Bonjour, Deux-Milliards.

Puis, se tournant vers les trois masques, il dit à l'homme au merlin :

— Bonjour, Gueulemer.

Et à l'homme à la trique :

— Bonjour, Babet.

Et au ventriloque :

— Salut, Claquesous.

En ce moment, il aperçut le prisonnier des bandits qui, depuis l'entrée des agents de police, n'avait pas prononcé une parole et tenait sa tête baissée.

— Déliez monsieur ! dit Javert, et que personne ne sorte !

Cela dit, il s'assit souverainement devant la table, où

étaient restées la chandelle et l'écritoire, tira un papier timbré de sa poche et commença son procès-verbal.

Quand il eut écrit les premières lignes, qui ne sont que des formules toujours les mêmes, il leva les yeux :

— Faites approcher ce monsieur que ces messieurs avaient attaché.

Les agents regardèrent autour d'eux.

— Eh bien, demanda Javert, où est-il donc ?

Le prisonnier des bandits, M. Leblanc, M. Urbain Fabre, le père d'Ursule ou de l'Alouette, avait disparu.

La porte était gardée, mais la croisée ne l'était pas. Sitôt qu'il s'était vu délié, et pendant que Javert verbalisait, il avait profité du trouble, du tumulte, de l'encombrement, de l'obscurité, et d'un moment où l'attention n'était pas fixée sur lui, pour s'élancer par la fenêtre.

Un agent courut à la lucarne, et regarda. On ne voyait personne dehors.

L'échelle de corde tremblait encore.

— Diable ! fit Javert entre ses dents, ce devait être le meilleur.

QUATRIÈME PARTIE

L'IDYLLE RUE PLUMET

ET L'ÉPOPÉE RUE SAINT-DENIS.

—••⟡••—

[Jean Valjean, que Marius ne connait encore que sous le nom de
M. Leblanc, — car il a compris qu'Urbain Fabre n'est qu'un nom
d'emprunt — occupe, rue Plumet, faubourg Saint-Germain, une
maison avec jardin et grille sur la rue et issue secrète par derrière.
C'est ici que Marius, qui a complètement perdu la trace de celle
qu'il aime, retrouve enfin Cosette — nom de la jeune fille — grâce à
Éponine Thénardier, sortie de prison, qui l'a mené à la maison. Il la
guette à son insu et lui écrit une espèce de lettre d'amour, qu'elle
trouve sur le banc du jardin.]

—••—

LIVRE CINQUIÈME. — DONT LA FIN NE RES-
SEMBLE PAS AU COMMENCEMENT.

VI.

LES VIEUX SONT FAITS POUR SORTIR A PROPOS.

Le soir venu, Jean Valjean sortit ; Cosette s'habilla.
Elle arrangea ses cheveux de la manière qui lui allait le
mieux. Elle fit toute cette toilette sans savoir pourquoi.

Voulait-elle sortir ? non.

Attendait-elle une visite ? non.

A la brune,[1] elle descendit au jardin. Toussaint[2] était occupée à sa cuisine qui donnait sur l'arrière-cour.

Elle se mit à marcher sous les branches, les écartant de temps en temps avec la main, parce qu'il y en avait de très basses.

Elle arriva ainsi au banc.

Elle s'assit.

Tout à coup, elle eut cette impression indéfinissable qu'on éprouve, même sans voir, lorsqu'on a quelqu'un debout derrière soi.

Elle tourna la tête et se dressa.

C'était lui.

Il était tête nue. Il paraissait pâle et amaigri. On distinguait à peine son vêtement noir. Le crépuscule blêmissait son beau front et couvrait ses yeux de ténèbres.

Son chapeau était jeté à quelques pas dans les broussailles.

Cosette, prête à défaillir, ne poussa pas un cri. Elle reculait lentement, car elle se sentait attirée. Lui ne bougeait point. A je ne sais quoi d'ineffable et de triste qui l'enveloppait, elle sentait le regard de ses yeux qu'elle ne voyait pas.

Cosette, en reculant, rencontra un arbre et s'y adossa. Sans cet arbre, elle fût tombée.

Alors elle entendit sa voix, cette voix qu'elle n'avait vraiment jamais entendue, qui s'élevait à peine au-dessus du frémissement des feuilles et qui murmurait :

—Pardonnez-moi, je suis là. J'ai le cœur gonflé, je ne pouvais pas vivre comme j'étais, je suis venu. Avez-vous lu ce que j'avais mis là, sur ce banc? Me reconnaissez-vous un peu? N'ayez pas peur de moi. Voilà du temps déjà, vous rappelez-vous le jour où vous m'avez regardé? c'était dans le Luxembourg, près du Gladiateur. Et le jour où vous avez passé devant moi? c'était le 16 juin et

le 2 juillet. Il va y avoir un an. Depuis longtemps, je
ne vous ai plus vue. J'ai demandé à la loueuse de chaises,
elle m'a dit qu'elle ne vous voyait plus. Vous demeuriez
rue de l'Ouest au troisième sur le devant dans une maison
neuve, vous voyez que je sais! Je vous suivais, moi.
Qu'est-ce que j'avais à faire? Et puis vous avez disparu.
J'ai cru vous voir passer une fois que je lisais les journaux
sous les arcades de l'Odéon. J'ai couru. Mais non. C'était
une personne qui avait un chapeau comme vous. La nuit, je
viens ici. Ne craignez pas, personne ne me voit. Je viens
regarder vos fenêtres de près. Je marche bien doucement
pour que vous n'entendiez pas, car vous auriez peut-être
peur. L'autre soir, j'étais derrière vous, vous vous êtes
retournée, je me suis enfui. Une fois je vous ai entendue
chanter. J'étais heureux. Est-ce que cela vous fait quelque
chose que je vous entende chanter à travers le volet? cela
ne peut rien vous faire. Non, n'est-ce pas? Voyez-vous,
vous êtes mon ange! laissez-moi venir un peu. Je crois
que je vais mourir. Si vous saviez! je vous adore, moi.
Pardonnez-moi, je vous parle, je ne sais pas ce que je vous
dis, je vous fâche peut-être; est-ce que je vous fâche?

—O ma mère! dit-elle.

Et elle s'affaissa sur elle-même comme si elle se mourait.

Il la prit, elle tombait, il la prit dans ses bras, il la serra
étroitement sans avoir conscience de ce qu'il faisait. Il la
soutenait tout en chancelant. Il était comme s'il avait la
tête pleine de fumée; des éclairs lui passaient entre les
cils; ses idées s'évanouissaient. Il était éperdu d'amour.

Elle lui prit la main et la posa sur son cœur. Il bal-
butia :

— Vous m'aimez donc.

Elle répondit d'une voix si basse que ce n'était plus
qu'un souffle qu'on entendait à peine :

— Tais-toi! tu le sais !

Et elle cacha sa tête rouge dans le sein du jeune homme superbe [1] et enivré.

Il tomba sur le banc, elle près de lui. Ils n'avaient plus de paroles. Les étoiles commençaient à rayonner. Comment se fit-il que leurs lèvres se rencontrèrent ? Comment se fait-il que l'oiseau chante, que la neige se fonde, que la rose s'ouvre, que mai s'épanouisse, que l'aube blanchisse derrière les arbres noirs au sommet frissonnant des collines ?

Un baiser, et ce fut tout.

Tous deux tressaillirent, et ils se regardèrent dans l'ombre avec des yeux éclatants.

Ils ne sentaient ni la nuit fraîche, ni la pierre froide, ni la terre humide, ni l'herbe mouillée, ils se regardaient et ils avaient le cœur plein de pensées. Ils s'étaient pris les mains, sans savoir.

Elle ne lui demandait pas, elle n'y songeait pas même, par où il était entré et comment il avait pénétré dans le jardin. Cela lui paraissait si simple qu'il fût là !

Par intervalles, Cosette bégayait une parole. Son âme tremblait à ses lèvres comme une goutte de rosée à une fleur.

Peu à peu ils se parlèrent. L'épanchement succéda au silence qui est la plénitude. La nuit était sereine et splendide au-dessus de leur tête. Ces deux êtres, purs comme des esprits, se dirent tout, leurs songes, leurs ivresses, leurs extases, leurs chimères, leurs défaillances, comme ils s'étaient adorés de loin, comme ils s'étaient souhaités, leur désespoir quand ils avaient cessé de s'apercevoir. Ils se confièrent dans une intimité idéale, que rien déjà ne pouvait plus accroître, ce qu'ils avaient de plus caché et de plus mystérieux. Ils se racontèrent, avec une foi candide dans leurs illusions, tout ce que l'amour, la jeunesse et ce reste d'enfance qu'ils avaient, leur mettaient dans la pensée. Ces deux cœurs se versèrent l'un dans l'autre, de sorte qu'au bout d'une heure, c'était le jeune homme qui avait l'âme de la jeune fille et la jeune fille qui avait l'âme du jeune homme. Ils se pénétrèrent, ils s'enchantèrent, ils s'éblouirent.

Quand ils eurent fini, quand ils se furent tout dit, elle posa sa tête sur son épaule et lui demanda :

— Comment vous appelez-vous ?

— Je m'appelle Marius, dit-il. Et vous ?

— Je m'appelle Cosette.

LIVRES SIXIÈME A DOUZIÈME.

[Thénardier et ses complices s'évadent. Marius fait une tentative de réconciliation auprès de son grand-père, tentative qui n'aboutit qu'à un malentendu. Les émeutes du 5 et 6 juin 1832 [1] éclatent ; les barricades s'élèvent dans les différentes rues de Paris. Jean Valjean quitte la maison rue Plumet et Marius est au désespoir, ne sachant ce qu'est devenue Cosette. Une voix lui crie dans la nuit de rejoindre ses amis républicains, Courfeyrac, Enjolras, le chef de la bande d'étudiants, et autres à la barricade qu'ils ont construite, rue de la Chanvrerie. [2]]

V.

LES PRÉPARATIFS.

LES journaux du temps qui ont dit que la barricade de la rue de la Chanvrerie, cette *construction presque inexpugnable,* comme ils l'appellent, atteignait au niveau d'un premier étage, se sont trompés. Le fait est qu'elle ne dépassait pas une hauteur moyenne de six ou sept pieds. Elle était bâtie de manière que les combattants pouvaient, à volonté, ou disparaître derrière, ou dominer le barrage et même en escalader la crête au moyen d'une quadruple rangée de pavés superposés et arrangés en gradins à l'intérieur. Au dehors le front de la barricade, composé de piles de pavés et de tonneaux reliés par des poutres et des planches qui s'enchevêtraient dans les roues d'une charrette et d'un omnibus renversé, avait un aspect hérissé et inextricable.

Un coupure suffisante pour qu'un homme y pût passer avait été ménagée entre le mur des maisons et l'extrémité de la barricade la plus éloignée du cabaret, de façon qu'une sortie était possible. La flèche[1] de l'omnibus était dressée droite et maintenue avec des cordes, et un drapeau rouge, fixé à cette flèche, flottait sur la barricade.

La petite barricade Mondétour, cachée derrière la maison du cabaret, ne s'apercevait pas. Les deux barricades réunies formaient une véritable redoute. Enjolras et Courfeyrac n'avaient pas jugé à propos de barricader l'autre tronçon de la rue Mondétour qui ouvre par la rue des Prêcheurs une issue sur les Halles,[2] voulant sans doute conserver une communication possible avec le dehors et redoutant peu d'être attaqués par la dangereuse et difficile ruelle des Prêcheurs.

A cela près de cette issue restée libre, et en tenant compte aussi de la coupure exiguë ménagée sur la rue de la Chanvrerie, l'intérieur de la barricade, où le cabaret faisait un angle saillant, présentait un quadrilatère irrégulier fermé de toutes parts. Il y avait une vingtaine de pas d'intervalle entre le grand barrage et les hautes maisons qui formaient le fond de la rue, en sorte qu'on pouvait dire que la barricade était adossée à ces maisons, toutes habitées, mais closes du haut en bas.

Tout ce travail se fit sans empêchement, en moins d'une heure et sans que cette poignée d'hommes hardis vit surgir un bonnet à poil[3] ni une bayonnette. Les bourgeois[4] peu fréquents qui se hasardaient encore à ce moment de l'émeute dans la rue Saint-Denis, jetaient un coup d'œil rue de la Chanvrerie, apercevaient la barricade, et doublaient le pas.

Les deux barricades terminées, le drapeau arboré, on traîna une table hors du cabaret; et Courfeyrac monta sur la table. Enjolras apporta un coffre carré et Courfeyrac l'ouvrit. Ce coffre était rempli de cartouches. Quand on vit les cartouches, il y eut un tressaillement parmi les plus braves et un moment de silence.

Courfeyrac les distribua en souriant.

Chacun reçut trente cartouches. Beaucoup avaient de la poudre et se mirent à en faire d'autres avec les balles qu'on fondait. Quant au baril de poudre, il était sur une table à part, près de la porte, et on le réserva.

Le rappel,[1] qui parcourait tout Paris, ne discontinuait pas, mais cela avait fini par ne plus être qu'un bruit monotone auquel ils ne faisaient plus attention. Ce bruit tantôt s'éloignait, tantôt s'approchait, avec des ondulations lugubres.

On chargea les fusils et les carabines, tous ensemble, sans précipitation, avec une gravité solennelle. Enjolras alla placer trois sentinelles hors des barricades, l'une rue de la Chanvrerie, la seconde rue des Prêcheurs, la troisième au coin de la Petite-Truanderie.

Puis, les barricades bâties, les postes assignés, les fusils chargés, les vedettes posées, seuls dans ces rues redoutables où personne ne passait plus, entourés de ces maisons muettes et comme mortes où ne palpitait aucun mouvement humain, enveloppés des ombres croissantes du crépuscule qui commençait, au milieu de cette obscurité et de ce silence où l'on sentait s'avancer quelque chose et qui avait je ne sais quoi de tragique et de terrifiant, isolés, armés, déterminés, tranquilles, ils attendirent.

VI.

EN ATTENDANT.

[Un des étudiants insurgés, Prouvaire, récite des vers — souvenirs de jeunesse.]

L'heure, le lieu, ces souvenirs de jeunesse rappelés, quelques étoiles qui commençaient à briller au ciel, le repos funèbre de ces rues désertes, l'imminence de l'aventure inexorable qui se préparait, donnaient un charme pathétique à ces vers murmurés à demi-voix dans le crépuscule par Jean Prouvaire, qui était un doux poëte.

VII.

L'HOMME RECRUTÉ RUE DES BILLETTES.

[La bande, en marche vers le lieu de l'action, a été rejointe, rue des Billettes, par un homme de haute taille, grisonnant, à la mine rude et hardie, mais qu'aucun d'eux ne connaît.]

La nuit était tout à fait tombée, rien ne venait. On n'entendait que des rumeurs confuses, et par instants des fusillades ; mais rares, peu nourries et lointaines. Ce répit, qui se prolongeait, était signe que le gouvernement prenait son temps et ramassait ses forces. Ces cinquante hommes en attendaient soixante mille.

Enjolras se sentit pris de cette impatience qui saisit les âmes fortes au seuil des événements redoutables. Il alla trouver Gavroche, qui s'était mis à fabriquer des cartouches dans la salle basse, à la clarté douteuse de deux chandelles, posées sur le comptoir par précaution à cause de la poudre répandue sur les tables. Ces deux chandelles ne jetaient aucun rayonnement au dehors. Les insurgés, en outre, avaient eu soin de ne point allumer de lumière dans les étages supérieurs.

Gavroche, en ce moment, était fort préoccupé, non pas précisément de ses cartouches.

L'homme de la rue des Billettes venait d'entrer dans la salle basse et était allé s'asseoir à la table la moins éclairée. Il lui était échu un fusil de munition[1] grand modèle, qu'il tenait entre ses jambes. Gavroche, jusqu'à cet instant distrait par cent choses "amusantes," n'avait pas même vu cet homme.

Lorsqu'il entra, Gavroche le suivit machinalement des yeux, admirant son fusil; puis brusquement, quand l'homme fut assis, le gamin se leva. Ceux qui auraient épié l'homme jusqu'à ce moment l'auraient vu tout observer dans la barricade et dans la bande des insurgés avec une attention singulière; mais depuis qu'il était entré dans la salle, il avait été pris d'une sorte de recueillement et semblait ne plus rien voir de ce qui se passait. Le gamin s'approcha de ce personnage pensif et se mit à tourner sur la pointe du pied, comme on marche auprès de quelqu'un qu'on craint de réveiller. En même temps, sur son visage enfantin, à la fois si effronté et si sérieux, si évaporé et si profond, si gai et si navrant, passaient toutes ces grimaces de vieux qui signifient : — Ah bah ! — pas possible ! — j'ai la berlue ! — je rêve ! — est-ce que ce serait ? . . . — non, ce n'est pas ! — mais si ! — mais non ! etc. Gavroche se balançait sur ses talons, crispait ses deux poings dans ses poches, remuait le cou comme un oiseau, dépensait en une lippe démesurée toute la sagacité de sa lèvre inférieure.[1] Il était stupéfait, incertain, incrédule, convaincu, ébloui. Tout chez lui était en travail, l'instinct qui flaire et l'intelligence qui combine. Il était évident qu'il arrivait un événement à Gavroche.

C'est au plus fort de cette préoccupation qu'Enjolras l'aborda.

— Tu es petit, dit Enjolras, on ne te verra pas. Sors des barricades, glisse-toi le long des maisons, va un peu partout par les rues, et reviens me dire ce qui se passe.

Gavroche se haussa sur ses hanches.

— Les petits sont donc bons à quelque chose ! c'est bien heureux ! J'y vas. En attendant, fiez-vous aux petits, méfiez-vous des grands . . . — Et Gavroche levant la tête, et baissant la voix, ajouta, en désignant l'homme de la rue des Billettes :

— Vous voyez bien ce grand-là?

— Eh bien?

— C'est un mouchard.

— Tu es sûr?

— Il n'y a pas quinze jours qu'il m'a enlevé par l'oreille de la corniche du pont Royal, où je prenais l'air.

Enjolras quitta vivement le gamin et murmura quelques mots très bas à un ouvrier du port aux vins[1] qui se trouvait là. L'ouvrier sortit de la salle et y rentra presque tout de suite, accompagné de trois autres. Les quatre hommes, quatre portefaix aux larges épaules, allèrent se placer, sans rien faire qui pût attirer son attention, derrière la table où était accoudé l'homme de la rue des Billettes. Ils étaient visiblement prêts à se jeter sur lui.

Alors Enjolras s'approcha de l'homme et lui demanda :

— Qui êtes-vous?

A cette question brusque, l'homme eut un soubresaut. Il plongea son regard jusqu'au fond de la prunelle candide d'Enjolras et parut y saisir sa pensée. Il sourit d'un sourire qui était tout ce qu'on peut voir au monde de plus dédaigneux, de plus énergique et de plus résolu, et répondit avec une gravité hautaine :

— Je vois ce que c'est . . . Eh bien, oui !

— Vous êtes mouchard?

— Je suis agent de l'autorité.

— Vous vous appelez?

— Javert.

Enjolras fit signe aux quatre hommes. En un clin d'œil, avant que Javert eût eu le temps de se tourner, il fut colleté, terrassé, garrotté, fouillé.

On trouva sur lui une petite carte ronde collée entre deux verres et portant d'un côté les armes de France, gravées, avec cette légende : *Surveillance et vigilance*, et de l'autre côté cette mention : " JAVERT, inspecteur de police, âgé de cinquante-deux ans"; et la signature du préfet de police.

Il avait en outre sa montre et sa bourse, qui contenait quelques pièces d'or. On lui laissa la bourse et la montre. Derrière la montre, au fond du gousset, on tâta et l'on saisit un papier sous enveloppe, qu'Enjolras déplia et où il lut ces cinq lignes, écrites de la main même du préfet de police :

"Sitôt sa mission politique remplie, l'inspecteur Javert s'assurera, par une serveillance spéciale, s'il est vrai que des malfaiteurs aient des allures[1] sur la berge de la rive droite de la Seine, près le pont d'Iéna."

Le fouillage terminé, on redressa Javert, on lui noua les bras derrière le dos et on l'attacha au milieu de la salle basse au poteau.

Gavroche, qui avait assisté à toute la scène et tout approuvé d'un hochement de tête silencieux, s'approcha de Javert et lui dit :

— C'est la souris qui a pris le chat.

Tout cela s'était exécuté si rapidement, que c'était fini quand on s'en aperçut autour du cabaret.

Javert n'avait pas jeté un cri.

En voyant Javert lié au poteau, Courfeyrac et les hommes dispersés dans les deux barricades accoururent.

Javert, adossé au poteau et si entouré de cordes qu'il ne pouvait faire un mouvement, levait la tête avec la sérénité intrépide de l'homme qui n'a jamais menti.

— C'est un mouchard, dit Enjolras.

Et se tournant vers Javert :

— Vous serez fusillé dix minutes avant que la barricade soit prise.

Javert répliqua de son accent le plus impérieux :

— Pourquoi pas tout de suite ?

— Nous ménageons la poudre.

— Alors finissez-en d'un coup de couteau.

— Mouchard, dit le bel Enjolras, nous sommes des juges
et non des assassins !

Puis il appela Gavroche.

— Toi ! va à ton affaire !   Fais ce que je t'ai dit.

— J'y vas, cria Gavroche.

Et s'arrêtant au moment de partir :

— A propos, vous me donnerez son fusil !   Et il ajouta :
Je vous laisse le musicien, mais je veux la clarinette.

Le gamin fit le salut militaire et franchit gaîment la
coupure de la grande barricade.

LIVRE TREIZIÈME. — MARIUS ENTRE DANS L'OMBRE.

I.

DE LA RUE PLUMET AU QUARTIER SAINT-DENIS.

CETTE voix qui, à travers le crépuscule, avait appelé Marius à la barricade de la rue de la Chanvrerie lui avait fait l'effet de la voix de la destinée. Il voulait mourir, l'occasion s'offrait ; il frappait à la porte du tombeau, une main dans l'ombre lui en tendait la clef. Ces lugubres ouvertures qui se font dans les ténèbres devant le désespoir sont tentantes. Marius écarta la grille qui l'avait tant de fois laissé passer, sortit du jardin, et dit : Allons !

Fou de douleur, ne se sentant plus rien de fixe et de solide dans le cerveau, incapable de rien accepter désormais du sort après ces deux mois passés dans les enivrements de la jeunesse et de l'amour, accablé à la fois par toutes les rêveries du désespoir, il n'avait plus qu'un désir, en finir bien vite.

Il se mit à marcher rapidement. Il se trouvait précisément qu'il était armé, ayant sur lui les pistolets de Javert.

II.

[Description de Paris à vol de hibou.]

III.

L'EXTRÊME BORD.

Un peu au delà de l'angle noir de la ruelle et de la rue de la Chanvrerie qui jetait une énorme nappe d'ombre, où il était lui-même enseveli, il aperçut quelque lueur sur les pavés, un peu du cabaret, et derrière, un lampion clignotant dans une espèce de muraille informe, et des hommes accroupis ayant des fusils sur les genoux. Tout cela était à dix toises de lui. C'était l'intérieur de la barricade.

Les maisons qui bordaient la ruelle à droite lui cachaient le reste du cabaret, la grande barricade et le drapeau.

Alors le malheureux jeune homme s'assit sur une borne, croisa les bras et songea à son père.

[Pendant que Marius réfléchit, la barricade est attaquée par les troupes du gouvernement, et deux des émeutiers sont tués. L'un d'eux est un vieillard qui a relevé le drapeau abattu. A un moment critique Marius s'élance dans la barricade et sauve la vie à Gavroche et à Courfeyrac.]

IV.

LE BARIL DE POUDRE.

Marius, toujours caché dans le coude de la rue Mondétour, avait assisté à la première phase du combat irrésolu et frissonnant. Cependant il n'avait pu résister longtemps à ce vertige mystérieux et souverain qu'on pourrait nommer l'appel de l'abîme. Devant l'imminence du péril, devant Bahorel tué, Courfeyrac criant: A moi ! Gavroche menacé, ses amis à secourir ou à venger, toute hésitation s'était évanouie, et il s'était rué dans la mêlée ses deux pistolets à la main. Du premier coup il avait sauvé Gavroche et du second délivré Courfeyrac.

Aux coups de feu, aux cris des gardes frappés, les assaillants avaient gravi le retranchement, sur le sommet duquel on voyait maintenant se dresser plus d'à mi-corps, et en foule, des gardes municipaux, des soldats de la ligne, des gardes nationaux de la banlieue,[1] le fusil au poing.

Ils couvraient déjà plus des deux tiers du barrage, mais ils ne sautaient pas dans l'enceinte, comme s'ils balançaient, craignant quelque piège. Ils regardaient dans la barricade obscure comme dans une tanière de lions. La lueur de la torche n'éclairait que les bayonnettes, les bonnets à poil et le haut des visages inquiets et irrités.

Marius n'avait plus d'armes, il avait jeté ses pistolets déchargés ; mais il avait aperçu le baril de poudre dans la salle basse près de la porte.

Comme il se tournait à demi, regardant de ce côté, un soldat le coucha en joue. Au moment où le soldat ajustait Marius, une main se posa sur le bout du canon du fusil, et le boucha. C'était quelqu'un qui s'était élancé, un jeune ouvrier en pantalon de velours. Le coup partit, traversa la main, et peut-être aussi l'ouvrier, car il tomba, mais la balle n'atteignit pas Marius. Tout cela dans la fumée, plutôt entrevu que vu. Marius, qui entrait dans la salle basse, s'en aperçut à peine. Cependant il avait confusément vu ce canon de fusil dirigé sur lui et cette main qui l'avait bouché, et il avait entendu le coup. Mais dans des minutes comme celle-là, les choses qu'on voit vacillent et se précipitent, et l'on ne s'arrête à rien. On se sent obscurément poussé vers plus d'ombre encore, et tout est nuage.

Les insurgés, surpris, mais non effrayés, s'étaient ralliés. Enjolras avait crié : Attendez ! ne tirez pas au hasard ! Dans la première confusion en effet ils pouvaient se blesser les uns les autres. La plupart étaient montés à la fenêtre du premier étage et aux mansardes d'où ils dominaient les assaillants.

Les plus déterminés avec Enjolras, Courfeyrac, Jean Prouvaire et Combeferre, s'étaient fièrement adossés aux maisons du fond, à découvert et faisant face aux rangées de soldats et de gardes qui couronnaient la barricade.

Tout cela s'accomplit sans précipitation, avec cette gravité étrange et menaçante qui précède les mêlées. Des deux parts on se couchait en joue, à bout portant, on était si près qu'on pouvait se parler à portée de voix.

Quand on fut à ce point où l'étincelle va jaillir, un officier en hausse-col[1] et à grosses épaulettes étendit son épée et dit :

— Bas les armes !

— Feu ! dit Enjolras.

Les deux détonations partirent en même temps, et tout disparut dans la fumée.

Fumée âcre et étouffante où se traînaient, avec des gémissements faibles et sourds, des mourants et des blessés.

Quand la fumée se dissipa, on vit des deux côtés les combattants, éclaircis, mais toujours aux mêmes places, qui rechargeaient les armes en silence.

Tout à coup on entendit une voix tonnante qui criait :

— Allez-vous-en, ou je fais sauter la barricade !

Tous se retournèrent du côté d'où venait la voix.

Marius était entré dans la salle basse, et y avait pris le baril de poudre, puis il avait profité de la fumée et de l'espèce de brouillard obscur qui emplissait l'enceinte retranchée, pour se glisser le long de la barricade jusqu'à cette cage de pavés où était fixée la torche. En arracher la torche, y mettre le baril de poudre, pousser la pile de pavés sous le baril, qui s'était sur-le-champ défoncé, avec une sorte d'obéissance terrible, tout cela avait été pour Marius le temps de se baisser et de se relever ; et maintenant tous, gardes nationaux, gardes municipaux, officiers, soldats, pelotonnés à l'autre extrémité de la barricade, le regardaient avec stupeur le pied sur les pavés, la torche à la main, son fier visage éclairé par une résolution fatale, penchant la flamme de la torche vers ce monceau redoutable où l'on distinguait le baril de poudre brisé, et poussant ce cri terrifiant :

— Allez-vous-en, ou je fais sauter la barricade !

Marius sur cette barricade après l'octogénaire, c'était la vision de la jeune révolution après l'apparition de la vieille.

— Sauter la barricade ! dit un sergent, et toi aussi !

Marius répondit :

— Et moi aussi.

Et il approcha la torche du baril de poudre.

Mais il n'y avait déjà plus personne sur le barrage. Les assaillants, laissant leurs morts et leurs blessés, refluaient pêle-mêle et en désordre vers l'extrémité de la rue et s'y perdaient de nouveau dans la nuit. Ce fut un sauve-qui-peut.

La barricade était dégagée.

LA RUE DE L'HOMME-ARMÉ.

[Le jeune ouvrier qui vient de sauver la vie à Marius, au prix de la sienne, est Éponine Thénardier, déguisée en garçon. Elle meurt après lui avoir remis une lettre de Cosette et lui avoir avoué son amour. Cosette fait savoir à Marius qu'elle se trouve à la rue de l'Homme-Armé et qu'elle va partir pour l'Angleterre avec son père. Elle ne sait pas que celui-ci, jaloux du jeune homme, craint de la perdre, et a résolu de mettre fin à l'amour de Marius et de Cosette, en emmenant celle-ci. Alors résolu à mourir il lui envoie par Gavroche un billet d'adieu ; ce billet est remis, non à Cosette, mais à Jean Valjean.]

III.

PENDANT QUE COSETTE ET TOUSSAINT DORMENT.

Jean Valjean rentra avec la lettre de Marius.

Il monta l'escalier à tâtons, satisfait des ténèbres comme le hibou qui tient sa proie, ouvrit et referma doucement sa porte, écouta s'il n'entendait aucun bruit, constata que, selon toute apparence, Cosette et Toussaint dormaient, plongea dans la bouteille du briquet Fumade[1] trois ou quatre allumettes avant de pouvoir faire jaillir l'étincelle, tant sa main tremblait ; il y avait du vol dans ce qu'il venait de faire. Enfin sa chandelle fut allumée, il s'accouda sur la table, déplia le papier, et lut.

Dans les émotions violentes, on ne lit pas, on terrasse pour ainsi dire le papier qu'on tient, on l'étreint comme une victime, on le froisse, on enfonce dedans les ongles de

'sa colère ou de son allégresse ; on court à la fin, on saute
au commencement ; l'attention a la fièvre ; elle comprend
en gros, à peu près, l'essentiel ; elle saisit un point, et tout
le reste disparaît. Dans le billet de Marius à Cosette,
Jean Valjean ne vit que ces mots :

"Je meurs. Quand tu liras ceci, mon âme sera près
de toi."

En présence de ces deux lignes, il eut un éblouissement
horrible ; il resta un moment comme écrasé du changement
d'émotion qui se faisait en lui, il regardait le billet de
Marius avec une sorte d'étonnement ivre, il avait devant
les yeux cette splendeur, la mort de l'être haï.

Il poussa un affreux cri de joie intérieure. Ainsi c'était
fini. Le dénoûment arrivait plus vite qu'on n'eût osé
l'espérer. L'être qui encombrait sa destinée disparaissait.
Il s'en allait de lui-même, librement, de bonne volonté.
Sans que lui, Jean Valjean, eût rien fait pour cela, sans
qu'il y eût de sa faute, "cet homme" allait mourir. Peut-
être même était-il déjà mort. — Ici sa fièvre fit des calculs.
— Non. Il n'est pas encore mort. La lettre a été visiblement écrite pour être lue par Cosette le lendemain matin ;
depuis ces deux décharges qu'on a entendues entre onze
heures et minuit, il n'y a rien eu ; la barricade ne sera
sérieusement attaquée qu'au point du jour ; mais c'est égal,
du moment où "cet homme" est mêlé à cette guerre, il est
perdu ; il est pris dans l'engrenage. — Jean Valjean se
sentait délivré. Il allait donc, lui, se retrouver seul avec
Cosette. La concurrence cessait ; l'avenir recommençait.
Il n'avait qu'à garder ce billet dans sa poche. Cosette ne
saurait jamais ce que "cet homme" était devenu. "Il n'y
a qu'à laisser les choses s'accomplir. Cet homme ne peut
échapper. S'il n'est pas mort encore, il est sûr qu'il va
mourir. Quel bonheur !"

Tout cela dit en lui-même, il devint sombre.

Puis il descendit et réveilla le portier.

Environ une heure après, Jean Valjean sortait en habit complet de garde national et en armes. Le portier lui avait aisément trouvé dans le voisinage de quoi compléter son équipement. Il avait un fusil chargé et une giberne pleine de cartouches. Il se dirigea du côté des halles.

[Il arrive dans la barricade.]

CINQUIÈME PARTIE

JEAN VALJEAN.

———◦o✦o◦———

LIVRE PREMIER. — LA GUERRE ENTRE QUATRE MURS.

———

I–VI.

[Les insurgés réparent la barricade, prennent un peu de repos et renvoient ceux d'entre eux qui sont mariés ou chargés de famille, car tous sentent que la mort les attend. Jean Valjean donne son uniforme de garde national à un des pères de famille, et accepte de mourir avec Marius et les autres insurgés.]

VII.

LA SITUATION S'AGGRAVE.

Le jour croissait rapidement. Mais pas une fenêtre ne s'ouvrait, pas une porte ne s'entre-bâillait; c'était l'aurore, non le réveil. L'extrémité de la rue de la Chanvrerie opposée à la barricade avait été évacuée par les troupes; elle semblait libre et s'ouvrait aux passants avec une tranquillité sinistre. La rue Saint-Denis était muette comme l'avenue des Sphinx à Thèbes. Pas un être vivant dans les carrefours que blanchissait un reflet de soleil. Rien n'est lugubre comme cette clarté des rues désertes.

On ne voyait rien, mais on entendait. Il se faisait à une certaine distance un mouvement mystérieux. Il était évident que l'instant critique arrivait. Comme la veille au soir les vedettes se replièrent ; mais cette fois toutes.

Comme la veille au soir, toutes les attentions étaient tournées, et on pourrait presque dire appuyées, sur le bout de la rue, maintenant éclairé et visible.

L'attente ne fut pas longue. Le remuement recommença distinctement du côté de Saint-Leu, mais cela ne ressemblait pas au mouvement de la première attaque. Un clapotement de chaînes, le cahotement inquiétant d'une masse, un cliquetis d'airain sautant sur le pavé, une sorte de fracas solennel, annoncèrent qu'une ferraille sinistre [1] approchait. Il y eut un tressaillement dans les entrailles de ces vieilles rues [2] paisibles, percées et bâties pour la circulation féconde des intérêts et des idées, et qui ne sont pas faites pour le roulement monstrueux des roues de la guerre.

La fixité des prunelles de tous les combattants sur l'extrémité de la rue devint farouche.

Une pièce de canon apparut.

Les artilleurs poussaient la pièce ; elle était dans son encastrement [3] de tir ; l'avant-train [4] avait été détaché ; deux soutenaient l'affût, [5] quatre étaient aux roues ; d'autres suivaient avec le caisson. On voyait fumer la mèche allumée.

— Feu, cria Enjolras.

Toute la barricade fit feu, la détonation fut effroyable ; une avalanche de fumée couvrit et effaça la pièce et les hommes ; après quelques secondes le nuage se dissipa, et le canon et les hommes reparurent ; les servants de la pièce achevaient de la rouler en face de la barricade lentement, correctement, et sans se hâter. Pas un n'était atteint. Puis le chef de pièce, pesant sur la culasse pour élever le tir, [6] se mit à pointer le canon avec la gravité d'un astronome qui braque une lunette.

— Bravo les canonniers ! cria Bossuet.

Et toute la barricade battit des mains.

Un moment après, carrément posée au beau milieu de la rue à cheval sur le ruisseau, la pièce était en batterie. Une gueule formidable était ouverte sur la barricade.

— Allons, gai ! fit Courfeyrac. Voilà le brutal.[1] Après la chiquenaude, le coup de poing. L'armée étend vers nous sa grosse patte. La barricade va être sérieusement secouée. La fusillade tâte, le canon prend.

— Rechargez les armes, dit Enjolras.

De quelle façon le revêtement de la barricade allait-il se comporter sous le boulet ? Le coup ferait-il brèche ? Là était la question. Pendant que les insurgés rechargeaient les fusils, les artilleurs chargeaient le canon.

L'anxiété était profonde dans la redoute.

Le coup partit, la détonation éclata.

— Présent ! cria une voix joyeuse.

Et en même temps que le boulet sur la barricade, Gavroche s'abattit dedans.

Il arrivait du côté de la rue du Cygne, et il avait lestement enjambé la barricade accessoire.

Gavroche fit plus d'effet dans la barricade que le boulet.

Le boulet s'était perdu dans le fouillis des décombres. Il avait tout au plus brisé une roue de l'omnibus et achevé la vieille charrette. Ce que voyant, la barricade se mit à rire.

— Continuez, cria Bossuet aux artilleurs.

VIII–X.

[Continuation de l'attaque.]

XI–XIV.

LE COUP DE FUSIL QUI NE MANQUE RIEN ET QUI NE TUE PERSONNE.

LE feu des assaillants continuait. La mousqueterie et la mitraille alternaient, sans grand ravage à la vérité. Le haut de la façade du cabaret souffrait seul ; la croisée du premier étage et les mansardes du toit, criblées de chevrotines[1] et de biscaïens,[2] se déformaient lentement. Les combattants qui s'y étaient postés avaient dû s'effacer. Du reste, ceci est une tactique de l'attaque des barricades ; tirailler longtemps, afin d'épuiser les munitions des insurgés, s'ils font la faute de répliquer. Quand on s'aperçoit, au ralentissement de leur feu, qu'ils n'ont plus ni balles ni poudre, on donne l'assaut. Enjolras n'était pas tombé dans ce piège ; la barricade ne ripostait point.

Soudain Courfeyrac s'écria :

— Du nouveau.

Et, prenant une voix d'huissier qui annonce, il ajouta :

— Je m'appelle Pièce de Huit.[3]

En effet, un nouveau personnage venait d'entrer en scène. C'était une deuxième bouche à feu.

Les artilleurs firent rapidement la manœuvre de force,[4] et mirent cette seconde pièce en batterie près de la première.

Ceci ébauchait le dénoûment.[5]

Quelques instants après, les deux pièces, vivement servies, tiraient de front contre la redoute ; les feux de peloton de la ligne et de la banlieue soutenaient l'artillerie.

On entendait une autre canonnade à quelque distance. En même temps que deux pièces s'acharnaient sur la redoute de la rue de la Chanvrerie, deux autres bouches à feu, braquées, l'une rue Saint-Denis, l'autre rue Aubry-le-Boucher, criblaient la barricade Saint-Merry. Les quatre canons se faisaient lugubrement écho.

Les aboiements des sombres chiens de la guerre se répondaient.

Des deux pièces qui battaient maintenant la barricade de la rue de la Chanvrerie, l'une tirait à mitraille,[1] l'autre à boulet.

La pièce qui tirait à boulet était pointée un peu haut et le tir était calculé de façon que le boulet frappait le bord extrême de l'arête supérieure de la barricade, l'écrêtait,[2] et émiettait les pavés sur les insurgés en éclats de mitraille.

Ce procédé de tir avait pour but d'écarter les combattants du sommet de la redoute, et de les contraindre à se pelotonner dans l'intérieur, c'est-à-dire que cela annonçait l'assaut.

Une fois les combattants chassés du haut de la barricade par le boulet et des fenêtres du cabaret par la mitraille, les colonnes d'attaque pourraient s'aventurer dans la rue sans être visées, peut-être même sans être aperçues, escalader brusquement la redoute, comme la veille au soir, et, qui sait? la prendre par surprise.

— Il faut absolument diminuer l'incommodité de ces pièces, dit Enjolras, et il cria: Feu sur les artilleurs!

Tous étaient prêts. La barricade, qui se taisait depuis longtemps, fit feu éperdument; sept ou huit décharges se succédèrent avec une sorte de rage et de joie; la rue s'emplit d'une fumée aveuglante, et, au bout de quelques minutes, à travers cette brume toute rayée de flamme, on put distinguer confusément les deux tiers des artilleurs couchés sous les roues des canons. Ceux qui étaient restés debout continuaient de servir les pièces avec une tranquillité sévère, mais le feu était ralenti.

— Voilà qui va bien, dit Bossuet à Enjolras. Succès.

Enjolras hocha la tête et répondit :

— Encore un quart d'heure de ce succès, et il n'y aura plus dix cartouches dans la barricade.

Il paraît que Gavroche entendit ce mot.

XV.

GAVROCHE DEHORS.

COURFEYRAC tout à coup aperçut quelqu'un au bas de la barricade, dehors dans la rue, sous les balles.

Gavroche avait pris un panier à bouteilles dans le cabaret, était sorti par la coupure, et était paisiblement occupé à vider dans son panier les gibernes pleines de cartouches des gardes nationaux tués sur le talus de la redoute.

— Qu'est-ce que tu fais là? dit Courfeyrac.

Gavroche leva le nez :

— Citoyen, j'emplis mon panier.

— Tu ne vois donc pas la mitraille?

Gavroche répondit :

— Eh bien, il pleut. Après?

Courfeyrac cria : — Rentre !

— Tout à l'heure, fit Gavroche.

Et d'un bond, il s'enfonça dans la rue.

Une vingtaine de morts gisaient çà et là dans toute la longueur de la rue sur le pavé. Une vingtaine de gibernes pour Gavroche, une provision de cartouches pour la barricade.

La fumée était dans la rue comme un brouillard. Quiconque a vu un nuage tombé dans une gorge de montagnes entre deux escarpements à pic peut se figurer cette fumée resserrée et comme épaissie par deux lignes de hautes maisons. Elle montait lentement et se renouvelait sans cesse ; de là un obscurcissement graduel qui blêmissait même le plein jour. C'est à peine si d'un bout à l'autre de la rue, pourtant fort courte, les combattants s'apercevaient.

Cet obscurcissement, probablement voulu et calculé par les chefs qui devaient diriger l'assaut de la barricade, fut utile à Gavroche.

Sous les plis de ce voile de fumée et grâce à sa petitesse, il put s'avancer assez loin dans la rue sans être vu. Il dévalisa les sept ou huit premières gibernes sans grand danger.

Il rampait à plat ventre, galopait à quatre pattes, prenait son panier aux dents, se tordait, glissait, ondulait, serpentait d'un mort à l'autre, et vidait la giberne ou la cartouchière comme un singe ouvre une noix.

De la barricade, dont il était encore assez près, on n'osait lui crier de revenir, de peur d'appeler l'attention sur lui.

A force d'aller en avant, il parvint au point où le brouillard de la fusillade devenait transparent. Si bien que les tirailleurs de la ligne rangés et à l'affût derrière leur levée de pavés, et les tirailleurs de la banlieue massés à l'angle de la rue, se montrèrent soudainement quelque chose qui remuait dans la fumée.

Au moment où Gavroche débarrassait de ses cartouches un sergent gisant près d'une borne, une balle frappa le cadavre.

— Fichtre ! fit Gavroche. Voilà qu'on me tue mes morts.

Une deuxième balle fit étinceler le pavé à côté de lui. Une troisième renversa son panier.

Gavroche regarda et vit que cela venait de la banlieue.

Il se dressa tout droit, debout, les cheveux au vent, les mains sur les hanches, l'œil fixé sur les gardes nationaux qui tiraient, et il chanta :

> On est laid à Nanterre,
> C'est la faute à Voltaire ;
> Et bête à Palaiseau,
> C'est la faute à Rousseau.

Puis il ramassa son panier, y remit, sans en perdre une seule, les cartouches qui en étaient tombées, et avançant vers la fusillade, alla dépouiller une autre giberne. Là une quatrième balle le manqua encore. Gavroche chanta :

> Je ne suis pas notaire,
> C'est la faute à Voltaire ;
> Je suis petit oiseau,
> C'est la faute à Rousseau.

Une cinquième balle ne réussit qu'à tirer de lui un troisième couplet :

> Joie est mon caractère,
> C'est la faute à Voltaire ;
> Misère est mon trousseau,
> C'est la faute à Rousseau.

Cela continua ainsi quelque temps.

Le spectacle était épouvantable et charmant. Gavroche, fusillé, taquinait la fusillade. Il avait l'air de s'amuser beaucoup. C'était le moineau becquetant les chasseurs. Il répondait à chaque décharge par un couplet. On le visait sans cesse, on le manquait toujours. Les gardes nationaux et les soldats riaient en l'ajustant. Il se couchait, puis se redressait, s'effaçait dans un coin de porte, puis bondissait, disparaissait, reparaissait, se sauvait, revenait, ripostait à la mitraille par des pieds de nez,[1] et cependant pillait les cartouches, vidait les gibernes et remplissait son panier. Les insurgés, haletants d'anxiété, le suivaient des yeux. La barricade tremblait ; lui, il chantait. Ce n'était pas un enfant, ce n'était pas un homme ; c'était un étrange gamin fée. On eût dit le nain invulnérable de la mêlée. Les balles couraient après lui, il était plus leste qu'elles. Il jouait on ne sait quel effrayant jeu de cache-cache avec la mort ; chaque fois que la face camarde du spectre s'approchait, le gamin lui donnait une pichenette.

Une balle pourtant, mieux ajustée ou plus traître que les autres, finit par atteindre l'enfant feu follet. On vit Gavroche chanceler, puis il s'affaissa. Toute la barricade poussa un cri ; mais il y avait de l'Antée[1] dans ce pygmée ; pour le gamin toucher le pavé, c'est comme pour le géant toucher la terre ; Gavroche n'était tombé que pour se redresser ; il resta assis sur son séant, un long filet de sang rayait son visage, il éleva ses deux bras en l'air, regarda du côté d'où était venu le coup, et se mit à chanter :

> Je suis tombé par terre,
> C'est la faute à Voltaire ;
> Le nez dans le ruisseau,
> C'est la faute à . . .

Il n'acheva point. Une seconde balle du même tireur l'arrêta court. Cette fois il s'abattit la face contre le pavé, et ne remua plus. Cette petite grande âme venait de s'envoler.

XVI–XX.

[L'attaque devient plus forte et la barricade va être emportée par la troupe. Jean Valjean, qui a cédé son uniforme de garde national à l'un des insurgés pour assurer sa fuite, doit recevoir une récompense. Il réclame le droit de mettre Javert à mort, ce qui lui est accordé. Il conduit l'inspecteur en dehors de la barricade, dans une rue encore dégagée, et là, au grand étonnement de Javert, qui l'a parfaitement reconnu, il rend la liberté à celui-ci, puis rentre dans la barricade.]

XXI.

LES HÉROS.

Tout à coup le tambour battit la charge.

L'attaque fut l'ouragan. La veille, dans l'obscurité, la barricade avait été approchée silencieusement comme par un boa. A présent, en plein jour, dans cette rue évasée, la surprise était décidément impossible, la vive force, d'ailleurs, s'était démasquée, le canon avait commencé le rugissement, l'armée se rua sur la barricade. La furie était maintenant l'habileté. Une puissante colonne d'infanterie de ligne, coupée à intervalles égaux de garde nationale et de garde municipale à pied, et appuyée sur des masses profondes qu'on entendait sans les voir, déboucha dans la rue au pas de course, tambour battant, clairon sonnant, bayonnettes croisées, sapeurs en tête, et, imperturbable sous les projectiles, arriva droit sur la barricade avec le poids d'une poutre d'airain sur un mur.

Le mur tint bon.

Les insurgés firent feu impétueusement. La barricade escaladée eut une crinière d'éclairs. L'assaut fut si forcené qu'elle fut un moment inondée d'assaillants ; mais elle secoua les soldats ainsi que le lion les chiens, et elle ne se couvrit d'assiégeants que comme la falaise d'écume, pour reparaître, l'instant d'après, escarpée, noire et formidable.

La colonne, forcée de se replier, resta massée dans la rue, à découvert, mais terrible, et riposta à la redoute par une mousqueterie effrayante. Quiconque a vu un feu d'artifice se rappelle cette gerbe faite d'un croisement de foudres qu'on appelle le bouquet. Qu'on se représente ce bouquet, non plus vertical, mais horizontal, portant une balle, une chevrotine ou un biscaïen à la pointe de chacun de ses jets de feu, et égrenant la mort dans ses grappes de tonnerres. La barricade était là-dessous.

Des deux parts résolution égale. La bravoure était là presque barbare et se compliquait d'une sorte de férocité héroïque qui commençait par le sacrifice de soi-même. C'était l'époque où un garde national se battait comme un zouave. La troupe voulait en finir ; l'insurrection voulait lutter. L'acceptation de l'agonie en pleine jeunesse et en pleine santé fait de l'intrépidité une frénésie. Chacun dans cette mêlée avait le grandissement de l'heure suprême. La rue se joncha de cadavres.

La barricade avait à l'une de ses extrémités Enjolras et à l'autre Marius. Enjolras, qui portait toute la barricade dans sa tête, se réservait et s'abritait ; trois soldats tombèrent l'un après l'autre sous son créneau[1] sans l'avoir même aperçu ; Marius combattait à découvert. Il se faisait point de mire.[2] Il sortait du sommet de la redoute plus qu'à mi-corps. Il n'y a pas de plus violent prodigue qu'un avare qui prend le mors aux dents ; il n'y a pas d'homme plus effrayant dans l'action qu'un songeur. Marius était formidable et pensif. Il était dans la bataille comme dans un rêve. On eût dit un fantôme qui fait le coup de fusil.[3]

Les cartouches des assiégés s'épuisaient.

L'intérieur de la barricade était tellement semé de cartouches déchirées qu'on eût dit qu'il y avait neigé.

Les assaillants avaient le nombre ; les insurgés avaient la position. Ils étaient en haut d'une muraille, et ils foudroyaient à bout portant les soldats trébuchant dans les morts et les blessés et empêtrés dans l'escarpement. Cette barricade, construite comme elle l'était et admirablement contre-butée,[4] était vraiment une de ces situations où une poignée d'hommes tient en échec une légion. Cependant, toujours recrutée et grossissant sous la pluie de balles, la colonne d'attaque se rapprochait inexorablement, et maintenant, peu à peu, pas à pas, mais avec certitude, l'armée serrait la barricade comme la vis le pressoir.

Les assauts se succédèrent. L'horreur alla grandissant.

Alors éclata sur ce tas de pavés, dans cette rue de la Chanvrerie, une lutte digne d'une muraille de Troie. Ces hommes hâves, déguenillés, épuisés, qui n'avaient pas mangé depuis vingt-quatre heures, qui n'avaient pas dormi, qui n'avaient plus que quelques coups à tirer, qui tâtaient leurs poches vides de cartouches, presque tous blessés, la tête ou le bras bandé d'un linge rouillé et noirâtre, ayant dans leur habits des trous d'où le sang coulait, à peine armés de mauvais fusils et de vieux sabres ébréchés, devinrent des Titans. La barricade fut dix fois abordée, escaladée, et jamais prise. Pour se faire une idée de cette lutte, il faudrait se figurer le feu mis à un tas de courages terribles, et qu'on regarde l'incendie. Ce n'était pas un combat, c'était le dedans d'une fournaise ; les bouches y respiraient de la flamme ; les visages y étaient extraordinaires. La forme humaine y semblait impossible, les combattants y flamboyaient, et c'était formidable de voir aller et venir dans cette fumée rouge ces salamandres de la mêlée.

Les scènes successives et simultanées de cette tuerie grandiose, nous renonçons à les peindre. L'épopée seule a le droit de remplir douze mille vers avec une bataille.

On eût dit cet enfer du brahmanisme, le plus redoutable des dix-sept abîmes, que le Véda appelle la Forêt des Épées.[1]

On se battait corps à corps, pied à pied, à coups de pistolet, à coups de sabre, à coups de poing, de loin, de près, d'en haut, d'en bas, de partout, des toits de la maison, des fenêtres du cabaret, des soupiraux des caves où quelques-uns s'étaient glissés. Ils étaient un contre soixante.

XXII–XXIII.

PIED A PIED.

QUAND il n'y eut plus de chefs vivants qu'Enjolras et Marius aux deux extrémités de la barricade, le centre plia. Le canon, sans faire de brèche praticable, avait assez largement échancré le milieu de la redoute ; là, le sommet de la muraille avait disparu sous le boulet, et s'était écroulé; et les débris qui étaient tombés, tantôt à l'intérieur, tantôt à l'extérieur, avaient fini, en s'amoncelant, par faire, des deux côtés du barrage, deux espèces de talus, l'un au dedans, l'autre au dehors. Le talus extérieur offrait à l'abordage un plan incliné.

Un suprême assaut y fut tenté et cet assaut réussit. La masse hérissée de bayonnettes et lancée au pas gymnastique [1] arriva irrésistible, et l'épais front de bataille de la colonne d'attaque 'apparut dans la fumée au haut de l'escarpement. Cette fois, c'était fini. Le groupe d'insurgés qui défendait le centre recula pêle-mêle.

Alors le sombre amour de la vie se réveilla chez quelques-uns. Couchés en joue par cette forêt de fusils, plusieurs ne voulurent plus mourir. C'est là une minute où l'instinct de la conservation pousse des hurlements et où la bête reparaît dans l'homme. Ils étaient acculés à la haute maison à six étages qui faisait le fond de la redoute. Cette maison pouvait être le salut. Cette maison était barricadée et comme murée du haut en bas. Avant que la troupe de ligne fût dans l'intérieur de la redoute, une porte avait le temps de s'ouvrir et de se fermer, la durée d'un éclair suffisait pour cela, et la porte de cette maison, entrebâillée brusquement et refermée tout de suite, pour ces désespérés, c'était la vie. En arrière de cette maison, il y avait les rues, la fuite possible, l'espace. Ils se mirent à frapper contre cette porte à coups de crosse et à coups de pied, appelant, criant, suppliant, joignant les mains. Personne n'ouvrit. De la lucarne du troisième étage, une tête morte les regardait.

Mais Enjolras et Marius, et sept ou huit ralliés autour d'eux, s'étaient élancés et les protégeaient. Enjolras avait crié aux soldats : N'avancez pas ! et un officier n'ayant pas obéi, Enjolras avait tué l'officier. Il était maintenant dans la petite cour intérieure de la redoute, adossé à la maison du cabaret, l'épée d'une main, la carabine de l'autre, tenant ouverte la porte du cabaret qu'il barrait aux assaillants. Il cria aux désespérés :— Il n'y a qu'une porte ouverte ; celle-ci.— Et les couvrant de son corps, faisant à lui seul face à un bataillon, il les fit passer derrière lui. Tous s'y précipitèrent. Enjolras exécutant avec sa carabine, dont il se servait maintenant comme d'une canne, ce que les bâtonnistes[1] appellent la rose couverte,[2] rabattit les bayonnettes autour de lui et devant lui, et entra le dernier ; et il y eut un instant horrible, les soldats voulant pénétrer, les insurgés voulant fermer. La porte fut close avec une telle violence qu'en se remboîtant dans son cadre, elle laissa voir coupés et collés à son chambranle les cinq doigts d'un soldat qui s'y était cramponné.

Marius était resté dehors. Un coup de feu venait de lui casser la clavicule ;[3] il sentit qu'il s'évanouissait et qu'il tombait. En ce moment, les yeux déjà fermés, il eut la commotion d'une main vigoureuse qui le saisissait, et son évanouissement, dans lequel il se perdit, lui laissa à peine le temps de cette pensée mêlée au suprême souvenir de Cosette :— Je suis fait prisonnier. Je serai fusillé.

Quelques instants après, les soldats délogeaient les derniers insurgés réfugiés au haut de la maison. Ils tiraillaient à travers un treillis de bois dans le grenier. On se battait dans les combles. On jetait des corps par les fenêtres, quelques-uns vivants. Deux voltigeurs,[1] qui essayaient de relever l'omnibus fracassé, étaient tués de deux coups de carabine tirés des mansardes. Un homme en blouse en était précipité, un coup de bayonnette dans le ventre, et râlait à terre. Un soldat et un insurgé glissaient ensemble sur le talus de tuiles du toit, et ne voulaient pas se lâcher, et tombaient, se tenant embrassés d'un embrassement féroce. Lutte pareille dans la cave. Cris, coups de feu, piétinement farouche. Puis le silence. La barricade était prise.

Les soldats commencèrent la fouille des maisons d'alentour et la poursuite des fuyards.

XXIV.

PRISONNIER.

MARIUS était prisonnier en effet. Prisonnier de Jean Valjean.

La main qui l'avait étreint par derrière au moment où il tombait, et dont, en perdant connaissance, il avait senti le saisissement, était celle de Jean Valjean.

Jean Valjean n'avait pas pris au combat d'autre part que de s'y exposer. Sans lui, à cette phase suprême de l'agonie, personne n'eût songé aux blessés. Grâce à lui, partout présent dans le carnage comme une providence, ceux qui tombaient étaient relevés, transportés dans la salle basse, et pansés. Dans les intervalles, il réparait la barricade. Mais rien qui pût ressembler à un coup, à une attaque, ou même à une défense personnelle, ne sortit de ses mains. Il se taisait et secourait. Du reste, il avait à peine quelques égratignures. Les balles n'avaient pas voulu de lui. Si le suicide faisait partie de ce qu'il avait rêvé en venant dans ce sépulcre, de ce côté-là il n'avait point réussi. Mais nous doutons qu'il eût songé au suicide, acte irréligieux.

Jean Valjean, dans la nuée épaisse du combat, n'avait pas l'air de voir Marius ; le fait est qu'il ne le quittait pas des yeux. Quand un coup de feu renversa Marius, Jean Valjean bondit avec une agilité de tigre, s'abattit sur lui comme sur une proie, et l'emporta.

Le tourbillon de l'attaque était en cet instant-là si violemment concentré sur Enjolras et sur la porte du cabaret que personne ne vit Jean Valjean, soutenant dans ses bras Marius, traverser le champ dépavé de la barricade et disparaître derrière l'angle de la maison du cabaret.

Cet angle faisait une sorte de cap dans la rue ; il garantissait des balles et de la mitraille, et des regards aussi, quelques pieds carrés de terrain. Il y a ainsi parfois dans les incendies une chambre qui ne brûle point, et dans les mers les plus furieuses, en deçà d'un promontoire ou au fond d'un cul-de-sac d'écueils,[1] un petit coin tranquille. C'était dans cette espèce de repli du trapèze intérieur de la barricade qu'Éponine avait agonisé.

Là Jean Valjean s'arrêta, il laissa glisser à terre Marius, s'adossa au mur et jeta les yeux autour de lui.

La situation était épouvantable.

Pour l'instant, pour deux ou trois minutes peut-être, ce pan de muraille était un abri, mais comment sortir de ce massacre ? Il se rappelait l'angoisse où il s'était trouvé rue Palonceau, huit ans auparavant, et de quelle façon il était parvenu à s'échapper ; c'était difficile alors, aujourd'hui c'était impossible. Il avait devant lui cette implacable et sourde maison à six étages qui ne semblait habitée que par l'homme mort penché à sa fenêtre ; il avait à sa droite la barricade assez basse qui fermait la Petite-Truanderie ; enjamber cet obstacle paraissait facile, mais on voyait au-dessus de la crête du barrage une rangée de pointes de

bayonnettes. C'était la troupe de ligne, postée au delà
de cette barricade, et aux aguets. Il était évident que
franchir la barricade c'était aller chercher un feu de peloton, et que toute tête qui se risquerait à dépasser le haut
de la muraille de pavés servirait de cible à soixante coups
de fusil. Il avait à sa gauche le champ du combat. La
mort était derrière l'angle du mur.

Que faire?

Un oiseau seul eût pu se tirer de là.

Et il fallait se décider sur le champ, trouver un expé-
dient, prendre un parti. On se battait à quelques pas de
lui; par bonheur tout s'acharnait sur un point unique, sur
la porte du cabaret; mais qu'un soldat, un seul, eût l'idée
de tourner la maison, ou de l'attaquer en flanc, tout était
fini.

Jean Valjean regarda la maison en face de lui, il regarda
la barricade à côté de lui, puis il regarda la terre, avec la
violence de l'extrémité suprême, éperdu, et comme s'il eût
voulu y faire un trou avec ses yeux.

A force de regarder, on ne sait quoi de vaguement saisis-
sable dans une telle agonie se dessina et prit forme à ses
pieds, comme si c'était une puissance du regard de faire
éclore la chose demandée. Il aperçut à quelques pas de
lui, au bas du petit barrage si impitoyablement gardé et
guetté au dehors, sous un écroulement de pavés qui la
cachait en partie, une grille de fer posée à plat et de
niveau avec le sol. Cette grille, faite de forts barreaux
transversaux, avait environ deux pieds carrés. L'encadre-
ment de pavés qui la maintenait avait été arraché, et elle
était comme descellée. A travers les barreaux, on entrevoyait une ouverture obscure, quelque chose de pareil au
conduit d'une cheminée ou au cylindre d'une citerne.
Jean Valjean s'élança. Sa vieille science des évasions
lui monta au cerveau comme une clarté. Écarter les

tique orage de meurtre qui se déchaînait à quelques pieds
au-dessus de lui n'arrivait jusqu'à lui, nous l'avons dit,
grâce à l'épaisseur de terre qui l'en séparait, qu'éteint et
indistinct, et comme une rumeur dans une profondeur. Il
sentait que c'était solide sous ses pieds ; voilà tout ; mais
cela suffisait. Il étendit un bras puis l'autre, et toucha le
mur des deux côtés, et reconnut que le couloir était étroit ;
il glissa, et reconnut que la dalle était mouillée. Il avança
un pied avec précaution, craignant un trou, un puisard,
quelque gouffre ; il constata que le dallage se prolongeait.
Une bouffée de fétidité[1] l'avertit du lieu où il était.

Au bout de quelques instants, il n'était plus aveugle.
Un peu de lumière tombait du soupirail par où il s'était
glissé, et son regard s'était fait à cette cave. Il commença
à distinguer quelque chose. Le couloir où il s'était terré,[2]
nul autre mot n'exprime mieux la situation, était muré
derrière lui. C'était un de ces culs-de-sac que la langue
spéciale appelle[3] branchements. Devant lui, il y avait un
autre mur, un mur de nuit. La clarté du soupirail expirait
à dix ou douze pas du point où était Jean Valjean, et faisait à peine une blancheur blafarde sur quelques mètres de
la paroi humide de l'égout. Au delà, l'opacité était mas-
sive ; y pénétrer paraissait horrible, et l'entrée y semblait
un engloutissement. On pouvait s'enfoncer pourtant dans
cette muraille de brume, et il le fallait. Il fallait même
se hâter. Jean Valjean songea que cette grille, aperçue
par lui sous les pavés, pouvait l'être par les soldats, et que
tout tenait à ce hasard. Ils pouvaient descendre eux aussi
dans le puits et le fouiller. Il n'y avait pas une minute à
perdre. Il avait déposé Marius sur le sol, il le ramassa,
ceci est encore le mot vrai, le reprit sur ses épaules et se
mit en marche. Il entra résolûment dans cette obscurité.

A un certain moment, il reconnut qu'il sortait de des-
sous le Paris pétrifié par l'émeute, où les barricades avaient

supprimé la circulation, et qu'il rentrait sous le Paris vivant et normal. Il eut subitement au-dessus de sa tête comme un bruit de foudre, lointain, mais continu. C'était le roulement des voitures.

Il marchait depuis une demi-heure environ, du moins au calcul qu'il faisait lui-même, et n'avait pas encore songé à se reposer; seulement il avait changé la main qui soutenait Marius. L'obscurité était plus profonde que jamais, mais cette profondeur le rassurait.

Tout à coup il vit son ombre devant lui. Elle se découpait sur une faible rougeur presque indistincte qui empourprait vaguement le radier[1] à ses pieds et la voûte sur sa tête, et qui glissait à sa droite et à sa gauche sur les deux murailles visqueuses du corridor. Stupéfait, il se retourna.

Derrière lui, dans la partie du couloir qu'il venait de dépasser, à une distance qui lui parut immense, flamboyait, rayant l'épaisseur obscure, une sorte d'astre horrible qui avait l'air de le regarder.

C'était la sombre étoile de la police qui se levait dans l'égout.

Derrière cette étoile remuaient confusément huit ou dix formes noires, droites, indistinctes, terribles.

II.

EXPLICATION.

Dans la journée du 6 juin, une battue des égouts avait été ordonnée. On craignit qu'ils ne fussent pris pour refuge par les vaincus, et le préfet Gisquet dut fouiller le Paris occulte pendant que le général Bugeaud balayait le Paris public; double opération connexe qui exigea une double stratégie de la force publique représentée en haut par l'armée et en bas par la police. Trois pelotons d'agents[1] et d'égoutiers explorèrent la voirie souterraine de Paris, le premier, rive droite, le deuxième, rive gauche, le troisième, dans la Cité. Les agents étaient armés de carabines, de casse-tête, d'épées et de poignards.

Ce qui était en ce moment dirigé sur Jean Valjean, c'était la lanterne de la ronde de la rive droite.

Il avait passé outre. Les hommes de police avaient cru entendre un bruit de pas dans la direction de l'égout de ceinture.[2] C'étaient le pas de Jean Valjean en effet. Le sergent de ronde avait élevé sa lanterne, et l'escouade s'était mise à regarder dans le brouillard du côté d'où était venu le bruit.

Ce fut pour Jean Valjean, une minute inexprimable.

Heureusement, s'il voyait bien la lanterne, la lanterne le voyait mal. Elle était la lumière et il était l'ombre. Il était très loin, et mêlé à la noirceur du lieu. Il se rencogna le long du mur et s'arrêta. Du reste, il ne se rendait pas compte de ce qui se mouvait là derrière lui. L'insomnie, le défaut de nourriture, les émotions, l'avaient fait passer, lui aussi, à l'état visionnaire. Il voyait un flamboiement, et autour de ce flamboiement, des larves. Qu'était-ce ? Il ne comprenait pas.

Jean Valjean s'étant arrêté, le bruit avait cessé.

Les hommes de la ronde écoutaient et n'entendaient rien, ils regardaient et ne voyaient rien. Ils se consultèrent.

Le résultat de ce conseil tenu par les chiens de garde fut qu'on s'était trompé, qu'il n'y avait pas eu de bruit, qu'il n'y avait là personne, qu'il était inutile de s'engager dans l'égout de ceinture, que ce serait du temps perdu.

Avant de s'en aller, le sergent, pour l'acquit de la conscience de la police, déchargea sa carabine du côté qu'on abandonnait, dans la direction de Jean Valjean. La détonation roula d'écho en écho dans la crypte. Un plâtras qui tomba dans le ruisseau et fit clapoter l'eau à quelques pas de Jean Valjean l'avertit que la balle avait frappé la voûte au-dessus de sa tête.

Des pas mesurés et lents résonnèrent quelque temps sur le radier, de plus en plus amortis par l'augmentation progressive de l'éloignement; le groupe des formes noires s'enfonça, une lueur oscilla et flotta, faisant à la voûte un cintre[1] rougeâtre qui décrut, puis disparut; le silence redevint profond, l'obscurité redevint complète, la cécité et la surdité reprirent possession des ténèbres; et Jean Valjean, n'osant encore remuer, demeura longtemps adossé au mur, l'oreille tendue, la prunelle dilatée, regardant l'évanouissement de cette patrouille de fantômes.

III–VII.

[En ce moment Javert, occupé à filer[2] un suspect, est arrivé à l'embouchure grillée de l'égout par où le suspect, qui n'est autre que Thénardier, vient de disparaître. Javert se poste à la grille et attend.

Jean Valjean, marchant à l'aventure et portant Marius toujours évanoui, arrive enfin près de cette même grille après avoir failli périr dans un effondrement de l'égout.]

JEAN VALJEAN arriva à l'issue.

Là, il s'arrêta.

C'était bien la sortie, mais on ne pouvait sortir.

L'arche était fermée d'une forte grille, et la grille, qui, selon toute apparence, tournait rarement sur ses gonds oxydés, était assujettie à son chambranle de pierre par une serrure épaisse qui, rouge de rouille, semblait une énorme brique. On voyait le trou de la clef, et le pêne robuste profondément plongé dans la gâche de fer. La serrure était visiblement fermée à double tour. C'était une de ces serrures de bastilles que le vieux Paris prodiguait volontiers.

Au delà de la grille, le grand air, la rivière, le jour, la berge très étroite, mais suffisante pour s'en aller. Les quais lointains, Paris, ce gouffre où l'on se dérobe si aisément, le large horizon, la liberté. On distinguait à droite, en aval, le pont d'Iéna, et à gauche, en amont, le pont des Invalides ; l'endroit eût été propice pour attendre la nuit et s'évader. C'était un des points les plus solitaires de Paris ; la berge qui fait face au Gros-Caillou.[1] Les mouches entraient et sortaient à travers les barreaux de la grille.

Il pouvait être huit heures et demie du soir. Le jour baissait.

Jean Valjean déposa Marius le long du mur sur la partie sèche du radier, puis marcha à la grille et crispa ses deux poings sur les barreaux ; la secousse fut frénétique, l'ébranlement nul. La grille ne bougea pas. Jean Valjean saisit les barreaux l'un après l'autre, espérant pouvoir arracher le moins solide et s'en faire un levier pour soulever la porte ou pour briser la serrure. Aucun barreau ne remua. Les dents d'un tigre ne sont pas plus solides dans leurs alvéoles. Pas de levier ; pas de pesée possible. L'obstacle était invincible. Aucun moyen d'ouvrir la porte.

Fallait-il donc finir là ? Que faire ? que devenir ? rétrograder ; recommencer le trajet effrayant qu'il avait déjà parcouru ; il n'en avait pas la force. D'ailleurs, comment traverser de nouveau cette fondrière d'où l'on ne s'était tiré que par miracle ? Et après la fondrière, n'y avait-il pas cette ronde de police à laquelle, certes, on n'échapperait pas deux fois ? Et puis où aller ? quelle direction prendre ? Suivre la pente, ce n'était point aller au but. Arrivât-on à une autre issue, on la trouverait obstruée d'un tampon ou d'une grille. Toutes les sorties étaient indubitablement closes de cette façon. Le hasard avait descellé la grille par laquelle on était entré, mais évidemment toutes les autres branches de l'égout étaient fermées. On n'avait réussi qu'à s'évader dans une prison.

C'était fini. Tout ce qu'avait fait Jean Valjean était inutile. L'épuisement aboutissait à l'avortement.

Ils étaient pris l'un et l'autre dans la sombre et immense toile de la mort, et Jean Valjean sentait courir sur ces fils noirs tressaillants dans les ténèbres l'épouvantable araignée.

Il tourna le dos à la grille, et tomba sur le pavé, plutôt terrassé qu'assis, près de Marius toujours sans mouvement, et sa tête s'affaissa entre ses genoux. Pas d'issue. C'était la dernière goutte de l'angoisse.

A qui songeait-il dans ce profond accablement ? Ni à lui-même, ni à Marius, il pensait à Cosette.

VIII.

LE PAN DE L'HABIT DÉCHIRÉ.

Au milieu de cet anéantissement, une main se posa sur son épaule, et une voix qui parlait bas lui dit :

— Part à deux.

Quelqu'un dans cette ombre ? Rien ne ressemble au rêve comme le désespoir. Jean Valjean crut rêver. Il n'avait point entendu de pas. Était-ce possible ? Il leva les yeux.

Un homme était devant lui.

Cet homme était vêtu d'une blouse ; il avait les pieds nus ; il tenait ses souliers dans sa main gauche ; il les avait évidemment ôtés pour pouvoir arriver jusqu'à Jean Valjean, sans qu'on l'entendît marcher.

Jean Valjean n'eut pas un moment d'hésitation. Si imprévue que fût la rencontre, cet homme lui était connu. Cet homme était Thénardier.

Quoique réveillé, pour ainsi dire, en sursaut, Jean Valjean, habitué aux alertes et aguerri aux coups inattendus
qu'il faut parer vite, reprit possession sur le champ de toute
sa présence d'esprit.   D'ailleurs la situation ne pouvait
empirer, un certain degré de détresse n'est plus capable de
crescendo, et Thénardier lui-même ne pouvait ajouter
de la noirceur à cette nuit.

Il y eut un instant d'attente.

[Thénardier ne reconnaît pas Jean Valjean, sali par son voyage
dans l'égout; il demande à partager la dépouille du mort — car il
croit que Valjean a tué Marius — et en revanche il ouvrira la grille.
De fait il sent que Javert guette la grille et c'est pour sa propre sûreté
qu'il joue le rôle de la Providence.   Javert arrête en effet Valjean,
qu'il ne reconnaît pas d'abord, et après avoir transporté Marius, qui
commence à donner signe de vie, chez son grand-père (l'adresse étant
dans le porte-feuille de Marius) il permet à Valjean de se rendre chez
lui.   Valjean désire seulement avertir Cosette et lui dire où se trouve
Marius; ensuite il ira docilement en prison.   Mais Javert est profondément troublé; c'est ce même Valjean qui lui a sauvé la vie il y a
quelques heures.   Il s'éloigne, laissant l'ex-forçat libre, et après une
longue lutte intérieure entre son devoir de policier et son devoir
d'homme reconnaissant, il va sur le quai.]

LIVRE QUATRIÈME.

JAVERT DÉRAILLÉ.

L'OBSCURITÉ était complète. C'était le moment sépulcral qui suit minuit. Un plafond de nuages cachait les étoiles. Le ciel n'était qu'une épaisseur sinistre. Les maisons de la Cité n'avaient plus une seule lumière ; personne ne passait ; tout ce qu'on apercevait des rues et des quais était désert ; Notre-Dame et les tours du Palais de Justice semblaient des linéaments de la nuit. Un réverbère rougissait la margelle du quai. Les silhouettes des ponts se déformaient dans la brume les unes derrière les autres. Les pluies avaient grossi la rivière.

L'endroit où Javert s'était accoudé était précisément situé au-dessus du rapide de la Seine à pic sur cette redoutable spirale de tourbillons qui se dénoue et se renoue comme une vis sans fin.

Javert pencha la tête et regarda. Tout était noir. On ne distinguait rien. On entendait un bruit d'écume ; mais on ne voyait pas la rivière. Par instants, dans cette profondeur vertigineuse, une lueur apparaissait et serpentait vaguement, l'eau ayant cette puissance, dans la nuit la plus complète, de prendre la lumière on ne sait où et de la changer en couleuvre. La lueur s'évanouissait, et tout redevenait indistinct. L'immensité semblait ouverte là. Ce qu'on avait au-dessous de soi, ce n'était pas de l'eau, c'était du gouffre. Le mur du quai, abrupt, confus, mêlé à la vapeur, tout de suite dérobé, faisait l'effet d'un escarpement de l'infini.[1] On ne voyait rien, mais on sentait la froideur hostile de l'eau et l'odeur fade des pierres mouillées. Un souffle farouche montait de cet abîme. Le grossissement du fleuve plutôt deviné qu'aperçu, le tragique chuchotement du flot, l'énormité lugubre des arches du pont, la chute imaginable dans ce vide sombre, toute cette ombre était pleine d'horreur.

Javert demeura quelques minutes immobile, regardant cette ouverture de ténèbres ; il considérait l'invisible avec une fixité qui ressemblait à de l'attention. L'eau bruissait. Tout à coup, il ôta son chapeau et le posa sur le rebord du quai. Un moment après, une figure haute et noire, que de loin quelque passant attardé eût pu prendre pour un fantôme, apparut debout sur le parapet, se courba vers la Seine, puis se redressa et tomba droite dans les ténèbres ; il y eut un clapotement sourd ; et l'ombre seule fut dans le secret des convulsions de cette forme obscure disparue sous l'eau.

I–II.

MARIUS, EN SORTANT DE LA GUERRE CIVILE, S'APPRÊTE A LA GUERRE DOMESTIQUE.

MARIUS fut longtemps ni mort ni vivant. Il eut durant plusieurs semaines une fièvre accompagnée de délire, et d'assez graves symptômes cérébraux causés plutôt encore par les commotions des blessures à la tête que par les blessures elles-mêmes.

Il répéta le nom de Cosette pendant des nuits entières dans la loquacité lugubre de la fièvre et avec la sombre opiniâtreté de l'agonie. Tant qu'il y eut péril, M. Gillenormand, éperdu au chevet de son petit-fils, fut comme Marius : ni mort ni vivant.

Tous les jours, et quelquefois deux fois par jour, un monsieur en cheveux blancs fort bien mis, tel était le signalement donné par le portier, venait savoir des nouvelles du blessé, et déposait pour les pansements un gros paquet de charpie.

Enfin, le 7 septembre, quatre mois, jour pour jour, après la douloureuse nuit où on l'avait rapporté mourant chez son grand-père, le médecin déclara qu'il répondait de lui. La convalescence s'ébaucha. Marius dut pourtant rester encore plus de deux mois étendu sur une chaise longue.

M. Gillenormand traversa toutes les angoisses d'abord, et ensuite toutes les extases. On eut beaucoup de peine à l'empêcher de passer toutes les nuits près du blessé; il fit apporter son grand fauteuil à côté du lit de Marius. Rien n'était touchant comme de le voir tendre au blessé une tasse de tisane avec son doux tremblement sénile. Il accablait le médecin de questions. Il ne s'apercevait pas qu'il recommençait toujours les mêmes.

Le jour où le médecin lui annonça que Marius était hors de danger, le bonhomme fut en délire. Il donna trois louis de gratification à son portier. Le soir, en rentrant dans sa chambre, il dansa une gavotte, en faisant des castagnettes avec son pouce et son index,[1] et il chanta une chanson.

Puis il se mit à genoux sur une chaise, et Basque, qui l'observait par la porte entr'ouverte, crut être sûr qu'il priait.

Jusque-là, il n'avait guère cru en Dieu.

A chaque instant, il demandait au médecin : N'est-ce pas qu'il n'y a plus de danger ? Il regardait Marius avec des yeux de grand'mère. Il le couvait[2] quand il mangeait. Il ne se connaissait plus, il ne se comptait plus, Marius était le maître de la maison, il y avait de l'abdication dans sa joie, il était le petit-fils de son petit-fils.

Dans cette allégresse où il était, c'était le plus vénérable des enfants. De peur de fatiguer ou d'importuner le convalescent, il se mettait derrière lui pour lui sourire. Il était content, joyeux, ravi, charmant, jeune. Ses cheveux blancs ajoutaient une majesté douce à la lumière gaie qu'il avait sur le visage. Quand la grâce se mêle aux rides, elle est adorable. Il y a on ne sait quelle aurore dans de la vieillesse épanouie.

Quant à Marius, tout en se laissant panser et soigner, il avait une idée fixe : Cosette.

Depuis que la fièvre et le délire l'avaient quitté, il ne prononçait plus ce nom, et l'on aurait pu croire qu'il n'y songeait plus. Il se taisait, précisément parce que son âme était là.

Il ne savait ce que Cosette était devenue ; toute l'affaire de la rue de la Chanvrerie était comme un nuage dans son souvenir ; des ombres presque indistinctes flottaient dans son esprit, Éponine, Gavroche, les Thénardier, tous ses amis lugubrement mêlés à la fumée de la barricade ; l'étrange passage de M. Fauchelevent dans cette aventure sanglante lui faisait l'effet d'une énigme dans une tempête ; il ne comprenait rien à sa propre vie, il ne savait comment ni par qui il avait été sauvé, et personne ne le savait autour de lui ; tout ce qu'on avait pu lui dire, c'est qu'il avait été rapporté la nuit dans un fiacre rue des Filles-du-Calvaire ; passé, présent, avenir, tout n'était plus en lui que le brouillard d'une idée vague ; mais il y avait dans cette brume un point immobile, un linéament net et précis, quelque chose qui était en granit, une résolution, une volonté : retrouver Cosette. Pour lui, l'idée de la vie n'était pas distincte de l'idée de Cosette. Il avait décrété dans son cœur qu'il n'accepterait pas l'une sans l'autre, et il était inébranlablement décidé à exiger de n'importe qui voudrait le forcer à vivre, de son grand-père, du sort, de l'enfer, la restitution de son éden disparu.

Les obstacles, il ne se les dissimulait pas.

Soulignons ici un détail : il n'était point gagné et était peu attendri par toutes les sollicitudes et toutes les tendresses de son grand-père. D'abord il n'était pas dans le secret de toutes ; ensuite, dans ses rêveries de malade, encore fiévreuses peut-être, il se défiait de ces douceurs-là comme d'une chose étrange et nouvelle ayant pour but de le dompter. Il y restait froid. Le grand-père dépensait en pure perte son pauvre vieux sourire. Marius se disait que c'était bon tant que lui Marius ne parlait pas et se laissait faire ; mais que, lorsqu'il s'agirait de Cosette, il trouverait un autre visage, et que la véritable attitude de l'aïeul se démasquerait. Alors ce serait rude ; recrudescence des questions de famille, confrontation des positions, tous les sarcasmes et toutes les objections à la fois, Fauche-levent, Coupelevent, la fortune, la pauvreté, la misère, la pierre au cou, l'avenir. Résistance violente ; conclusion, refus. Marius se roidissait d'avance.

Et puis, à mesure qu'il reprenait vie, ses anciens griefs reparaissaient, les vieux ulcères de sa mémoire se rou-vraient, il resongeait au passé, le colonel Pontmercy se replaçait entre M. Gillenormand et lui Marius, il se disait qu'il n'avait aucune vraie bonté à espérer de qui avait été si injuste et si dur pour son père. Et avec la santé, il lui revenait une sorte d'âpreté contre son aïeul. Le vieillard en souffrait doucement.

M. Gillenormand, sans en rien témoigner d'ailleurs, remarquait que Marius, depuis qu'il avait été rapporté chez lui et qu'il avait repris connaissance, ne lui avait pas dit une seule fois mon père. Il ne disait point mon-sieur, cela est vrai ; mais il trouvait moyen de ne dire ni l'un ni l'autre, par une certaine manière de tourner ses phrases.

Une crise approchait évidemment.

Comme il arrive presque toujours en pareil cas, Marius, pour s'essayer, escarmoucha avant de livrer bataille. Cela s'appelle tâter le terrain. Un matin il advint que M. Gillenormand, à propos d'un journal qui lui était tombé sous la main, parla légèrement de la Convention[1] et lâcha un épiphonème royaliste sur Danton,[2] Saint-Just et Robes-pierre. — Les hommes de 93 étaient des géants, dit Marius avec sévérité. Le vieillard se tut, et ne souffla point du reste de la journée.

Marius, qui avait toujours présent à l'esprit l'inflexible grand-père de ses premières années, vit dans ce silence une profonde concentration de colère, en augura une lutte acharnée, et augmenta dans les arrière-recoins de sa pensée ses préparatifs de combat.

Il arrêta qu'en cas de refus il arracherait ses appareils, disloquerait sa clavicule, mettrait à nu et à vif ce qu'il lui restait de plaies et repousserait toute nourriture. Ses plaies, c'était ses munitions. Avoir Cosette ou mourir.

Il attendit le moment favorable avec la patience sournoise des malades.

Ce moment arriva.

III.

MARIUS ATTAQUE.

Un jour, M. Gillenormand, tandis que sa fille mettait en ordre les fioles et les tasses sur le marbre de la commode, était penché sur Marius et lui disait de son accent le plus tendre :

— Vois-tu, mon petit Marius, à ta place je mangerais maintenant plutôt de la viande que du poisson. Une sole frite, cela est excellent pour commencer une convalescence, mais, pour mettre le malade debout, il faut une bonne côtelette.

Marius, dont presque toutes les forces étaient revenues, les rassembla, se dressa sur son séant, appuya ses deux poings crispés sur les draps de son lit, regarda son grand-père en face, prit un air terrible, et dit :

— Ceci m'amène à vous dire une chose.

— Laquelle ?

— C'est que je veux me marier.

— Prévu, dit le grand-père. — Et il éclata de rire.

— Comment, prévu ?

— Oui, prévu. Tu l'auras, ta fillette.

Marius, stupéfait et accablé par l'éblouissement, trembla de tous ses membres.

M. Gillenormand continua :

—Oui, tu l'auras, ta belle jolie petite fille. Elle vient tous les jours sous la forme d'un vieux monsieur savoir de tes nouvelles. Depuis que tu es blessé, elle passe son temps à pleurer et à faire de la charpie. Je me suis informé. Elle demeure rue de l'Homme-Armé, numéro sept. Ah ! nous y voilà ! Ah ! tu la veux. Eh bien, tu l'auras. Ça t'attrappe. Telle est ma férocité. Vois-tu, j'ai vu que tu ne m'aimais pas, j'ai dit : Qu'est-ce que je pourrais donc faire pour que cet animal-là m'aime? J'ai dit : Tiens, j'ai ma petite Cosette sous la main, je vais la lui donner, il faudra bien qu'il m'aime alors un peu, ou qu'il dise pourquoi. Ah ! tu croyais que le vieux allait tempêter, faire la grosse voix, crier non, et lever la canne sur toute cette aurore. Pas du tout. Cosette, soit ; amour, soit ; je ne demande pas mieux. Monsieur, prenez la peine de vous marier. Sois heureux, mon enfant bien-aimé.

Cela dit, le vieillard éclata en sanglots.

Et il prit la tête de Marius, et il la serra dans ses deux bras contre sa vieille poitrine, et tous deux se mirent à pleurer. C'est là une des formes du bonheur suprême.

—Mon père ! s'écria Marius.

—Ah ! tu m'aimes donc ! dit le vieillard.

Il y eut un moment ineffable. Ils étouffaient et ne pouvaient parler.

Enfin le vieillard bégaya :

—Allons ! le voilà débouché.[1] Il m'a dit : Mon père.

Marius dégagea sa tête des bras de l'aïeul, et dit doucement :

—Mais, mon père, à présent que je me porte bien, il me semble que je pourrais la voir.

—Prévu encore, tu la verras demain.

— Mon père !

— Quoi ?

— Pourquoi pas aujourd'hui ?

— Eh bien, aujourd'hui. Va pour aujourd'hui. Tu m'as dit trois fois mon père, ça vaut bien ça. Je vais m'en occuper. · On te l'amènera. Prévu, te dis-je. Ceci a déjà été mis en vers. C'est le dénouement de l'élégie du *Jeune malade* d'André Chénier,[1] d'André Chénier qui a été égorgé par les scélér . . . — par les géants de 93.

M. Gillenormand crut apercevoir un léger froncement de sourcil de Marius, qui, en vérité, nous devons le dire, ne l'écoutait plus, envolé qu'il était dans l'extase, et pensant beaucoup plus à Cosette qu'à 1793.

Le grand-père, tremblant d'avoir introduit si mal à propos André Chénier, reprit précipitamment :

— Égorgé n'est pas le mot. Le fait est que les grands génies révolutionnaires, qui n'étaient pas méchants, cela est incontestable, qui étaient des héros, pardi ! trouvaient qu'André Chénier les gênait un peu, et qu'ils l'ont fait guillot . . . — C'est-à-dire que ces grands hommes, le 7 thermidor,[2] dans l'intérêt du salut public, ont prié André Chénier de vouloir bien aller . . .

M. Gillenormand, pris à la gorge par sa propre phrase, ne put continuer. Ne pouvant ni la terminer, ni la rétracter, pendant que sa fille arrangeait derrière Marius l'oreiller, bouleversé de tant d'émotions, le vieillard se jeta, avec autant de vitesse que son âge le lui permit, hors de la chambre à coucher, en repoussa la porte derrière lui, et, pourpre, étranglant, écumant, les yeux hors de la tête, se trouva nez à nez avec l'honnête Basque qui cirait les bottes dans l'antichambre. Il saisit Basque au collet et lui cria en plein visage avec fureur : — Par les cent mille Javottes[3] du diable, ces brigands l'ont assassiné !

— Qui, monsieur ?

— André Chénier !

— Oui, monsieur, dit Basque épouvanté.

IV.

MADEMOISELLE GILLENORMAND FINIT PAR NE PLUS TROUVER MAUVAIS QUE M. FAUCHELEVENT SOIT ENTRÉ AVEC QUELQUE CHOSE SOUS LE BRAS.

Cosette et Marius se revirent.

Ce que fut l'entrevue, nous renonçons à le dire. Il y a des choses qu'il ne faut pas essayer de peindre ; le soleil est du nombre.

Toute la famille, y compris Basque et Nicolette, était réunie dans la chambre de Marius au moment où Cosette entra.

Elle apparut sur le seuil ; il semblait qu'elle était dans un nimbe.[1]

Précisément à cet instant-là, le grand-père allait se moucher ; il resta court, tenant son nez dans son mouchoir, et regardant Cosette par-dessus :

— Adorable ! s'écria-t-il.

Puis il se moucha bruyamment.

Cosette était enivrée, ravie, effrayée, au ciel. Elle était aussi effarouchée qu'on peut l'être par le bonheur. Elle balbutiait, toute pâle, toute rouge, voulant se jeter dans les bras de Marius, et n'osant pas. Honteuse d'aimer devant tout ce monde. On est sans pitié pour les amants heureux ; on reste là quand ils auraient le plus envie d'être seuls. Ils n'ont pourtant pas du tout besoin des gens.

Avec Cosette et derrière elle était entré un homme en cheveux blancs, grave, souriant néanmoins, mais d'un vague et poignant sourire. C'était "monsieur Fauchelevent" ; c'était Jean Valjean.

Il était *très bien mis*, comme avait dit le portier, entièrement vêtu de noir et de neuf et en cravate blanche.

Le portier était à mille lieues de reconnaître dans ce bourgeois correct, dans ce notaire probable, l'effrayant porteur de cadavre qui avait surgi à sa porte dans la nuit du 7 juin, déguenillé, fangeux, hideux, hagard, la face masquée de sang et de boue, soutenant sous les bras Marius évanoui; cependant son flair de portier était éveillé. Quand M. Fauchelevent était arrivé avec Cosette, le portier n'avait pu s'empêcher de confier à sa femme cet aparté : Je ne sais pourquoi je me figure toujours que j'ai déjà vu ce visage-là.

M. Fauchelevent, dans la chambre de Marius, restait comme à l'écart près de la porte. Il avait sous le bras un paquet assez semblable à un volume in-octavo, enveloppé dans du papier. Le papier de l'enveloppe était verdâtre et semblait moisi.

—Est-ce que ce monsieur a toujours comme cela des livres sous le bras? demanda à voix basse à Nicolette mademoiselle Gillenormand qui n'aimait point les livres.

—Eh bien, répondit du même ton M. Gillenormand qui l'avait entendue, c'est un savant. Après? est-ce sa faute? Monsieur Boulard, que j'ai connu, ne marchait jamais sans un livre, lui non plus, et avait toujours comme cela un bouquin contre son cœur.

Et, saluant, il dit à haute voix :

—Monsieur Tranchelevent . . .

Le père Gillenormand ne le fit pas exprès, mais l'inattention aux noms propres était chez lui une manière aristocratique.

—Monsieur Tranchelevent, j'ai l'honneur de vous demander pour mon petit-fils, monsieur le baron Marius Pontmercy, la main de mademoiselle.

" Monsieur Tranchelevent " s'inclina.

—C'est dit, fit l'aïeul.

Et, se tournant vers Marius et Cosette, les deux bras étendus et bénissant, il cria :

—Permission de vous adorer.

Ils ne se le firent pas dire deux fois. Tant pis ! le gazouillement commença. Ils se parlaient bas, Marius accoudé sur sa chaise longue, Cosette debout près de lui.

—Ange ! disait Marius.

Ange est le seul mot de la langue qui ne puisse s'user. Aucun autre mot ne résisterait à l'emploi impitoyable qu'en font les amoureux.

Puis, comme il y avait des assistants, ils s'interrompirent et ne dirent plus un mot, se bornant à se toucher tout doucement la main.

M. Gillenormand s'assit près d'eux, fit asseoir Cosette, et prit leurs quatre mains dans ses vieilles mains ridées :

—Elle est exquise, cette mignonne. C'est un chef-d'œuvre, cette Cosette-là ! Elle est très petite fille et très grande dame. Elle ne sera que baronne, c'est déroger ; elle est née marquise. Seulement, ajouta-t-il rembruni tout à coup, quel malheur ! Voilà que j'y pense ! Plus de la moitié de ce que j'ai est en viager ; tant que je vivrai, cela ira encore, mais après ma mort, dans une vingtaine d'années d'ici, ah ! mes pauvres enfants, vous n'aurez pas le sou ?

Ici on entendit une voix grave et tranquille qui disait :

—Mademoiselle Euphrasie Fauchelevent a six cent mille francs.

C'était la voix de Jean Valjean.

Il n'avait pas encore prononcé une parole, personne ne semblait même plus savoir qu'il était là, et il se tenait debout et immobile derrière tous ces gens heureux.

—Qu'est-ce que c'est que mademoiselle Euphrasie en question ? demanda le grand-père effaré.

—C'est moi, répondit Cosette.

—Six cent mille francs? répondit M. Gillenormand.

—Moins quatorze ou quinze mille francs peut-être, dit Jean Valjean.

Et il posa sur la table le paquet que la tante Gillenormand avait pris pour un livre.

Jean Valjean ouvrit lui-même le paquet; c'était une liasse de billets de banque. On les feuilleta et on les compta. Il y avait cinq cents billets de mille francs et cent soixante-huit de cinq cents. En tout cinq cent quatre-vingt-quatre mille francs.

—Voilà un bon livre, dit M. Gillenormand.

—Cinq cent quatre-vingt-quatre mille francs! murmura la tante.

—Ceci arrange bien des choses, n'est-ce pas, mademoiselle Gillenormand aînée? reprit l'aïeul. Ce diable de Marius, il vous a déniché dans l'arbre des rêves une grisette millionnaire! Fiez-vous donc maintenant aux amourettes des jeunes gens! Les étudiants trouvent des étudiantes de six cent mille francs. Chérubin[1] travaille mieux que Rothschild.

—Cinq cent quatre-vingt-quatre mille francs! répétait à demi-voix mademoiselle Gillenormand. Cinq cent quatre-vingt-quatre! autant dire six cent mille, quoi!

Quant à Marius et à Cosette, ils se regardaient pendant ce temps-là; ils firent à peine attention à ce détail.

V.

DÉPOSEZ PLUTOT VOTRE ARGENT DANS TELLE FORÊT QUE CHEZ TEL NOTAIRE.

On a sans doute compris, sans qu'il soit nécessaire de l'expliquer longuement, que Jean Valjean, après l'affaire Champmathieu, avait pu, grâce à sa première évasion de

quelques jours, venir à Paris, et retirer à temps de chez
Laffitte la somme gagnée par lui, sous le nom de monsieur
Madeleine, à Montreuil-sur-Mer ; et que, craignant d'être
repris, ce qui lui arriva, en effet, peu de temps après, il
avait caché et enfoui cette somme dans la forêt de Montfermeil au lieu dit le fonds Blaru.[1]　La somme, six cent trente
mille francs, toute en billets de banque, avait peu de
volume et tenait dans une boîte ; seulement, pour préserver
la boîte de l'humidité, il l'avait placée dans un coffret en
chêne plein de copeaux de châtaignier.　Dans le même
coffret, il avait mis son autre trésor, les chandeliers de
l'évêque.　On se souvient qu'il avait emporté ces chandeliers en s'évadant de Montreuil-sur-Mer.　Plus tard, chaque
fois que Jean Valjean avait besoin d'argent, il venait en
chercher à la clairière Blaru.　Il avait une pioche quelque
part dans les bruyères, dans une cachette connue de lui
seul.　Lorsqu'il vit Marius convalescent, sentant que
l'heure approchait où cet argent pourrait être utile, il était
allé le chercher.

La somme réelle était cinq cent quatre-vingt-quatre mille
cinq cents francs.　Jean Valjean retira les cinq cents
francs pour lui. —Nous verrons après, pensa-t-il.

La différence entre cette somme et les six cent trente
mille francs retirés de chez Laffitte représentait la dépense
de dix années, de 1823 à 1833.　Les cinq années de séjour
au couvent n'avaient coûté que cinq mille francs.

Jean Valjean mit les deux flambeaux d'argent sur la
cheminée où ils resplendirent, à la grande admiration de
Toussaint.

Du reste, Jean Valjean se savait délivré de Javert.　On
avait raconté devant lui, et il avait vérifié le fait dans le
Moniteur,[2] qui l'avait publié, qu'un inspecteur de police
nommé Javert avait été trouvé noyé sous un bateau de
blanchisseuses entre le pont au Change et le Pont-Neuf, et

qu'un écrit laissé par cet homme, d'ailleurs irréprochable et fort estimé de ses chefs, faisait croire à un accès d'aliénation mentale et à un suicide. — Au fait, pensa Jean Valjean, puisque, me tenant, il m'a laissé en liberté, c'est qu'il fallait qu'il fût déjà fou.

[Marius rétabli, le mariage se fait, mais le jour même des noces, Jean Valjean disparait immédiatement après la cérémonie.]

JEAN VALJEAN rentra chez lui. Il alluma sa chandelle et monta. L'appartement était vide. Toussaint elle-même n'y était plus. Le pas de Jean Valjean faisait dans les chambres plus de bruit qu'à l'ordinaire. Toutes les armoires étaient ouvertes. Il pénétra dans la chambre de Cosette. Il n'y avait pas de draps au lit. L'oreiller de coutil, sans taie[1] et sans dentelles, était posé sur les couvertures pliées au pied des matelas dont on voyait la toile et où personne ne devait plus coucher. Tous les petits objets féminins auxquels tenait Cosette avaient été emportés ; il ne restait que les gros meubles et les quatre murs. Le lit de Toussaint était également dégarni. Un seul lit était fait et semblait attendre quelqu'un, c'était celui de Jean Valjean.

Jean Valjean regarda les murailles, ferma quelques portes d'armoires, alla et vint d'une chambre à l'autre.

Puis il se retrouva dans sa chambre, et il posa sa chandelle sur une table.

Il s'approcha de son lit, et ses yeux s'arrêtèrent, fut-ce par hasard ? fut-ce avec intention ? sur l'*inséparable*, dont Cosette avait été jalouse, sur la petite malle qui ne le quittait jamais. Le 4 juin, en arrivant rue de l'Homme-Armé, il l'avait déposée sur un guéridon près de son chevet. Il alla à ce guéridon avec une sorte de vivacité, prit dans sa poche une clef, et ouvrit la valise.

Il en tira lentement les vêtements avec lesquels, dix ans auparavant, Cosette avait quitté Montfermeil; d'abord la petite robe noire, puis le fichu noir, puis les bons gros souliers d'enfant que Cosette aurait presque pu mettre encore, tant elle avait le pied petit, puis la brassière de futaine[1] bien épaisse, puis le jupon de tricot, puis le tablier à poche, puis les bas de laine. Ces bas n'étaient guère plus longs que la main de Jean Valjean. Tout cela était de couleur noire. C'était lui qui avait apporté ces vêtements pour elle à Montfermeil. A mesure qu'il les ôtait de la valise, il les posait sur le lit. Il pensait. Il se rappelait. C'était en hiver, un mois de décembre très froid, elle grelottait à demi nue dans des guenilles, ses pauvres petits pieds tout rouges dans des sabots. Lui, Jean Valjean, il lui avait fait quitter ces haillons pour lui faire mettre cet habillement de deuil. La mère avait dû être contente dans sa tombe de voir sa fille porter son deuil, et surtout de voir qu'elle était vêtue et qu'elle avait chaud. Il pensait à cette forêt de Montfermeil; ils l'avaient traversée ensemble, Cosette et lui; il pensait au temps qu'il faisait, aux arbres sans feuilles, au bois sans oiseaux, au ciel sans soleil; c'est égal, c'était charmant. Il rangea les petites nippes sur le lit, le fichu près du jupon, les bas à côté des souliers, la brassière à côté de la robe, et il les regarda l'une après l'autre. Elle n'était pas plus haute que cela, elle avait sa grande poupée dans ses bras, elle avait mis son louis d'or dans la poche de ce tablier, elle n'avait que lui au monde.

Alors sa vénérable tête blanche tomba sur le lit, ce vieux cœur stoïque se brisa, sa face s'abîma pour ainsi dire dans les vêtements de Cosette, et si quelqu'un eût passé dans l'escalier en ce moment, on eût entendu d'effrayants sanglots.

SUPRÊME OMBRE, SUPRÊME AURORE.

[Marius reçoit la visite de Jean Valjean qui lui avoue qu'il est un ancien forçat. Marius ne sait que ce que Valjean lui révèle et imagine qu'il est non seulement voleur mais assassin de Javert. La vérité lui vient de Thénardier qui se présente un jour chez lui pour lui soutirer de l'argent et qui lui raconte assez de l'histoire de Valjean pour que la lumière se fasse dans l'esprit de Marius. Mais Valjean, souffrant de la séparation presque complète d'avec Cosette, faiblit de jour en jour.]

II.

DERNIÈRES PALPITATIONS DE LA LAMPE SANS HUILE.

Un jour Jean Valjean descendit son escalier, fit trois pas dans la rue, s'assit sur une borne; il resta là quelques minutes, puis remonta. Ce fut la dernière oscillation du pendule. Le lendemain, il ne sortit pas de chez lui. Le surlendemain, il ne sortit pas de son lit.

Sa portière, qui lui apprêtait son maigre repas, quelques choux ou quelques pommes de terre avec un peu de lard, regarda dans l'assiette de terre brune et s'exclama :

— Mais vous n'avez pas mangé hier, pauvre cher homme.

— Si fait, répondit Jean Valjean.

— L'assiette est toute pleine.

— Regardez le pot à l'eau. Il est vide.

—Cela prouve que vous avez bu; cela ne prouve pas que vous avez mangé.

—Eh bien, fit Jean Valjean, si je n'ai eu faim que d'eau?

—Cela s'appelle la soif, et quand on ne mange pas en même temps, cela s'appelle la fièvre.

—Je mangerai demain.

—Ou à la Trinité.[1] Pourquoi pas aujourd'hui? Est-ce qu'on dit: Je mangerai demain! Me laisser tout mon plat sans y toucher! Mes viquelottes[2] qui étaient si bonnes!

Jean Valjean prit la main de la vieille femme:

—Je vous promets de les manger, lui dit-il de sa voix bienveillante.

—Je ne suis pas contente de vous, répondit la portière.

Jean Valjean ne voyait guère d'autre créature humaine que cette bonne femme. Il y a dans Paris des rues où personne ne passe et des maisons où personne ne vient. Il était dans une de ces rues-là et dans une de ces maisons-là.

Du temps qu'il sortait encore, il avait acheté à un chaudronnier pour quelques sous un petit crucifix de cuivre qu'il avait accroché à un clou en face de son lit. Ce gibet-là est toujours bon à voir.

Une semaine s'écoula sans que Jean Valjean fît un pas dans sa chambre, il demeurait toujours couché. La portière disait à son mari: — Le bonhomme de là-haut ne se lève plus, il ne mange plus, il n'ira pas loin. Ça a des chagrins, ça. On ne m'ôtera pas de la tête que sa fille est mal mariée.

Le portier répliqua avec l'accent de la souveraineté maritale:

—S'il est riche, qu'il ait un médecin. S'il n'est pas riche, qu'il n'en ait pas. S'il n'a pas de médecin, il mourra.

—Et s'il en a un?

—Il mourra, dit le portier.

La portière se mit à gratter avec un vieux couteau de l'herbe qui poussait dans ce qu'elle appelait son pavé, et tout en arrachant l'herbe, elle grommelait:

—C'est dommage. Un vieillard qui est si propre! Il est blanc comme un poulet.

Elle aperçut au bout de la rue un médecin du quartier qui passait; elle prit sur elle de le prier de monter.

—C'est au deuxième, lui dit-elle. Vous n'aurez qu'à entrer. Comme le bonhomme ne bouge plus de son lit, la clef est toujours à la porte.

Le médecin vit Jean Valjean et lui parla.

Quand il redescendit, la portière l'interpella:

—Eh bien, docteur?

—Votre malade est bien malade.

—Qu'est-ce qu'il a?

—Tout et rien. C'est un homme qui, selon toute apparence, a perdu une personne chère. On meurt de cela.

—Qu'est-ce qu'il vous a dit?

—Il m'a dit qu'il se portait bien.

—Reviendrez-vous, docteur?

—Oui, répondit le médecin. Mais il faudrait qu'un autre que moi revînt.

III.

UNE PLUME PÈSE A QUI SOULEVAIT LA CHARRETTE FAUCHELEVENT.

Un soir Jean Valjean eut de la peine à se soulever sur le coude; il se prit la main et ne trouva pas son pouls; sa respiration était courte et s'arrêtait par instants; il reconnut qu'il était plus faible qu'il ne l'avait encore été.

Alors, sans doute sous la pression de quelque préoccupation suprême, il fit un effort, se dressa sur son séant
et s'habilla. Il mit son vieux vêtement d'ouvrier. Ne
sortant plus, il y était revenu, et il le préférait. Il dut
s'interrompre plusieurs fois en s'habillant; rien que pour
passer les manches de la veste, la sueur lui coulait du
front.

Depuis qu'il était seul, il avait mis son lit dans l'antichambre, afin d'habiter le moins possible cet appartement
désert.

Il ouvrit la valise et en tira le trousseau de Cosette.

Il l'étala sur son lit. ·

Les chandeliers de l'évêque étaient à leur place, sur la
cheminée. Il prit dans un tiroir deux bougies de cire et
les mit dans les chandeliers. Puis, quoiqu'il fit encore
grand jour, c'était en été, il les alluma. On voit ainsi
quelquefois des flambeaux allumés en plein jour dans les
chambres où il y a des morts.

Chaque pas qu'il faisait en allant d'un meuble à l'autre
l'exténuait et il était obligé de s'asseoir. Ce n'était point
de la fatigue ordinaire qui dépense la force pour la renou-
veler; c'était le reste des mouvements possibles; c'était la
vie épuisée qui s'égoutte dans des efforts accablants qu'on
ne recommencera pas.

Une des chaises où il se laissa tomber était placée devant
le miroir. Il se vit dans ce miroir, et ne se reconnut pas.
Il avait quatre-vingts ans ; avant le mariage de Marius, on
lui eût à peine donné cinquante ans ; cette année avait
compté trente. Ce qu'il avait sur le front, ce n'était plus
la ride de l'âge, c'était la marque mystérieuse de la mort.
On sentait là le creusement de l'ongle impitoyable. Ses
joues pendaient; la peau de son visage avait cette couleur
qui ferait croire qu'il y a déjà de la terre dessus ; les deux
coins de sa bouche s'abaissaient comme dans ce masque

que les anciens sculptaient sur les tombeaux ; il regardait le vide avec un air de reproche ; on eût dit un de ces grands êtres tragiques qui ont à se plaindre de quelqu'un.

Il était dans cette situation, la dernière phase de l'accablement, où la douleur ne coule plus ; elle est pour ainsi dire coagulée ; il y a sur l'âme comme un caillot de désespoir.

La nuit était venue. Il traîna laborieusement une table et le vieux fauteuil près de la cheminée, et posa sur la table une plume, de l'encre et du papier.

Cela fait, il eut un évanouissement. Quand il reprit connaissance, il avait soif. Ne pouvant soulever le pot à l'eau, il le pencha péniblement vers sa bouche, et but une gorgée.

Puis il se tourna vers le lit, et, toujours assis, car il ne pouvait rester debout, il regarda la petite robe noire et tous ces chers objets.

Ces contemplations-là durent des heures qui semblent des minutes.

Tout à coup il eut un frisson, il sentit que le froid lui venait ; il s'accouda à la table que les flambeaux de l'évêque éclairaient, et prit la plume.

Comme la plume ni l'encre n'avaient servi depuis longtemps, le bec de la plume était recourbé, l'encre desséchée ; il fallut qu'il se levât et qu'il mît quelques gouttes d'eau dans l'encre, ce qu'il ne put faire sans s'arrêter et s'asseoir deux ou trois fois, et il fut forcé d'écrire avec le dos de la plume. Il s'essuyait le front de temps en temps.

Sa main tremblait. Il écrivit lentement quelques lignes que voici :

Cosette, je te bénis. Je vais t'expliquer. Ton mari a eu raison de me faire comprendre que je devais m'en aller ; cependant il y a un peu d'erreur dans ce qu'il a cru, mais il a eu raison. Il est excellent. Aime-le toujours bien quand je serai mort. Monsieur Pontmercy, aimez toujours mon enfant bien-aimé.

Cosette, on trouvera ce papier-ci ; voici ce que je veux te dire, tu vas voir les chiffres, si j'ai la force de me les rappeler, écoute bien, cet argent est bien à toi. Voici toute la chose : Le jais blanc vient de Norvége, le jais noir vient d'Angleterre, la verroterie noire vient d'Allemagne. Le jais est plus léger, plus précieux, plus cher. On peut faire en France des imitations comme en Allemagne. Il faut une petite enclume de deux pouces carrés et une lampe à esprit-de-vin pour amollir la cire. La cire se faisait avec de la résine et du noir de fumée et coûtait quatre francs la livre. J'ai imaginé de la faire avec de la gomme laque et de la térébenthine. Elle ne coûte plus que trente sous, et elle est bien meilleure. Les boucles se font avec un verre violet qu'on colle au moyen de cette cire sur une petite membrure en fer noir. Le verre doit être violet pour les bijoux de fer, et noir pour les bijoux d'or. L'Espagne en achète beaucoup. C'est le pays du jais . . .

Ici il s'interrompit, la plume tomba de ses doigts, il lui vint un de ces sanglots désespérés qui montaient par moments des profondeurs de son être ; le pauvre homme prit sa tête dans ses deux mains, et songea.

— Oh ! s'écria-t-il au dedans de lui-même (cris lamentables, entendus de Dieu seul), c'est fini. Je ne la verrai plus. C'est un sourire qui a passé sur moi. Je vais entrer dans la nuit sans même la revoir. Oh ! une minute, un instant, entendre sa voix, toucher sa robe, la regarder, elle, l'ange ! et puis mourir ! Ce n'est rien de mourir, ce qui est affreux, c'est de mourir sans la voir. Elle me sourirait, elle me dirait un mot, est-ce que cela ferait du mal à quelqu'un ? Non, c'est fini, jamais. Me voilà tout seul. Mon Dieu ! mon Dieu ! je ne la reverrai plus.

En ce moment on frappa à sa porte.

IV.

[Visite de Thénardier à Marius, qui part immédiatement après avec Cosette pour courir chez Jean Valjean.]

V.

NUIT DERRIÈRE LAQUELLE IL Y A LE JOUR.

Au coup qu'il entendit frapper à sa porte, Jean Valjean se retourna.

— Entrez, dit-il faiblement.

La porte s'ouvrit.

Cosette et Marius parurent.

Cosette se précipita dans la chambre.

Marius resta sur le seuil, debout, appuyé contre le montant de la porte.

— Cosette ! dit Jean Valjean.

Et il se dressa sur sa chaise, les bras ouverts et tremblants, hagard, livide, sinistre, une joie immense dans les yeux.

Cosette, suffoquée d'émotion, tomba sur la poitrine de Jean Valjean.

— Père ! dit-elle.

Jean Valjean, bouleversé, bégayait :

— Cosette ! elle ! vous, madame ! c'est toi ! Ah ! mon Dieu !

Et, serré dans les bras de Cosette, il s'écria :

— C'est toi ! tu es là ! Tu me pardonnes donc !

Marius, baissant les paupières pour empêcher ses larmes de couler, fit un pas et murmura entre ses lèvres contractées convulsivement pour arrêter les sanglots :

— Mon père !

— Et vous aussi, vous me pardonnez ! dit Jean Valjean.

Marius ne put trouver une parole, et Jean Valjean ajouta :

— Merci.

Cosette arracha son châle et jeta son chapeau sur le lit.

— Cela me gêne, dit-elle.

Et, s'asseyant sur les genoux du vieillard, elle écarta ses cheveux blancs d'un mouvement adorable, et lui baisa le front.

Jean Valjean se laissait faire, égaré.

Cosette, qui ne comprenait que très confusément, redoublait ses caresses, comme si elle voulait payer la dette de Marius.

Jean Valjean balbutiait :

— Comme on est bête ! Je croyais que je ne la verrais plus. Figurez-vous, monsieur Pontmercy, qu'au moment où vous êtes entré, je me disais : C'est fini. Voilà sa petite robe, je suis un misérable homme, je ne verrai plus Cosette ; je disais cela au moment même où vous montiez l'escalier. Étais-je idiot ! Voilà comme on est idiot ! Mais on compte sans le bon Dieu. Le bon Dieu dit : Tu t'imagines qu'on va t'abandonner, bête ! Non. Non, ça ne se passera pas comme ça. Allons, il y a là un pauvre homme qui a besoin d'un ange. Et l'ange vient ; et l'on revoit sa Cosette ! et l'on revoit sa petite Cosette ! Ah ! j'étais bien malheureux !

Il fut un moment sans pouvoir parler, puis il poursuivit :

— J'avais vraiment besoin de voir Cosette une petite fois de temps en temps. Un cœur, cela veut un os à ronger. Cependant je sentais bien que j'étais de trop. Je me donnais des raisons : Ils n'ont pas besoin de toi, reste dans ton coin, on n'a pas le droit de s'éterniser. Ah ! Dieu béni, je la revois ! Sais-tu, Cosette, que ton mari est très beau? Ah ! tu as un joli col brodé, à la bonne heure. J'aime ce dessin-là. C'est ton mari qui l'a choisi, n'est-ce pas ? Et puis, il te faudra des cachemires. Monsieur Pontmercy, laissez-moi la tutoyer. Ce n'est pas pour longtemps.

Et Cosette reprenait :

—Quelle méchanceté de nous avoir laissés comme cela !
Où êtes-vous donc allé ? pourquoi avez-vous été si longtemps ? Autrefois vos voyages ne duraient pas plus de
trois ou quatre jours. J'ai envoyé Nicolette, on répondait
toujours : Il est absent. Depuis quand êtes-vous revenu ?
Pourquoi ne pas nous l'avoir fait savoir. Savez-vous que
vous êtes très changé ? Ah ! le vilain père ! il a été
malade et nous ne l'avons pas su ! Tiens, Marius, tâte
sa main comme elle est froide !

—Ainsi vous voilà ! Monsieur Pontmercy, vous me pardonnez ! répéta Jean Valjean.

A ce mot, que Jean Valjean venait de redire, tout ce qui
se gonflait dans le cœur de Marius trouva une issue ; il éclata:

—Cosette, entends-tu ? il en est là ! il me demande
pardon. Et sais-tu ce qu'il m'a fait, Cosette ? il m'a
sauvé la vie. Il a fait plus. Il t'a donnée à moi. Et,
après m'avoir sauvé, et après t'avoir donnée à moi, Cosette,
qu'a-t-il fait de lui-même ? Il s'est sacrifié. Voilà l'homme.
Et, à moi l'ingrat, à moi l'oublieux, à moi l'impitoyable, à
moi le coupable, il me dit : Merci ! Cosette, toute ma vie
passée aux pieds de cet homme, ce sera trop peu. Cette
barricade, cet égout, cette fournaise, ce cloaque, il a tout
traversé pour moi, pour toi, Cosette ! Il m'a emporté à
travers toutes les morts qu'il écartait de moi et qu'il
acceptait pour lui. Tous les courages, toutes les vertus,
tous les héroïsmes, toutes les saintetés, il les a. Cosette,
cet homme-là, c'est l'ange !

—Chut ! chut ! dit tout bas Jean Valjean. Pourquoi
dire tout cela ?

—Mais vous ! s'écria Marius avec une colère où il y
avait de la vénération, pourquoi ne l'avez-vous pas dit ?
C'est votre faute aussi. Vous sauvez la vie aux gens, et
vous le leur cachez ! Vous faites plus, sous prétexte de
vous démasquer, vous vous calomniez. C'est affreux.

—J'ai.dit la vérité, répondit Jean Valjean.

—Non, reprit Marius, la vérité, c'est toute la vérité ; et vous ne me l'avez pas dite. Vous étiez monsieur Madeleine, pourquoi ne pas l'avoir dit ? Vous aviez sauvé Javert, pourquoi ne pas l'avoir dit ? Je vous devais la vie, pourquoi ne pas l'avoir dit ?

—Parce que je pensais comme vous. Je trouvais que vous aviez raison. Il fallait que je m'en allasse. Si vous aviez su cette affaire de l'égout, vous m'auriez fait rester près de vous. Je devais donc me taire. Si j'avais parlé, cela aurait tout gêné.

—Gêné quoi ? gêné qui ? repartit Marius. Est-ce que vous croyez que vous allez rester ici ? Nous vous emmenons ! Ah ! mon Dieu ! quand je pense que c'est par hasard que j'ai appris tout cela ! Nous vous emmenons. Vous faites partie de nous-mêmes. Vous êtes son père et le mien. Vous ne passerez pas dans cette affreuse maison un jour de plus. Ne vous figurez pas que vous serez demain ici.

—Demain, dit Jean Valjean, je ne serai pas ici, mais je ne serai pas chez vous.

—Que voulez-vous dire ? répliqua Marius. Ah çà, nous ne permettons plus de voyage. Vous ne nous quitterez plus. Vous nous appartenez. Nous ne vous lâchons pas.

—Cette fois-ci, c'est pour de bon, ajouta Cosette. Nous avons une voiture en bas. Je vous enlève. S'il le faut, j'emploierai la force.

Et, riant, elle fit le geste de soulever le vieillard dans ses bras.

—Il y a toujours votre chambre dans notre maison, poursuivit-elle. Si vous saviez comme le jardin est joli dans ce moment-ci ! Les azalées y viennent très bien. Les allées sont sablées avec du sable de rivière ; il y a de petits coquillages violets. Vous mangerez de mes fraises. C'est moi qui les arrose. Et plus de madame, et plus de monsieur Jean, nous sommes en république, tout le monde se dit *tu*, n'est-ce pas, Marius? Le programme est changé. Si vous saviez, père, j'ai eu un chagrin, il y avait un rouge-gorge qui avait fait son nid dans un trou du mur, un horrible chat me l'a mangé. Mon pauvre joli petit rouge-gorge qui mettait sa tête à sa fenêtre et qui me regardait! J'en ai pleuré. J'aurais tué le chat! Mais maintenant personne ne pleure plus. Tout le monde rit, tout le monde est heureux. Vous allez venir avec nous. Comme le grand-père va être content! Vous aurez votre carré dans le jardin, vous cultiverez, et nous verrons si vos fraises sont aussi belles que les miennes. Et puis, je ferai tout ce que vous voudrez, et puis, vous m'obéirez bien.

Jean Valjean l'écoutait sans l'entendre. Il entendait la musique de sa voix plutôt que le sens de ses paroles; une de ces grosses larmes qui sont les sombres perles de l'âme, germait lentement dans son œil.

Il murmura :

— La preuve que Dieu est bon, c'est que la voilà.

— Mon père ! dit Cosette.

Jean Valjean continua :

—C'est bien vrai que ce serait charmant de vivre ensemble. Ils ont des oiseaux plein leurs arbres. Je me promènerais avec Cosette. Être des gens qui vivent, qui se disent bonjour, qui s'appellent dans le jardin, c'est doux. On se voit dès le matin. Nous cultiverions chacun un petit coin. Elle me ferait manger ses fraises, je lui ferais cueillir mes roses. Ce serait charmant. Seulement . . .

Il s'interrompit et dit doucement:

— C'est dommage.

La larme ne tomba pas, elle rentra, et Jean Valjean la remplaça par un sourire.

Cosette prit les deux mains du vieillard dans les siennes.

—Mon Dieu! dit-elle, vos mains sont encore plus froides. Est-ce que vous êtes malade? Est-ce que vous souffrez?

—Moi? non, répondit Jean Valjean, je suis très bien. Seulement . . .

Il s'arrêta.

—Seulement quoi?

—Je vais mourir tout à l'heure.

Cosette et Marius frissonnèrent.

—Mourir! s'écria Marius.

—Oui, mais ce n'est rien, dit Jean Valjean.

Il respira, sourit, et reprit :

—Cosette, tu me parlais, continue, parle encore, ton petit rouge-gorge est donc mort? Parle que j'entende ta voix!

Marius pétrifié regardait le vieillard.

Cosette poussa un cri déchirant :

—Père! mon père! vous vivrez. Vous allez vivre. Je veux que vous viviez, entendez-vous!

Jean Valjean leva la tête vers elle avec adoration.

—Oh! oui, défends-moi de mourir. Qui sait? J'obéirai peut-être. J'étais en train de mourir quand vous êtes arrivés. Cela m'a arrêté, il m'a semblé que je renaissais.

—Vous êtes plein de force et de vie, s'écria Marius. Est-ce que vous vous imaginez qu'on meurt comme cela? Vous avez eu du chagrin, vous n'en aurez plus. C'est moi qui vous demande pardon, et à genoux encore! Vous allez vivre, et vivre avec nous, et vivre longtemps. Nous vous reprenons. Nous sommes deux ici qui n'aurons désormais qu'une pensée, votre bonheur.

—Vous voyez bien, reprit Cosette tout en larmes, que Marius dit que vous ne mourrez pas.

Jean Valjean continuait de sourire.

Un bruit se fit à la porte.

C'était le médecin qui entrait.

—Bonjour et adieu, docteur, dit Jean Valjean. Voici mes pauvres enfants.

Marius s'approcha du médecin. Il lui adressa ce seul mot : Monsieur ? . . . mais dans la manière de le prononcer, il y avait une question complète.

Le médecin répondit à la question par un coup d'œil expressif.

—Parce que les choses déplaisent, dit Jean Valjean, ce n'est pas une raison pour être injuste envers Dieu.

Il y eut un silence.

Toutes les poitrines étaient oppressées.

Jean Valjean se tourna vers Cosette. Il se mit à la contempler comme s'il voulait en prendre pour l'éternité. A la profondeur d'ombre où il était déjà descendu, l'extase lui était encore possible en regardant Cosette. La réverbération de ce doux visage illuminait sa face pâle. Le sépulcre peut avoir son éblouissement.

Le médecin lui tâta le pouls.

—Ah ! c'est vous qu'il lui fallait ! murmura-t-il en regardant Cosette et Marius.

Et, se penchant à l'oreille de Marius, il ajouta très bas :

—Trop tard.

Jean Valjean, presque sans cesser de regarder Cosette, considéra Marius et le médecin avec sérénité.

On entendit sortir de sa bouche cette parole articulée :

—Ce n'est rien de mourir ; c'est affreux de ne pas vivre.

Tout à coup il se leva. Ces retours de force sont quelquefois un signe même de l'agonie. Il marcha d'un pas ferme à la muraille, écarta Marius et le médecin qui voulaient l'aider, détacha du mur le petit crucifix de cuivre qui y était suspendu, revint s'asseoir avec toute la liberté de mouvement de la pleine santé, et dit d'une voix haute en posant le crucifix sur la table :

— Voilà le grand martyr.

Puis sa poitrine s'affaissa, sa tête eut une vacillation, comme si l'ivresse de la tombe le prenait et ses deux mains, posées sur ses genoux, se mirent à creuser de l'ongle l'étoffe de son pantalon.

Cosette lui soutenait les épaules, et sanglotait, et tâchait de lui parler sans pouvoir y parvenir. On distinguait des paroles comme celles-ci :

— Père, ne nous quittez pas. Est-il possible que nous ne vous retrouvions que pour vous perdre ?

On pourrait dire que l'agonie serpente. Elle va, vient, s'avance vers le sépulcre, et se retourne vers la vie. Il y a du tâtonnement dans l'action de mourir.

Jean Valjean, après cette demi-syncope, se raffermit, secoua son front comme pour en faire tomber les ténèbres, et redevint presque pleinement lucide.

Il prit un pan de la manche de Cosette et le baisa.

— Il revient, docteur, il revient ! cria Marius.

La portière était montée et regardait par la porte entrebâillée. Le médecin la congédia.

Mais il ne put empêcher qu'avant de disparaître cette bonne femme zélée ne criât au mourant :

— Voulez-vous un prêtre ?

— J'en ai un, répondit Jean Valjean.

Et, du doigt, il sembla désigner un point au-dessus de sa tête où l'on eût dit qu'il voyait quelqu'un.

Il est probable que l'évêque assistait en effet à cette agonie.

Cosette, doucement, lui glissa un oreiller sous les reins.

Quand un être qui nous est cher va mourir, on le regarde avec un regard qui se cramponne à lui et qui voudrait le retenir.

Tous deux, muets d'angoisse, ne sachant que dire à la mort, désespérés et tremblants, étaient debout devant lui, Cosette donnant la main à Marius.

D'instant en instant, Jean Valjean déclinait. Il baissait ; il se rapprochait de l'horizon sombre.

Son souffle était devenu intermittent; un peu de râle l'entrecoupait. Il avait de la peine à déplacer son avant-bras, ses pieds avaient perdu tout mouvement, et en même temps que la misère des membres et l'accablement du corps croissaient, toute la majesté de l'âme montait et se déployait sur son front. La lumière du monde inconnu était déjà visible dans sa prunelle.

Sa figure blêmissait et souriait. La vie n'était plus là ; il y avait autre chose. Son haleine tombait, son regard s'agrandissait. C'était un cadavre auquel on sentait des ailes.

Il fit signe à Cosette d'approcher, puis à Marius; c'était évidemment la dernière minute de la dernière heure et il se mit à leur parler d'une voix si faible qu'elle semblait venir de loin, et qu'on eût dit qu'il y avait dès à présent une muraille entre eux et lui.

— Approche, approchez tous deux. Je vous aime bien. Oh ! c'est bon de mourir comme cela ! Toi aussi, tu m'aimes, ma Cosette. Je savais bien que tu avais toujours de l'amitié pour ton vieux bonhomme. Comme tu es gentille de m'avoir mis ce coussin sous les reins ! Tu me pleureras un peu, n'est-ce pas ? Pas trop. Je ne veux pas que tu aies de vrais chagrins. Il faudra vous amuser beaucoup, mes enfants. Il faudra avoir une voiture, de temps en temps une loge aux théâtres, de belles toilettes de bal, ma Cosette, et puis donner de bon dîners à vos amis, être très heureux. J'écrivais tout à l'heure à Cosette. Elle trouvera ma lettre. C'est à elle que je lègue les deux chandeliers qui sont sur la cheminée. Ils sont en argent ; mais pour moi ils sont en or, ils sont en diamants ; ils changent les chandelles qu'on y met en cierges. Je ne sais pas si celui qui me les a donnés est content de moi là-haut. J'ai fait ce que j'ai pu. Mes enfants, vous n'oublierez pas que je suis un pauvre, vous me ferez enterrer dans le premier coin de terre venu sous une pierre pour marquer l'endroit. C'est là ma volonté. Pas de nom sur la pierre. Si Cosette veut venir un peu quelquefois, cela me fera plaisir. Vous aussi, monsieur Pontmercy. Il faut que je vous avoue que je ne vous ai pas toujours aimé ; je vous en demande pardon. Maintenant, elle et vous, vous n'êtes plus qu'un pour moi. Je vous suis très reconnaissant. Je sens que vous rendez Cosette heureuse. Si vous saviez, monsieur Pontmercy, ses belles joues roses, c'était ma joie ; quand je la voyais un peu pâle, j'étais triste. Il y a dans la commode un billet de cinq cents francs. Je n'y ai pas touché. C'est pour les pauvres. Cosette, vois-tu ta petite robe, là sur le lit ? la reconnais-tu ? Il n'y a pourtant que dix ans de cela. Comme le temps passe ! Nous avons été bien heureux. C'est fini. Mes enfants, ne pleurez pas, je ne vais pas très loin, je vous verrai de là, vous n'aurez qu'à regarder quand il fera nuit, vous me verrez sourire. Cosette, te rappelles-tu Montfermeil ? Tu étais dans le bois, tu avais bien peur ; te rappelles-tu quand j'ai pris l'anse du seau d'eau ? C'est la première fois que j'ai touché ta pauvre petite main. Elle était si froide ! Ah ! vous aviez les mains rouges dans ce temps-là, mademoiselle, vous les avez bien blanches maintenant. Et la grande poupée ! te rappelles-tu ? Tu la nommais Catherine. Tu regrettais de ne pas l'avoir emmenée au couvent ! Comme tu m'as fait

rire des fois, mon doux ange ! Quand il avait plu, tu
embarquais sur les ruisseaux des brins de paille, et tu les
regardais aller.   Un jour, je t'ai donné une raquette[1] en
osier, et un volant[2] avec des plumes jaunes, bleues, vertes.
Tu l'as oublié, toi.   Tu étais si espiègle toute petite !   Tu
te mettais des cerises aux oreilles.   Ce sont là des choses
du passé.   Les forêts où l'on a passé avec son enfant, les
arbres où l'on s'est promené, les couvents où l'on s'est
caché, les jeux, les bons rires de l'enfance, c'est de l'ombre.
Je m'étais imaginé que tout cela m'appartenait.   Voilà où
était ma bêtise.   Ces Thénardier ont été méchants.   Il faut
leur pardonner.   Cosette, voici le moment venu de te dire
le nom de ta mère.   Elle s'appelait Fantine.   Retiens ce
nom-là : Fantine.   Mets-toi à genoux toutes les fois que tu
le prononceras.   Elle a souffert.   Et t'a bien aimée.   Elle
a eu en malheur tout ce que tu as, en bonheur.   Ce sont
les partages de Dieu.   Il est là-haut, il nous voit tous, et il
sait ce qu'il fait au milieu de ses grandes étoiles.   Je vais
donc m'en aller, mes enfants.   Aimez-vous bien toujours.
Il n'y a guère autre chose que cela dans le monde : s'aimer.
Vous penserez quelquefois au pauvre vieux qui est mort
ici.   O ma Cosette ! ce n'est pas ma faute, va, si je ne t'ai
pas vue tous ces temps-ci, cela me fendait le cœur ; j'allais
jusqu'au coin de la rue, je devais faire un drôle d'effet aux
gens qui me voyaient passer, j'étais comme fou, une fois je
suis sorti sans chapeau.   Mes enfants, voici que je ne vois
plus très clair, j'avais encore des choses à dire, mais c'est
égal.   Pensez un peu à moi.   Vous êtes des êtres bénis.
Je ne sais pas ce que j'ai, je vois de la lumière.   Approchez
encore.   Je meurs heureux.   Donnez-moi vos chères têtes
bien-aimées, que je mette mes mains dessus.

Cosette et Marius tombèrent à genoux, éperdus, étouffés
de larmes, chacun sur une des mains de Jean Valjean.
Ces mains augustes ne remuaient plus.

Il était renversé en arrière, la lueur des deux chandeliers l'éclairait, sa face blanche regardait le ciel, il laissait Cosette et Marius couvrir ses mains de baisers.

Il était mort.

La nuit était sans étoiles et profondément obscure. Sans doute, dans l'ombre, quelque ange immense était debout, les ailes déployées, attendant l'âme.

VI.

L'HERBE CACHE ET LA PLUIE EFFACE.

Il y a, au cimetière du Père-Lachaise,[1] aux environs de la fosse commune, loin du quartier élégant de cette ville des sépulcres, loin de tous ces tombeaux de fantaisie qui étalent en présence de l'éternité les hideuses modes de la mort, dans un angle désert, le long d'un vieux mur, sous un grand if auquel grimpent les liserons, parmi les chiendents[2] et les mousses, une pierre. Cette pierre n'est pas plus exempte que les autres des lèpres du temps, de la moisissure et du lichen. L'eau la verdit, l'air la noircit. Elle n'est voisine d'aucun sentier, et l'on n'aime pas aller de ce côté-là, parce que l'herbe est haute et qu'on a tout de suite les pieds mouillés. Quand il y a un peu de soleil, les lézards y viennent. Il y a, tout autour, un frémissement de folles avoines.[3] Au printemps, les fauvettes chantent dans l'arbre.

Cette pierre est toute nue. On n'a songé en la taillant qu'au nécessaire de la tombe, et l'on n'a pris d'autre soin que de faire cette pierre assez longue et assez étroite pour couvrir un homme.

On n'y lit aucun nom.

Seulement, voilà de cela bien des années déjà, une main y a écrit au crayon ces quatre vers, qui sont devenus peu à

peu illisibles sous la pluie et la poussière, et qui probablement sont aujourd'hui effacés :

Il dort.   Quoique le sort fût pour lui bien étrange,
Il vivait.   Il mourut quand il n'eut plus son ange.
La chose simplement d'elle-même arriva,
Comme la nuit se fait lorsque le jour s'en va.

NOTES.

Students will bear in mind that the English renderings of many of the expressions noted are not literal translations, but equivalents. Literal translation would not give the meaning of the original at all. It is to be remembered also that some of these expressions, with a different context, would have to be rendered differently. It is the way in which they are used by the author which gives them the meaning noted.

1 1 **Digne,** the capital of the department of the Basses-Alpes. It is a poor town, nestling at the foot of an enormous granitic mountain. The cathedral dates back to the 13th century.

1 2 **Conseiller au parlement d'Aix ; noblesse de robe.** The title of *conseiller du roi,* King's counsel, was originally confined to actual counsellors of the King, and included the name of the particular counsel to which they belonged. Later it became an honorary title in many cases, given or sold. Many judicial offices became the property of the holders and were bequeathed or sold. When members of a family had for several generations held such offices, they claimed and were recognized to belong to the *noblesse de robe,* that is " of the gown," by reference to the magisterial garment. The real nobility was the *noblesse de nom et de race,* often called *noblesse d'épée.* The *parlement* was entirely different from the English parliament ; it was a court of justice which enjoyed also certain political powers, but was in no sense a representative assembly. The King delegated to this council certain powers of administration, and thus *parlements* existed in several cities of France, — Paris, Toulouse, Bordeaux, Metz, Rennes, Aix, etc. The most important was, of course, that of Paris. The *parlement* of Aix, in Provence, was established in 1501.

2 1 **Couronnement,** coronation of Napoleon I, Dec. 2, 1804.

3 1 **Faculté de Paris.** The *Université de Paris* was composed in the 13th century of two Faculties, arts and theology. The Convention, in 1794, suppressed the University, which was reëstablished by Napoleon in 1806, as a lay corporation, under the title *Université de France,* which it has retained. The former *Université de Paris* is

now called *Académie de Paris*, as the former provincial Universities are called *Académies de Nancy, Bordeaux*, etc.

4 1 **Suette miliaire,** the sweating sickness; a fever, epidemic, marked by profuse sweating and rapidly fatal.

4 2 **Francs, livres,** equivalent terms, about twenty cents. The salary named by Hugo was that of an archbishop under the Organic Articles of 1802; the bishop's salary was then 10,000 francs. Later, the salaries of bishops were increased.

-4 3 **Petit séminaire,** preparatory school for boys intended to enter the Seminary or theological school.

4 4 **Congrégation,** society, guild, brotherhood of religious.

4 5 **Lazaristes.** The order of *Lazaristes* was founded by Saint Vincent de Paul, in 1632. They worked among the galley-slaves, and their monasteries were occasionally used as reformatories. Napoleon's decree concerning religious associations sanctioned three only, those named in the text: the Lazaristes, the Foreign Missions, and the Holy Ghost. The women's guilds, founded to carry on public charities, were placed under the protection of Napoleon's mother.

6 1 **Casuel épiscopal,** fees, income, outside of the regular salary. **Rachats de bans,** fees for special licenses, instead of the proclamation of banns of marriage on three successive Sundays. **Ondoiements,** provisional or extraordinary baptism without the ceremonies of the Church.

8 1 **Cure,** parish, with a *curé* (rector) in charge; **vicariat,** parish served by a vicar; **succursale,** a church other than the parish church.

8 2 **Cacolet,** basket, with back, carried by mules in mountainous districts.

11 1 **Graine d'épinards,** bead tassels.

13 1 **Argentés à l'argent haché,** plated with silver hatchings.

14 1 **Dessinait une croix,** was in the shape of a cross.

14 2 **Comme cela fait bien!** How appropriate!

15 1 **Puisard,** a drain well.

19 1 **Rouliers,** wagoners; drivers of heavy teams carrying freight where there are no railroads.

19 2 **Carpes du lac de Lauzet . . . truite du lac d'Alloz.** The little lake of Lauzet is marshy, and carp are said to thrive best in such waters. Lauzet is in the department of the Basses-Alpes. Alloz, or Allos, in the same department, is famous for the delicacy of the trout caught in its lake.

22 1 **Les guerres de religion,** the religious wars of the 16th century, between the Huguenots and the Roman Catholics.

22 2 **Montra le poing,** shook his fist.

25 1 **Galérien, bagne.** The *bagne,* or penitentiary, dates from the middle of the 18th century, the first built being that of Toulon, the French military port on the Mediterranean, in 1748. Previously convicts served their time on the galleys, hence the term *galérien,* which long remained in use. Slight crimes, in comparison with the gravity of the punishment, sufficed to send a man to the *bagne,* — theft, for instance. The system was abolished in 1854. The *chaîne* was the term applied to the gang of convicts carted off to their destination. The men were fastened in pairs, on either side of a long chain, by an iron collar riveted round the neck and fastened to a shorter chain, fastened in turn to the longer one. They sat on the cart back to back during the whole trip. On arrival at the *bagne,* they put on the prison dress, — a red jacket, red cap, dark yellow trousers and shoes. Green caps were worn by life convicts, and red and yellow jackets by dangerous prisoners. An iron ring and chain was riveted to the leg, and by this the prisoners were fastened to each other or to their work bench, by day, and at night to their bed, a mere wooden plank without mattress or pillow. A cannon ball, *boulet,* further added to the weight and torture of the chain. The *chaîne double* was the fixing of a chain on the hitherto free leg. When the convict's time had expired, he received such small sum of money as he had managed to earn, part of the labor being paid, and a yellow passport, which, from its very color, attracted the attention of the numerous officials to whom it had to be presented in passing from one place to another while the man was on his way to the town assigned him as a residence, and where he was watched by the police. In Part IV., Book III., ch. viii., of *Les Misérables,* Victor Hugo has described the passage of the convict train through a street in Paris.

26 1 **Il avait fallu,** I was obliged to show it.

26 2 **A la belle étoile,** in the open air ; under the stars.

26 3 **Ma masse,** my pile ; the money earned while at the galleys.

28 1 **Calotte,** skullcap.

28 2 **Monseigneur qu'on appelle,** they called him monsignor.

28 3 **L'évêque de la Majore:** *Notre-Dame de la Major,* the old cathedral church of Marseilles.

29 1 **Naufragé de la Méduse.** On June 17, 1816, a squadron of four ships, under command of Captain Duroy de Chaumareyx, an utterly inexperienced and incompetent officer of the *ancien régime,* sailed for the Senegal. The *Méduse,* on which Chaumareyx had hoisted his flag, ran ashore on July 2, on the Arguin shoal, one

hundred and twenty miles off the African coast. All efforts to float the vessel failing, a raft was constructed, on which one hundred and forty men shipped; the remainder of the crew, bar some drunken men abandoned on the frigate, and the captain himself, who had already gone off in his boat, took to the boats and started to tow the raft. The labor this entailed was so considerable that the boats cut loose from the raft. For twelve days it drifted about before being sighted by the *Argus*, one of the *Méduse's* consorts. Fifteen men were left; the others had fallen or been thrown overboard, or been eaten by the survivors. Géricault's painting, *le Radeau de la Méduse*, exhibited in 1819, is well known and has been often reproduced.

30 1 **La casaque rouge.** See note 1, p. 25.

30 2 **Chiourme**: originally the convict crew of a galley; now the body of convicts in a penitentiary.

30 3 **La double chaîne.** See note 1, p. 25.

30 4 **Mauves**: a small town in the department of Ardèche.

31 1 **Distribué**, planned.

32 1 **Faites une bonne nuit,** have a good night's rest.

33 1 **Emondeur,** man engaged in pruning and trimming trees.

34 1 **Frères ignorantins**: members of an order founded in 1495, by the Portuguese Saint John de Deo, for the service of the sick, and later devoted to the education of the poor.

34 2 **De rallonge au mal,** make evil greater.

35 1 **Filer un câble, tirer un cabestan,** pay out a cable, heave the capstan.

35 2 **Jour de soupirail,** vague, subterranean light. *Soupirail* is an airhole or narrow opening to give air to dungeons, cellars, etc.

36 1 **A cœur sec, œil sec,** a hardened heart never weeps.

37 1 **Brigadier de gendarmerie**: the constable in command of a squad of *gendarmes* (police).

40 1 **Savoyard.** The inhabitants of the mountainous districts of Savoy sent their boys into France to earn their living, as bootblacks, chimney-sweepers, or in similar avocations. Many played on the hurdy-gurdy, and carried a marmot as a curiosity.

40 2 **Jouait aux osselets,** was playing at jackstones.

47 1 **Montfermeil, près Paris**: on the edge of the forest of Bondy, on the east of Paris.

47 2 **Gargote,** cheap eating-house.

47 3 **Avant-train d'un de ces fardiers,** fore part of the high wheels and axles used to team logs and large stones by slinging them in chains.

48 1 Badigeonnage jaunâtre, yellow wash. In his *Rhin,* Hugo constantly protests, in his own ultra-vigorous fashion, against the habit of daubing the walls of churches and other monuments with the hideous wash then in vogue.

48 2 Leurs yeux étaient un triomphe . . . leurs naïfs visages étaient deux étonnements ravis, their glances were glances of triumph . . . their artless faces exhibited amazement and delight.

49 1 Louches, ill-favored; suspicious.

50 1 Le fond, l'étoffe, the making, the stuff.

50 2 Ames écrevisses, crab-like souls.

51 1 Matières premières, raw material; **main-d'œuvre,** fabrication ; working.

52 1 Coulants en tôle simplement rapprochée, wire rings not soldered.

54 1 Laffitte. Jacques Laffitte, the celebrated banker and states-man, was born at Bayonne, October 24, 1767, and died at Paris, May 26, 1844. He was a master carpenter's son, and came to Paris at the age of twenty-one, entering the banking house of Perregaux as book-keeper. Twelve years later he was taken into partnership, became Regent of the Bank of France in 1809, and Governor in 1814. Louis XVIII entrusted him with the private moneys of himself and family, and on the 20th March, 1815, when the King had to flee before Napoleon, Laffitte handed over the full amount, six million francs. Shortly afterwards Napoleon deposited five millions in his hands. During the second invasion, Laffitte helped the Treasury by a loan of two millions, and provided besides the six hundred thousand francs required by Blücher, as the first instalment of the war indemnity. In 1818 he again came to the rescue of the public credit, and pre-vented a panic by furnishing five millions. His Paris residence was the headquarters of the revolutionary leaders in 1830, and he presided over the Assembly which declared the throne vacated by Charles X, and offered it to the duke of Orleans, who was crowned King of the French under the name of Louis-Philippe.

54 2 Salle d'asile, Children's Home.

54 3 Caisse de secours, relief fund.

54 4 Le roi le nomma maire. Mayors, being the representatives of the executive, were appointed by the King.

57 1 Il drape, he wears mourning.

57 2 Doyenne, a senior.

59 1 Inspecteur, chief of the detective service.

59 2 Portée de louve, litter of wolf whelps.

59 3 Tireuse de cartes, fortune teller.

61 1 Rupture de ban. *Ban* is a sentence of exclusion from a place or territory. *Rompre son ban* is to return to a place one is forbidden to enter or reside in. Here it means, more exactly, leaving the place where a criminal, or ex-convict, has been ordered to reside under the supervision of the police.

61 2 Vidocq. In 1817 there was established in Paris a body of secret police, under the name of *brigade de sûreté.* On the principle of set a thief to catch a thief, the man chosen to direct this branch of the police was Vidocq, a pardoned convict, who had committed many and varied crimes, and having bethought himself in 1809 of turning government detective, succeeded in getting the authorities to agree to his proposal. He had as many as twenty-four men under him, all ex-convicts ; and when he resigned in 1827, he was succeeded by his right-hand man, Coco-Lacour. In 1832 the prefect of police put an end to this scandalous state of things, and ordered that all members of the secret police should be men having a clean record. Vidocq, who had amassed much wealth, finally died in poverty.

65 1 Je vais clore les débats, I am about to sum up.

65 2 Le président, the chief justice of the court ; **l'avocat général :** equivalent to district-attorney in this country.

66 1 Messieurs les jurés. The jury had, of course, no power to cause the release or arrest of anybody.

66 2 Conseillers assesseurs, associate judges.

66 3 L'audience, the trial.

68 1 Tricot à damier, knitted, and check pattern.

68 2 T. F. P. : *Travaux Forcés à Perpétuité,* hard labor for life.

68 3 Saignée du bras gauche : upper part of the left arm, where the vein is opened when bleeding a patient is resorted to.

69 1 Requérir, to prosecute.

72 1 Épiphonèmes : here equivalent to solemn commonplaces.

72 2 A franc étrier, at full speed.

73 1 Mandat d'amener, order to produce the prisoner in court.

73 2 Poste, guardhouse.

74 1 Gloire, halo.

75 1 Fauve, grisly.

76 1 Déchaussait, bared.

77 1 Reprenant à poignée, clutching with one hand.

78 1 Poucettes, handcuffs fastening together the thumbs.

78 2 La maîtresse tringle, the main bar.

80 1 **Portière,** janitor. Apartment houses, as they are called in this country, are very numerous in French cities and towns. They are in charge of a janitor who is expected by the police to be acquainted with every tenant or lodger, where single rooms are let. The key of the apartment or room is left with the janitor on going out, and by him, or her, hung on a nail. As in the older houses little or no provision is made for lighting the stairs, a candle or taper is kept by most tenants in the janitor's room (*loge*). Many of these houses are built round a small yard or court, access to which is by the *porte-cochère*, or carriage gate, usually locked at night. In the archway is the *loge*.

82 1 **L'avant-dernière nuit:** the night before his going to Arras to save Champmathieu. He had spent it in a fierce moral and mental struggle, but had finally decided that the innocent must not suffer. That struggle is described in Book VII., ch. iii. : *Une Tempête sous un Crâne,* which is too long, however, to be included in these Selections.

83 1 **Les frais de mon procès.** According to French law, a man accused and convicted of crime pays the costs of the trial.

87 1 **Equipages du train,** wagons of the Army Service Corps.

88 1 and 2 **Le soleil ne parut pas. Ce n'était plus le rendez-vous d'Austerlitz.** The early morning of December 2, 1805, on which was fought the great battle of Austerlitz, was misty, but the sun rose brilliant in a cloudless sky and shone on Napoleon's victory. "The Emperor's favorite title was 'Victor of Austerlitz.' 'Soldiers,' he cried at Moscow, as the sun burst through the dun clouds, 'it is the sun of Austerlitz!' and his flagging army revived its drooping spirits."— W. M. Sloane in *The Century Magazine*, December, 1895.

88 3 **Ney.** Michel Ney, *le brave des braves,* was born in 1769, and entered the army at the age of eighteen. The Revolution gave him his opportunity, and he speedily rose to the rank of general. Napoleon soon singled him out, and his career was brilliant. On Napoleon's return from Elba, Ney led troops against him, but on meeting the Emperor was carried away by enthusiasm and joined him. He fought heroically at Waterloo. He was subsequently arrested, tried for high treason, and condemned to death. He was shot on December 17, 1815, in the Allée de l'Observatoire, at the end of the Luxembourg Garden, Paris.

88 4 **Était à fond,** was to be thorough.

89 1-6 **Colbacks,** hussar caps; **à flamme,** with a flap of colored cloth ; **sabretaches,** flat pouches, hung on long straps, and worn from

the belt; **buffleteries,** slings and belts; **gibernes à grenade,** cartridge pouches with brass grenade ornament; **dolmans,** hussar jackets; **chevau-légers,** light horse; light cavalry.

90 1 **Les Écossais gris,** the Scots Greys; a famous heavy cavalry regiment of the British army. It was formed by James II, about 1685, and the men are mounted on grey chargers. The name Scots Greys, however, is probably derived from the color, stone grey, of the uniform worn by the regiment when first formed.

90 2 **Gros dragons,** heavy dragoons.

90 3 **Bien domanial de Nivelles,** which belonged to the domain of Nivelles.

91 1 **Crénelé les buissons,** loopholed the bushes.

91 2 **Punique,** treacherous.

91 3 **Rabattue derrière,** brought back behind.

92 1 **Dragons-gardes,** the Dragoon Guards; a heavy cavalry regiment formed by James II.

92 2 **Chemise de sacs de sable,** outer covering of sandbags.

92 3 **Sentier de service,** farm path.

93 1 **Son impénétrabilité souriait,** his impenetrable reserve yielded somewhat.

93 2 **Légion Fulminatrix,** "The Thundering Legion." In one of the campaigns of the Roman Emperor Marcus Aurelius against the Quadi, "his army was hemmed in by the barbarians; the soldiers were exhausted by wounds and fatigue, and parched by the rays of a burning sun. In this distress (it is said) a legion composed of Christians stepped forward and knelt down in prayer; on which the sky was suddenly overspread with clouds and a copious shower descended for the refreshment of the Romans, who took off their helmets to catch the rain. While they were thus partly unarmed and intent only on quenching their thirst, the enemy attacked them; but a violent storm of lightning and hail arose, which drove full against the barbarians and enabled the imperial forces to gain an easy victory. It is added that the interposition of the God of the Christians was acknowledged, that the Emperor bestowed the name of *Fulminatrix* on the legion whose prayers had been so effectual, and that he issued an edict in favor of their religion."— Robertson's *History of the Christian Church* I., 38, 39. Robertson goes on to point out that the legend has been riddled by investigation and criticism.

93 3 **Grand'gardes,** supports of the outposts.

94 1 and 2 **Débarquement du 1ᵉʳ mars, le paysan enthousiaste du golfe Juan.** The Emperor, having determined to reconquer his

throne, left Elba and landed in France on March 1, 1815, on the shores of the Gulf of Juan, near Cannes. He was recognized and enthusiastically acclaimed by a peasant of the neighborhood.

95 1 **Battant aux champs,** playing a salute.

95 2 **Batteries de douze,** twelve-pounder batteries.

95 3 **Filles,** maids.

96 1 **Brienne.** It was at the military school of Brienne, near Troyes, that Napoleon was educated. He entered it in 1779. On January 29, 1814, he here defeated the allies then invading France.

96 2 **Biscaïens,** grape-shot.

98 1 **Batterie d'écharpe:** flanking or enfilading battery, placed so as to fire upon the flank of the attacking force.

98 2 **Bout portant,** point-blank range.

99 1 **Battant l'estrade,** scouting.

99 2 **La Bérésina.** The crossing of the Berezina river during the retreat from Moscow, November 25 to 29, 1812. The Borizow bridge having been burned by the Russians, in hot pursuit of Napoleon, pontoon bridges were laid across the river at Studzianka; the Emperor, his guard, and some of his marshals, with less than 20,000 men, thus escaped. Great numbers of the French were killed, drowned, or made prisoners.

Leipsick. The Battle of Nations; the French defeated by the allied armies of Austria, Prussia, and Russia on October 16, 1813. The allies had 300,000 men; Napoleon, 140,000. The number of the slain, during the three days' fighting, rose to 120,000.

Fontainebleau. The beautiful palace of Francis I, in the forest of that name, a short distance from Paris. Here it was that, after the capitulation of Paris, Napoleon abdicated the throne, April 6, 1814; and in the courtyard of the palace, known as the Cour du Cheval Blanc, he bade farewell to his imperial guard. The court has since then been called also Cour des Adieux.

102 1 **La Moskowa.** The battle of the Moskowa was fought September 7, 1812, between the French under Napoleon and the Russians under Barclay de Tolly. The Russians were defeated and Moscow fell. **La grande redoute** was a formidable redoubt, heavily armed with cannon, protecting the center of the Russian army. Prince Eugene Beauharnais had, at the head of his infantry, seized it and been driven out. Murat ordered a division of cuirassiers under Caulaincourt, to charge and storm the redoubt. Caulaincourt was killed, but the magnificent charge was successful and the redoubt finally won, and with it the battle.

102 2 **Murat.** Joachim Murat, Napoleon's brilliant general of cavalry, who became King of Naples, was the son of an innkeeper at Cahors. He entered the army early, distinguished himself in Italy and Egypt, became a general, married the younger sister of Napoleon, became a marshal of France, and in 1808, King of Naples. He turned against Napoleon, then started on the conquest of Italy, was defeated, and endeavored once more to regain his lost throne. Wrecked, seized, and tried, he was condemned to death and shot October 13, 1815.

102 3 **Orphiques,** Orphic; of Orpheus.

102 4 **Les hommes-chevaux,** the Centaurs, or Bull-Killers. "An ancient race inhabiting Mount Pelion in Thessaly. . . . They were represented as half horses, half men. . . . The Centaurs are particularly celebrated in ancient history for their fight with the Lapithae. . . . It ended by the Centaurs being expelled from their country and taking refuge on Mount Pindus, on the frontiers of Epirus."— W. Smith's *Classical Dictionary.*

105 1 **Artillerie volante,** horse artillery.

105 2 **Ventre à terre,** full speed.

106 1 **Étant en l'air,** unprotected on three sides.

106 2 **Pibroch.** A pibroch is an air, a tune, played on the bagpipe. Hugo here mistakes it for the *cornemuse,* or bagpipe itself.

107 1 **Ben Lothian.** Certainly not one of the famous Scottish mountains. Ben Nevis or Ben Lomond would have been intelligible. There are no "Bens" in the Lothians; only "Laws," *e.g.* Berwick Law. There is a well-known Scottish air, "Lochaber no more," which is possibly what Hugo had vaguely in mind. The substitution of "Lochaber" for "Ben Lothian" would make the allusion in the text intelligible.

108 1 **Chasseurs,** light cavalry.

108 2 **Talavera et Badajoz.** The battle of Talavera, won by Wellington over the French in Spain, July 26 and 27, 1809. Badajoz, held by the French and besieged by the English, was relieved by Marmont and Soult, 1809.

108 3 **La bascule du pesage,** platform of the weighing scales.

110 1–3 **Les charrois, les prolonges, . . . les fourgons,** the carts of the Army Train, the ammunition wagons, . . . the ambulance wagons.

110 4 **Le duc-de-fer,** the Iron Duke; name given to the Duke of Wellington.

113 1 **Pris en écharpe,** enfiladed.

113 2 **Hauts bonnets,** bearskins; tall caps of bearskin, worn by Napoleon's grenadiers and still worn by the British Grenadier Guards, Coldstream Guards, Scots Greys, and by some American military organizations.

116 1 **Hussard de la mort :** Hussar of the Brunswick regiment, which wore black uniforms and a badge formed of a skull and cross-bones after the death of its commander, the Duke of Brunswick. It was called "the Black Brunswickers." Millais' picture has made the uniform widely known.

117 1 **Hoc erat in fatis,** it was fate.

119 1 and 2 **La Salpêtrière :** the name of a vast hospital in the southeastern portion of Paris, 13th *arrondissement.* The Hospital was founded in 1656, under the title of Hôpital Général. It is now called *Hospice de la Vieillesse (femmes).* It is here that very remarkable experiments on nervous diseases have been made of recent years. Two boulevards, de l'Hôpital and de la Gare, lead to la barrière d'Italie, which stood on the site of the present Place d'Italie. A new *enceinte* was built in 1784, which followed the line of the present outer boulevards. The gates were called *barrières.* Remains of five of these still subsist.

119 3 **Courtil,** small garden.

121 1 **Carrier,** quarryman.

121 2 **Catherine :** a doll given her by Jean Valjean.

122 1 **Plein de virginités,** of feelings in their first freshness.

123 1 **Galetas bleu,** fairy attic. *Le pays bleu,* fairyland ; *contes bleus,* fairy tales, and by extension, improbable stories.

125 1 **Rentier ruiné par les bons d'Espagne,** a man of independent means ruined by the fall in Spanish bonds. At this time Spain was unable to meet her enormous financial engagements.

127 1 **Contre-allées,** sidewalks or lanes parallel to the boulevards.

127 2 **Saint-Médard :** a church at the corner of the Avenue des Gobelins and the Rue Daubenton. It is very poor and very old, dating from the 12th century, and at that time was a dependency of the Abbaye Ste.-Geneviève. On December 21, 1561, a bloody fight took place at its doors, between the Protestants and the Roman Catholics. Its little churchyard, now gone, was famous in the 18th century for the supposed miracles wrought over the grave of the Jansenist deacon Pâris, which gave rise to the sect of *convulsionnaires,* men and women who worked themselves up into a religious frenzy. The cemetery was closed January, 1732, by order of the King, in order to put a stop to

the disorders. A placard appeared the next day on the gates, bearing a distich which has become famous : —

De par le roi, défense à Dieu,
De faire miracle en ce lieu.

129 1 En-cas, provision.

130 1 Est-ce que je vais avoir la berlue ? Am I going crazy ?

133 1 Cul-de-sac, blind alley.

134 1 Besaces: here taken figuratively ; beggar's bag or sack ; usually closed at each end and opening in the center, and forming, when thrown over the shoulder, two pockets, — one in front, the other behind.

135 1 Chevron, coping.

135 2 Allusion to the line in Shakespeare's "Richard III," Act V., Sc. iv. : "A horse ! a horse ! my kingdom for a horse ! "

137 1 Nœud d'hirondelle, bowline.

138 1 Cloches: square or round glass covers used to protect plants.

139 1 Faisait retour, continued.

139 2 Hottes, solid framework of wood, sloping outward and upward, masking the lower frame of the window.

139 3 Mouchards, informers; spotters.

141 1 Couvent du Petit-Picpus. The convent has disappeared. It was the home of a community of Bernardine nuns depending from the Benedictine abbey of Citeaux. A boarding-school formed part of the establishment. For the origin of the name Picpus, which remains in the name of the Rue, Boulevard, Séminaire, Oratoire, and Cimetière, see Alexis Martin : *Paris,* p. 288.

143 1 Cahute, shanty.

145 1 Gamin, street Arab. Victor Hugo claims, Part III., Book I., ch. vii., to have introduced the word into print : " Ce mot, *gamin,* fut imprimé pour la première fois et arriva de la langue populaire dans la langue littéraire en 1834. C'est dans un opuscule intitulé *Claude Gueux* que ce mot fit son apparition. Le scandale fut vif. Le mot a passé." Edmond Biré, in *Victor Hugo après 1830,* p. 139, points out that the word had already appeared in the *Revue de Paris,* June, 1832, and in Bazin's *l'Époque sans nom,* in February, 1833, as well as in six dictionaries, all published before 1834.

145 2 Bat le pavé, tramps the streets.

147 1 Spartiate jusqu'à la filouterie. "Spartan youths were encouraged to steal whatever they could ; but if they were caught

in the fact, they were severely punished for their want of dexterity."
— W. Smith's *History of Greece.*

147 2 **Rabelais petit.** François Rabelais, born at Chinon, in Touraine, in 1495 (?), died at Paris, in 1553. His book, the first part of which is usually called *Gargantua,* and the other four parts *Pantagruel,* is admirably characterized by Sainte-Beuve in his *Tableau de la Poésie française au 16e siècle: Du Roman et de Rabelais,* pp. 262–270. It is to the contrasts in Rabelais's character, as there indicated, that Hugo alludes in the expression, *c'est Rabelais petit.*

147 3 **Boulevard du Temple:** "a broad, quiet way, shaded by trees, bordered with not very luxurious shops and stores, frequented by quiet strollers, old inhabitants of the Marais" (Alexis Martin: *Paris,* p. 251). Formerly seven theatres stood on this boulevard, which was sung by Désaugiers (quoted by A. J. C. Hare: *Paris,* p. 496):

> La seul' promenade qu'ait du prix,
> La seule dont je suis épris,
> La seule, où j' m'en donne, où c'que j' ris,
> C'est l'boul'vard du Temple à Paris.

It was on the Boulevard du Temple that Fieschi, a Corsican, attempted to kill King Louis-Philippe, on the 28th July, 1835, during a review of the Paris national guard. He made use of an infernal machine, composed of twenty-five rifles, with a quadruple charge. Marshal Mortier, a general, three other officers, four national guardsmen, and three spectators were killed.

147 4 **Château d'Eau:** now Place de la République.

148 1 **Voyou,** street Arab.

148 2 **Le Cirque.** The existing Cirque d'Hiver was opened in 1852, under the name of Cirque Napoléon.

149 1 **Mère une telle,** Mother So-and-so, or What's-your-name.

151 1 **Le Grand Bourgeois.** M. Gillenormand is set forth as the type of the Paris bourgeois, or man of the middle class. There is an allusion to the title of Henry IV, *le grand roi.* The streets named still exist in the Marais quarter.

152 1 **Le costume des incroyables du Directoire:** a swallow-tailed coat, enormous frilled shirt-front, large cravat, knee-breeches, silk stockings, shoes and buckles.

153 1 and 2 **Fournisseur, munitionnaire,** army contractor.

155 1 **Repris de justice qui rompt son ban,** a criminal under police surveillance who, obliged to reside in one place, or forbidden to visit any other, breaks bounds.

156 1 **La Saint-Georges,** St. George's Day, April 23.

158 1 **Luxembourg:** Palace built by Marie de Medicis, 1615–1620, in partial imitation of the Palazzo Pitti, Florence. The name is derived from that of the former owner of the site. It became the residence of the famous Anne de Montpensier, "la grande Mademoiselle," who received there the visits of Lauzun. Later the Luxembourg passed into the hands of the duchesse de Berry, the daughter of the Regent, Philippe d'Orléans, and her orgies equalled those of her father, who resided at the Palais-Royal. During the Terror, the palace became a prison, and Josephine, who became Empress of the French, Danton, Camille Desmoulins, and many other notable persons were confined there. It is now the Palace of the Senate. The gardens, which are very beautiful, are a great resort for Parisians living near.

158 2 **Gens dont l'œil est retourné en dedans,** contemplative people.

161 1 **Raphaël:** Raffaelo Sanzio, born at Urbino in 1483, died at Rome in 1520; the greatest of Italian painters. The Madonna and Child was his favorite subject.

161 2 **Jean Goujon:** the great French sculptor of the time of the Renaissance, born *circa* 1530, killed the morning after the massacre of St. Bartholomew, 1572, as he was at work on the Louvre. His masterpiece is the *Diana*, now in the Louvre, formerly the chief ornament of the Château d'Anet, the residence of the celebrated Diane de Poitiers.

162 1 and 2 **Rente empochée,** income received; **semestre,** half-year's allowance. Here used figuratively : her ship had come home, *i.e.* she had become beautiful.

164 1 **Courfeyrac:** one of Marius' student friends, and later a leader in the Republican insurrection of the Cloître Saint-Merry.

172 1 **Égueulé,** broken-lipped.

172 2 **Dépaille la chaise,** burst the seat of the chair.

174 1 **Le soleil de la Chandeleur.** *La Chandeleur*, Candlemas Day, falls on February 23, anniversary of the Presentation of Jesus in the Temple and of the Purification of the Virgin. Called Chandeleur because it was customary for worshippers to burn tapers or candles in church on that day. Victor Hugo, in the text, refers to the proverb : *A la Chandeleur, grande douleur*, derived from the fact that the cold is often bitter at that season. The clear sunshine of the previous day had promised cold weather, which had come.

175 1 **Ton mufle de monsieur bienfaisant,** your benevolent old ass.

176 1 **Éprouvaient . . . un effet d'entrée de cave,** felt as if they were entering a cellar.

177 1 **Ganache**, fool.

177 2 **Talma.** François-Joseph Talma, born in 1763, died in 1826, was the greatest French actor of his day. He was a remarkably well educated man, and was received in the highest literary, artistic, and social circles.

177 3 **Mômes**, little ones.

178 1-4 **Mademoiselle Mars**: Anne-Françoise-Hippolyte Mars, born in 1779, died in 1847. She was a very great actress, and won brilliant triumphs to the last. She created the part of Dona Sol in Hugo's *Hernani*. **Célimène**: the coquette in Molière's play, *le Misanthrope*; **Elmire**: the leading female character in Molière's *le Tartufe*; both these parts were played by Mlle. Mars. **Bélisaire**: the celebrated general of Justinian the Great, Emperor of the East. He destroyed the Vandal power in Africa, took Rome from the Goths, and had nearly completed the conquest of Italy, when he was recalled through jealousy. After a campaign in Persia, he again took Rome, and then was sent against the Huns. "That he was deprived of sight and reduced to beggary, appears to be a fable of late invention." — W. L. R. Cates.

179 1 **Liard**: a small copper coin worth one fourth of a cent; **décime**: the tenth part of a franc; two cents.

179 2 **Faites donc des frais**, it does not pay to go to expense.

183 1 **La Bourbe**: the popular name of the *Hôpital de la Maternité*, founded in 1795, and located in the buildings formerly occupied by the Convent of Port-Royal.

184 1 **Dit Jondrette**, alias Jondrette.

184 2 **Jacobin, bousingot**: names applied to the opponents of the government. Victor Hugo, in Part V., Book III., ch. ii., says: "In 1832 the term *bousingot* intervened between the appellation *jacobin*, which had served its time, and the appellation *demagogue*, then scarcely used, but which has since done yeoman service."

185 1 **Faisant des bouches ouvertes**, with gaping holes.

188 1 and 2 **Trique ferrée**, iron-shod club, or heavy stick. **Merlin**, heavy, long-handled hammer, used to slaughter cattle.

188 3 **Le jeune premier**, the dude; leading man playing lovers' parts.

189 1 **Maringotte**: wagon with removable seats, which may be used to transport passengers or baggage.

189 2 **Cisaille**: long scissors used for cutting plates of metal. **Pince à faire des pesées**, crowbar.

192 1 **Flambé! fumé! fricassé!** You are done for! you are a

dead man! your goose is cooked! **A la crapaudine**, spatch-cock fashion; the way chickens are broiled.

192 2 **Jocrisse**, hypocrite.

192 3 **Carrick**: long overcoat with cape; sometimes double or triple cape.

192 4 **Funambule**, practical joker; literally, rope-dancer.

192 5 **Habits minables**, wretched clothes.

193 1 **Balançoire**, joke.

194 1 **David**: Jacques-Louis David, a famous French painter, born at Paris, 1748, died at Brussels, 1825. Appointed painter to Louis XVI, David was one of the extreme Revolutionists, voted for the King's death, pandered to the excesses of the time and the leaders of the day, was thrown into prison in the Luxembourg, escaped the guillotine, but was banished at the Restoration. **Bruqueselles**: for Bruxelles, pronounced Brusselles.

195 1 **Mette en brindesingues**, cut you to pieces.

195 2 **S'il faut fendre du bois, je suis là, moi**, if there is any-one to be done up, I'm ready.

205 1 **Où un large champignon s'était formé**, the wick of which was heavily charred.

207 1 **Donnera le coup de pouce**, will kill.

208 1 **T'a fait poser**, has made a fool of you.

208 2 **Je te vous lui aurais coupé la margoulette en quatre.** *Margoulette*, the face; also the mouth. I would have slashed his ugly face for him. The confusion of pronouns is untranslatable.

209 1 **Le magot**, the money.

209 2 **Gros sou**, a coin worth two sous.

210 1 **Benvenuto Cellini**: famous Italian goldsmith and sculptor, born at Florence in 1500, died in 1571.

210 2 **Villon.** François Villon, the great French poet of the 15th century, led a disreputable life, and barely escaped the gallows.

210 3 **Eustache**: a cheap knife with a whistle, manufactured at the Thiers cutlery works.

210 4 **Pas de vis**, screw thread.

210 5 **Manilles de calibre**, heavy iron rings, or links.

212 1 **L'escarper**, kill him.

213 1 **Cognes**, police.

213 2 **Laissons le lard . . .**, let us leave the bait in the trap and clear out!

214 1 **Le signal du branle-bas dans un équipage**, the call to quarters on board ship.

214 2 **La bourgeoise,** old woman.

214 3 **Railles,** police.

214 4 **Jobards,** fools; **doigt mouillé, courte paille,** drawing lots by guessing which finger is wet or pulling a straw from a number held in the hand.

215 1 **Sa poche,** trap.

215 2 **Coffré,** caught.

216 1 **Auvergnats,** water-carriers.

216 2 **Casse-tête,** clubs loaded with lead at one end.

218 1 **Elles sont à l'ombre,** they are arrested.

222 1 **A la brune,** at dusk.

222 2 **Toussaint:** Jean Valjean's old servant.

224 1 **Superbe,** proud ; exultant.

226 1 **Les émeutes du 5 et 6 juin, 1832.** " These riots are known as the Republican insurrection of the Cloître St.-Merry. The Republicans accused the monarchy of not having ' a spirited foreign policy,' of favoring the *bourgeois*, or middle class, to the prejudice of the artisan, and of having caused the lack of work generally felt at that time. On the 5th June, 1832, an immense crowd accompanied the funeral of General Lamarque, a deputy of the opposition. Threatening cries against the Government broke out and fights occurred in two or three places. Cavalry charged the crowds, barricades rose as if by magic, and during the night of June 5–6, the insurrectionists appeared to have the upper hand. On the 6th, however, the government troops, composed mainly of the *bourgeois* national guard, cleared the streets and stormed the barricades, save two formidable ones erected in the rue St.-Martin, by the rues St.-Merry and Maubuée respectively. A handful of men commanded by Jeanne, who had distinguished himself at the time of the Revolution of July, 1830, held out to the bitter end against the troops. Among them were a boy of twelve and an old man, who was killed with the tricolor flag in his hand. Between the charges, the insurgents ran down into the street and, under the fire of the troops, emptied the catridge boxes of the slain to replenish their stock of ammunition." — Maréchal's *Histoire Contemporaine*, pp. 516, 517. Victor Hugo has transposed the incidents of this desperate defence to another barricade, that of the rue de la Chanvrerie.

226 2 The rue de la Chanvrerie has disappeared. The rue Mondétour exists in part. The scene of the fighting described by Victor Hugo in the following pages is contained in the space bounded, at the present day, by the rues Saint-Denis, du Cygne, Mondétour,

and Rambuteau, at the northeastern extremity of the Halles Centrales.

227 1 **Flèche**, pole.

227 2 **Halles**, the central market of Paris.

227 3 **Bonnet à poil**, grenadier; national guardsman.

227 4 **Bourgeois**, quiet citizens.

228 1 **Rappel**, the assembly.

229 1 **Fusil de munition**, army musket.

230 1 **Dépensait en une lippe démesurée . . .**, pouted his lower lip with an air of infinite sagacity.

231 1 **Port aux vins**, wine market.

232 1 **Aient des allures**, frequent.

236 1 **Banlieue**, suburbs.

237 1 **Hausse-col**, neck-guard.

239 1 **Briquet Fumade**: or *briquet phosphorique*, invented by Fumade. To light matches, which were simply tipped with sulphur, they were dipped into a bottle containing dissolved phosphorus and withdrawn rapidly, the phosphorus igniting as it came into contact with the atmosphere.

244 1 **Une ferraille sinistre**, the sinister iron = a cannon.

244 2 **Il y eut un tressaillement . . .**, the peaceful old streets shuddered.

244 3–5 **Encastrement de tir**, ready for firing; **avant-train**, limber; **affût**, gun carriage.

244 6 **Pour élever le tir**, to raise the muzzle in order to fire high.

245 1 **Le brutal**, the cannon.

246 1 and 2 **Chevrotines**, buckshot; **biscaïens**, grape-shot.

246 3 **Pièce de huit**, eight-pounder.

246 4 **Firent la manœuvre de force**, swung the gun round rapidly towards the barricade.

246 5 **Ceci ébauchait le dénoûment**, it was the beginning of the end.

247 1 **Mitraille**, grape-shot.

247 2 **L'écrêtait**, smashed the top.

250 1 **Pieds de nez**, putting his fingers to his nose.

251 1 **Antée**: "Antæus, a mighty giant and wrestler in Libya, whose strength was invincible so long as he remained in contact with his mother earth." — W. Smith's *Classical Dictionary*.

253 1 **Créneau**, loophole.

253 2 **Il se faisait point de mire**, he offered himself as a mark.

253 3 **Qui fait le coup de fusil,** firing.

253 4 **Contre-butée,** buttressed.

254 1 **Dix-sept abîmes, la Forêt des Epées.** The various "abysses," or "hells," referred to by Hugo, are variously enumerated and named : the Padma Parana gives seven, the Bhagavata, twenty-eight. The Forest of Swords (Asi-pattra-vana) is a forest the trees of which have swords for leaves.

255 1 **Pas gymnastique,** the double.

256 1 and 2 **Bâtonnistes:** the stick, *bâton,* may be used as an offensive or defensive weapon. A *bâtonniste* is one who has learned the art of so using it. *Rose couverte,* a rapid whirling of the stick, which intercepts any blow aimed at the *bâtonniste.*

256 3 **Clavicule,** collar bone.

257 1 **Voltigeurs,** light-infantrymen.

258 1 **Cul-de-sac d'écueils,** a blind maze of reefs.

261 1 **Le cloaque, l'égout,** the sewer. The sewerage system of Paris is very remarkable. On either bank of the Seine run two main sewers nearly sixteen feet high by eighteen feet wide. Smaller sewers connect at various points, the total mileage being about seven hundred and sixty-five miles.

261 2 **Oubliette:** name given to a dungeon in which, in the Middle Ages, prisoners were confined and often forgotten.

262 1 **Une bouffée de fétidité,** a whiff of foul air.

262 2 **S'était terré,** had gone to earth ; had hidden himself.

262 3 **Que la langue spéciale appelle,** technically called.

263 1 **Radier,** floor of the sewer.

264 1 **Agents,** police.

264 2 **Égout de ceinture,** main sewer.

265 1 **Cintre,** arch.

265 2 **Filer,** shadowing.

266 1 **La berge qui fait face . . . .:** Valjean had come out nearly at the place where now stands the Pont de l'Alma.

270 1 **Escarpement de l'infini,** the brink of the infinite.

272 1 **Il dansa une gavotte en faisant des castagnettes,** he danced a hornpipe, cracking his fingers.

272 2 **Couvait,** watched.

274 1 **La Convention.** The first assembly of representatives of the French people, in the 18th century, gave itself the name of *Assemblée nationale constituante,* and existed from June 17, 1789 to September 30, 1791. It was succeeded by the *Assemblée législative,* October 1, 1791 to September 21, 1792, which was replaced in its turn

by the *Convention nationale*, which created the terrible Committee of Safety and was controlled by Robespierre, Marat, Saint-Just, and others of the same kidney.

274 2 **Danton**, one of the great leaders and orators of the Convention, had uttered in the Assembly, in the face of the imminent coalition of Europe, the sinister words: "Let us challenge them by showing to them the head of a king!" He himself, unable to go to the extremes reached by Robespierre, was denounced, condemned, and guillotined. **Saint-Just**, with Robespierre and Couthon, was all-powerful in the Committee of Public Safety, and fell with them on the 9th Thermidor, July 27, 1794. **Robespierre**, the central figure of the Revolution after Mirabeau and before Bonaparte, was born at Arras in 1759. He studied law and was returned to the States-General in 1789, and was a member of the *Assemblée nationale constituante;* joined the famous Jacobin Club; was returned deputy for Paris to the National Convention; headed the party called *la Montagne*, destroyed the Girondins, became practically Dictator as head of the Committee of Safety, and was supreme during the Reign of Terror. But the reaction came, and he fell with his colleagues on July 27, 1794, and was guillotined the next day after an unsuccessful attempt at suicide.

276 1 **Le voilà débouché**, his tongue is loosed.

277 1 **André Chénier**: The great French poet of the end of the 18th century, born at Constantinople in 1762, guillotined at Paris in 1794. He took part in the political turmoils of the Revolution, but, disgusted at the excesses he beheld, wrote a stinging satire, *Hymne aux Suisses de Châteauvieux*, directed against the infamous and sanguinary Collot d'Herbois. He wrote many political articles, was arrested, imprisoned at St. Lazare, where he wrote some of his most loftily inspired verses, and thence was transferred to the Conciergerie, — the threshold of the guillotine.

277 2 **Le 7 thermidor**, July 25, 1794, day on which André Chénier was executed. Robespierre fell two days later.

277 3 **Javottes du diable**: simply an expletive; untranslatable.

278 1 **Un nimbe**, a halo.

281 1 **Chérubin**: The young lad in Beaumarchais' *Mariage de Figaro*, who falls in love with every woman.

282 1 **Le fonds Blaru**, the Blaru clearing.

282 2 **Le Moniteur**: the Official Gazette.

284 1 **Taie**, pillow slip, or cover.

285 1 **Brassière de futaine**, flannel waist.

287 1 **Ou à la Trinité**: that is, never. A quotation from the famous song of *Malbrouk s'en va t'en guerre.*

287 2 **Viquelottes,** or *vitelottes*, a long-shaped variety of potato.

302 1 and 2 **Raquette, volant,** battledore, shuttlecock.

303 1 **Cimetière du Père-Lachaise**: the most famous cemetery of Paris.

303 2 **Chiendents,** couch-grass.

303 3 **Folles avoines,** wild oats.

MODERN LANGUAGE BOOKS

Not included in the

INTERNATIONAL MODERN LANGUAGE SERIES.

INTROD. PRICE.

Becker and Mora: Spanish Idioms $1.80
Collar-Eysenbach: German Lessons 1.20
    English into German .... .25
Collar and Curtis: Shorter Eysenbach 1.00
Cook: Table of German Prefixes and Suffixes .... .05
Dorlot: Beginners' Book in French .... .80
    Beginners' Book in French.
        Part II. Reading Lessons. [Separate] .... .50
    Beginners' Book in German .... .80
Dufour: French Grammar .... .60
    French Reader, with Vocabulary 1.00
Hempl: German Grammar ....
    German Orthography and Phonology.........................
Knapp: Modern French Readings .... .80
    Modern Spanish Readings 1.50
    Modern Spanish Grammar.. 1.50
Lemly: New System of Spanish Written Accentuation .... .10
Smith: Gramática Práctica de la Lengua Castellana .... .60
Spiers: New French-English Dictionary................................ 4.50
        Crown 8vo. Half morocco. 782 pages.
    English-French Dictionary... 4.50
        Crown 8vo. Half morocco. 910 pages.
Stein: German Exercises.. .40
Studies and Notes in Philology and Literature. Vol. I.... 1.00
    "   "   "   "   Vol. II.... 1.50
    "   "   "   "   Vol. III. .. 4.00
    "   "   "   Vol. IV... 1.50
Sumichrast: Les Trois Mousquetaires.................................. .70
    Les Misérables.. 1.00
    Coppée's Le Pater.. .25
Van Daell: Mémoires du Duc de Saint-Simon...................... .64

Descriptive Circulars of the above books sent, postpaid, on application.

Forty-five volumes are now ready in the International Modern Language Series.
Other volumes are in preparation.   Our special circular giving all the
titles in this Series sent, postpaid, on application.

GINN & COMPANY, Publishers,

Boston. New York. Chicago. Atlanta. Dallas.

INTERNATIONAL MODERN LANGUAGE SERIES.

GERMAN DEPARTMENT.

Auerbach : Brigitta. (Gore)	$0.50
Du Bois-Reymond : Wissenschaftliche Vorträge. (Gore)	.50
Elementary German Reader. (Super)	.40
Freytag : Doktor Luther. (Goodrich)	.60
Freytag: Soll und Haben. (Bultmann)	.60
German and English Sounds. (Grandgent)	.50
Hauff : Tales. (Goold)	.70
Keller : Dietegen. (Gruener)	.35
Lessing : Emilia Galotti. (Poll)	.60
Preparatory German Reader. (C. L. van Daell)	.40
Riehl : Burg Neideck. (Wilson)	.30
Rosegger : Waldheimat. (Fossler)	.50
Schiller : Wallenstein. (Schilling)	
Scientific German Reader. (Dippold)	.90
Storm : Geschichten aus der Tonne. (Brusie)	.60
Von Sybel : Die Erhebung gegen Napoleon I. (Nichols)	.60

FRENCH DEPARTMENT.

Bourget : Extraits. (van Daell)	.75
Chanson de Roland : Extraits. (Paris)	.60
Contemporary French Writers. (Mellé)	.75
Daudet : Le Nabab. (Wells)	.75
Daudet : Morceaux Choisis. (Freeborn)	.75
Difficult Modern French. (Leune)	.75
Erckmann-Chatrian : Madame Thérèse. (Rollins)	.60
Hugo : Quatrevingt-Treize. (Boïelle)	.60
Introduction to French Authors. (van Daell)	.80
Introduction to the French Language. (van Daell)	1.00
La Fayette : Princesse de Clèves. (Sledd and Gorrell)	.60
Legouvé et Labiche : La Cigale. (van Daell)	.20
Lemaître, Jules : Morceaux Choisis. (Mellé)	.90
Mérimée : Lettres à une Inconnue. (van Steenderen)	
Michelet : La Prise de la Bastille. (Luquiens)	.20
Molière : L'Avare	.56
Molière : Le Misantrope. (Bôcher)	.20
Molière : Les Précieuses Ridicules. (Davis)	.75
Montaigne : De l'Institution des Enfans. (Bôcher)	.20
Musset : Morceaux Choisis. (Kuhns)	.80
Napoléon : Extraits. (Fortier)	
Places and Peoples : French Prose. (Luquiens)	.75
Popular Science : French Prose. (Luquiens)	.60
Racine : Andromaque. (Bôcher)	.20
Sainte-Beuve : Extraits. (Effinger)	
Scientific French Reader. (Herdler)	
Sévigné, Madame de : Extraits. (Harrison)	

SPANISH DEPARTMENT.

Galdós : Doña Perfecta. (Marsh)	

GINN & COMPANY, Publishers, Boston, New York, Chicago, Atlanta, Dallas.

CPSIA information can be obtained
at www.ICGtesting.com
Printed in the USA
BVHW071353081218
535104BV00009B/232/P

9 780266 094357